Die Chronologie mittelalterlicher Keramik in Südniedersachsen
aufgrund nichtkomparativer Methoden

ARBEITEN ZUR URGESCHICHTE DES MENSCHEN

Herausgegeben von Professor Dr. Helmut Ziegert

BAND 18

PETER LANG
Frankfurt am Main · Berlin · Bern · New York · Paris · Wien

CHRISTINA LINGER

Die Chronologie mittelalterlicher Keramik in Südniedersachsen aufgrund nichtkomparativer Methoden

PETER LANG
Europäischer Verlag der Wissenschaften

Die Deutsche Bibliothek - CIP-Einheitsaufnahme

Linger, Christina:

Die Chronologie mittelalterlicher Keramik in
Südniedersachsen aufgrund nicht komparativer
Methoden / Christina Linger. - Frankfurt am Main ;
Berlin ; Bern ; New York ; Paris ; Wien : Lang, 1995
  (Arbeiten zur Urgeschichte des Menschen ;
  Bd. 18)
Zugl.: Hamburg, Univ., Diss., 1993
  ISBN 3-631-48311-2

NE: GT

D 18
ISSN 0170-690X
ISBN 3-631-48311-2
© Peter Lang GmbH
Europäischer Verlag der Wissenschaften
Frankfurt am Main 1995
Alle Rechte vorbehalten.

Das Werk einschließlich aller seiner Teile ist
urheberrechtlich geschützt. Jede Verwertung
außerhalb der engen Grenzen
des Urheberrechtsgesetzes ist ohne Zustimmung des
Verlages unzulässig und strafbar.
Das gilt insbesondere für Vervielfältigungen,
Übersetzungen, Mikroverfilmungen und
die Einspeicherung und Verarbeitung in
elektronischen Systemen.

Printed in Germany 1 2 3 4 6 7

INHALTSVERZEICHNIS

VORWORT 5

I.   EINLEITUNG 6

      1.   Problemstellung 7
      2.   Zeitliche und regionale Abgrenzung 7
      3.   Forschungsstand 7
      4.   Quellenlage 9
      5.   Methodischer Ansatz 9

II.   DIE NICHTVERGLEICHENDEN DATIERUNGSMETHODEN 11

      1.   Die Dendrochronologische Datierung 11
      1.1. Der Forschungsstand 11
      1.2. Beschreibung der Methode 13
      1.3. Grundvoraussetzungen der Dendrochronologie 14
      1.4. Allgemeine Anwendungsbeispiele 15

      2.   Die ^{14}C-Datierung 18
      2.1. Entstehung des Kohlenstoffs 18
      2.2. Beschreibung der Methode 19
      2.3. Allgemeine Anwendungsbeispiele 21

      3.   Die Thermolumineszenz-Datierung 23

      4.   Die Münzdatierung 25
      4.1. Einzelfunde 25
      4.2. Münzschätze (-horte) 26

      5.   Historische Quellen als Datierung 29

      6.   Die Stratigraphische Datierung 31
      6.1. Beschreibung der Methode 31
      6.2. Die Anwendung 37

III.	ANWENDUNGSBEISPIELE - ALTSTADTGRABUNGEN	39
	1. Braunschweig	39
	1.1. Die dendrochronologischen Befunde	39
	1.1.1. Stadtgrabung 10 (14): Jöddenstraße	39
	1.1.2. Stadtgrabung 18 (17): Hagenmarkt 13	47
	1.1.3. Stadtgrabung 55 : Langedammstraße 15	51
	1.2. Die historisch datierten Brandschichten	53
	1.2.1. Stadtgrabung 7 (1) : Petersilienstraße 6/7	53
	1.2.2. Stadtgrabung 19 (5) : Weberstraße 42	53
	1.2.3. Stadtgrabung 23 (1) : Güldenstraße 9 (Michaelishof)	53
	1.2.4. Stadtgrabung 66 (1) : Höhe 28/Marstall 1-3	57
	1.3. Bewertung der chronologischen Grundlagen	57
	1.4. Exkurs: Vergleichsdatierung	59
	1.4.1. Stadtgrabung 18: Hagenmarkt	59
	1.4.2. Stadtgrabung 21: Kohlmarkt	65
	2. Göttingen	73
	2.1. Die historisch datierten Befunde	75
	2.1.1. Stadtburg Bolruz: nordöstl. der Stadt / Ritterstraße.	75
	2.2. Die dendrochronologischen Befunde	77
	2.2.1. Groner Straße / Düstere Straße	77
	2.2.2. Pfarrparzelle St. Johannis: Johannisstr. 21-24	77
	2.3. Bewertung der chronologischen Grundlagen	85
	3. Höxter	87
	3.1. Die Münzfunde	87
	3.1.1. Marktstraße 3	87
	3.1.2. Weserstraße 1	89
	3.1.3. Uferstraße	91
	3.2. Bewertung der chronologischen Grundlagen	97

IV.	ANWENDUNGSBEISPIELE - WÜSTUNGEN	101
1.	Adelebsen	101
1.1.	Der dendrochronologische Befund	101
1.2.	Bewertung der chronologischen Grundlagen	101
2.	Bernshausen	103
2.1.	Die Radiokarbon-Befunde	103
2.1.1.	Die ^{14}C-Datierungen des Seeburger Sees	103
2.1.2.	Die ^{14}C-Datierungen der archäologischen Anlage	105
2.2.	Bewertung der chronologischen Grundlagen	105
3.	Düna	111
3.1.	Der stratigraphische Befund	111
3.2.	Die historischen Quellen	117
3.3.	Die Radiokarbon-Befunde	117
3.4.	Die dendrochronologischen Befunde	119
3.5.	Der Thermolumineszenz-Befund	120
3.6.	Der Münzbefund	121
3.7.	Bewertung der chronologischen Grundlagen	122
4.	Harste	125
4.1.	Die Radiokarbon-Befunde	125
4.1.1.	Grubenhaus II	129
4.1.2.	Grubenhaus III	131
4.1.3.	Grube V	131
4.1.4.	Grubenhaus IV	133
4.2.	Bewertung der chronologischen Grundlagen	134
V.	ANWENDUNGSBEISPIEL - BURGEN	136
1.	Klusberg	136
1.1.	Der Radiokarbonbefund	137
1.2.	Bewertung der chronologischen Grundlagen	137

VI.	**ANWENDUNGSBEISPIELE - TÖPFEREIEN**		139
	1. Bengerode		139
	1.1. Die chronologischen Grundlagen		139
	1.2. Bewertung der chronologischen Grundlagen		146
	2. Boffzen		149
	2.1. Die chronologischen Grundlagen		149
	2.2. Bewertung der chronologischen Grundlagen		151
	3. Coppengrave		153
	3.1. Die chronologischen Grundlagen		153
	3.2. Bewertung der chronologischen Grundlagen		154
	4. Königshagen		159
	4.1. Die chronologischen Grundlagen		159
	4.2. Bewertung der chronologischen Grundlagen		163
	5. Siegburg		164
	5.1. Die chronologischen Grundlagen		164
	5.2. Bewertung der chronologischen Grundlagen		165
VII.	**ZUSAMMENFASSENDE ANALYSE O.G. BEISPIELE**		167
VIII.	**AUSBLICK**		172
IX.	**QUELLENVERZEICHNIS**		173

VORWORT

Die vorliegende Dissertation gehört zu einer Reihe Doktor- und Examensarbeiten, angeregt von Herrn Prof. Dr. H. Ziegert (vgl. auch H. Ziegert 1991, 37), die im größeren und kleineren regionalen Rahmen die Problematik der Keramikdatierung untersuchen und aufzeigen sollen (F. Renken 1990, H. Winkler 1988, C. Gerotzke 1990).

Ein Wort des Dankes möchte ich allen sagen, die mir Informationen oder Materialien freundlicherweise zukommen ließen und mir damit bei dieser Untersuchung halfen. Ganz besonderer Dank aber gilt Herrn Professor Ziegert für seine langjährige Betreuung und für seine Bereitschaft, viel Zeit bei schwierigen fachlichen Diskussionen zu investieren.

Ebenso danke ich meiner Familie, die mich nicht nur beim Korrekturlesen und Formatieren des Textes unterstützte, sondern mir auch den nötigen Rückhalt gab.

Das Manuskript wurde im Januar 1993 abgeschlossen.

Hamburg, im Juli 1993   Christina Linger

I. EINLEITUNG

"Die von Seiten der Stadtarchäologie vorgeschlagenen Datierungen der meist keramischen Fundobjeke und die daran angeschlossenen Interpretationen betrachtet der Historiker oft mit Skepsis, da es kaum zweifelsfrei historisch datierte Fixpunkte gibt, für die aus der Epoche des 11.- 13. Jhdts. signifikantes Material vorliegt."

(M. Last 1985, 81)

"...[es] fehlen, abgesehen von einigen wenigen nicht näher erläuterten Dendrodaten, die notwendigen Begründungen für die jeweiligen Datierungen. Da [er] sich im wesentlichen an den regional bereits erarbeiteten jüngeren Ansätzen orientiert, dürfen seine Annahmen in groben Zügen zutreffen. (H.-G. Stephan 1985, 50)

"Nach dem gegenwärtigen Forschungsstand und in Abwägung der Grabungsbefunde vom Kohlmarkt wird für die Braunschweiger Funde zunächst eine allgemeine Datierung in die 2. Hälfte des 9. Jhdts. vorgeschlagen."

(H. Rötting 1981, 702)

"Fast immer wird der Fundstoff [aus einer Kloake] dabei in seiner scheinbaren "Geschlossenheit" herangezogen. Dazu werden von einigen Archäologen historische Quellen nur so punktuell ausgewählt, bis sich der Fundstoff interpretatorisch unterbringen läßt."

(S. Schütte 1986, 248)

"...scheint eine Datierung vom 8.-10. Jhdt. üblich zu sein."

(L. Klappauf 1983, 267)

"Ein Keramikexperte hat einmal gesagt, man könne frühmittelalterliche Keramik auf 100 Jahre genau datieren, wenn man sich einig ist."

(K. Frerichs 1989, 205)

"Die Zahl der aus ihrem Fundzusammenhang heraus absolut datierbaren Keramiken ist für das gesamte Mittelalter gering und reicht noch keineswegs für die Erstellung von übergreifenden sowie regionalen differenzierten Chronologieschemata aus." (H.-G. Stephan 1981b, 239)

Kap. I - Einleitung

1. Problemstellung

Keramik nicht nur als Siedlungsanzeiger, sondern auch chronologisch zu verwenden, resultiert aus der Tatsache, daß aufgrund der großen Masse keramischen Materials formale Unterscheidungen möglich sind, die als "zeitabhängig interpretiert" werden können (H. Ziegert 1991, 42). Ziel der archäologischen Forschung ist, diese relativ-chronologischen Merkmale der Keramik zeitlich so abzusichern, daß darüber Befunde anderer Fundstellen (vergleichs-) datiert werden können. Um dieser Keramikchronologie einen sicheren Halt zu geben, wurden neben den bisher üblichen historischen in den letzten Jahren auch verstärkt physikalische Datierungsmethoden auf Grabungen eingesetzt.

Vorgenannte Zitatensammlung spiegelt prägnant und eindrucksvoll die Problematik der Keramikdatierung wider. Es ist Absicht dieser Arbeit, folgende Fragen zu erörtern:

a) Welche Grabungen und die darin gefundenen Keramiktypen wurden bisher absolut-chronologisch datiert?

b) Sind die absoluten Datierungen haltbar?

c) Ist es schon möglich, entgegen des zuletzt genannten Zitates, eine allgemeingültige Keramikchronologie für ein bestimmtes Gebiet vorzulegen, in die als z.Zt. noch 'undatierbar' geltenden Keramiktypen eingehängt werden können?

2. Zeitliche und regionale Abgrenzung

Den zeitlichen Rahmen bildet das 10. - 15. Jahrhundert.

Es wurde ein etwas größerer regionaler "keramischer Kleinraum" gewählt, der relativ gut erforscht ist und einer Überprüfung standhalten sollte. Mit dem "keramischen Kleinraum" ist Südniedersachsen gemeint, mit der Nordgrenze: Bückeburg, Stadthagen, Hannover und Wolfsburg.

Über diesen geographischen Raum hinaus wurde Siegburg (Rheinland) einbezogen, da neben dem einheimischen auch importiertes Steinzeug aus Siegburg vorliegt sowie Höxter (Westfalen), da diese Stadt im Mittelalter enge Beziehungen zum Weserbergland unterhielt und deren Chronologie für dieses Gebiet eine besondere Bedeutung zukommt, vgl. Abb. 1.

3. Forschungsstand

Wie bereits erwähnt, gilt Südniedersachsen für den Bereich der Mittelalterarchäologie als gut aufgearbeitetes Gebiet. Von der Universität in Göttingen werden regelmäßig Baustellenbeobachtungen und Feldbegehungen durchgeführt in Zusammenarbeit mit der Kreisarchäologie, die dann zu ausgewählten Grabungen führen (vgl. Göttinger Jahrbücher: Fundberichte). Ebenso wird die Luftbildprospektion eingesetzt, um weitere Forschungsprojekte aufzuzeigen wie z.B. Burg Klusberg und die Isenburg bei Landringshausen, Ldkrs. Hannover.

Zu den Grabungsprojekten gehören neben Untersuchungen von Altstadtsanierungen auch Wüstungen, Töpfereien und Burgen.

Durch das der Göttinger Universität angegliederte Institut für Forstnutzung und das ^{14}C-Labor in Hannover werden, sofern es die Ausgrabungsbefunde zulassen, auch dendrochronologische und Radiokarbonuntersuchungen eingesetzt.

Abb. 1: Übersichtskarte SÜDNIEDERSACHSEN

Erste Ansätze zur "südniedersächsischen Keramikchronologie" lieferte W. Janssen mit der Bearbeitung der Wüstung Königshagen (1966/1970), kritische Bemerkungen finden sich dazu bei E. Kühlhorn (1972). Entscheidend geprägt wurde sie jedoch von H.-G. Stephan (Weser- und Leinebergland), vgl. die Arbeiten von 1973, 1978, 1979, 1981a+b, 1983 und 1991.

Viele nachfolgende Arbeiten stehen eng in der Tradition der o.g. "südniedersächsischen Keramikchronologie", die sich hauptsächlich auf die münzdatierten Befunde von Höxter beziehen.

Im Zusammenhang mit Untersuchungen zur Pfalz Werla wurden jüngst die speziell für das Vorharzgebiet wichtigen absolut-chronologischen Fixpunkte der Keramikdatierung im Ansatz kritisch beleuchtet (E. Ring 1990).

4. Quellenlage

Basis der vorgelegten Arbeit sind die veröffentlichten Grabungsberichte der letzten 10-12 Jahre.

Unveröffentlichtes Material wurde insofern geprüft, wie es zugänglich und für die veröffentlichten Befunde relevant war (vgl. auch "Methodischer Ansatz").

Trotz der Fülle der keramischen Befunde gab es nur sehr wenige, die absolut-chronologisch datiert wurden. Im abgesteckten zeitlichen und regionalen Rahmen ließen sich nur 5 ^{14}C-datierte (bis Ende 1991) und 9 dendro-datierte Befunde 'aufspüren'; nicht alle konnten in dieser Untersuchung bearbeitet werden, vgl. "Methodischer Ansatz".

Zu den absolut-datierten Grabungsbefunden gehören:
Bernshausen, Düna, Harste, Isenburg, Burg Klusberg - Adelebsen, Bodenwerder, Braunschweig, Düna, Einbeck, Göttingen, Hameln, Hildesheim, Northeim, Stadthagen.

Auch wenn die Publikationen nur einen geringen Prozentsatz der eigentlichen Untersuchungen widerspiegeln, kann an ihnen doch die Problematik der Keramikdatierung aufgezeigt werden.

5. Methodischer Ansatz

Es geht eine Analyse der physikalischen und archivalischen Quellen als absolute (nichtvergleichende) Datierungsmethoden voraus, bezogen auf ihre Anwendbarkeit im Keramikbereich. Dafür werden ausgewählte Beispiele aus Töpferei-, Wüstungs-, Burgen- und Altstadtgrabungen vorgestellt und überprüft.

Um systematisch die Grabungen in Südniedersachsen zu erfassen, die absolut-chronologisch datiert wurden, hat Verfasserin das ^{14}C-Labor des Niedersächsischen Landesamtes für Bodenforschung in Hannover aufgesucht und in Absprache mit Herrn Prof. Geyh die entsprechenden Akten durchgesehen.[1]

Da die Laboruntersuchungen nach fortlaufenden Nummern (seit ca. 1960)[2] archiviert sind, d.h. unabhängig vom Untersuchungsobjekt, Fachgebiet, von zeitlicher und geographischer Einordnung, wurden die entsprechen-

---

[1] Für die daraus entstandene enge und freundliche Zusammenarbeit im Verlauf der weiteren Untersuchungen möchte sich Verfasserin nochmals herzlich bedanken.

[2] Dr. M. Fansa hat für den älteren Teil (1966-74) eine spezielle Auflistung der Daten für den archäologischen Bereich begonnen, die er freundlicherweise Verfasserin überließ. Eine Gliederung der Daten von 1974-1992 fehlt jedoch noch immer und wäre wünschenswert.

den Unterlagen zunächst nach dem geographischen Gebiet, dann nach der Zeitvorgabe selektiert.

Verden lag mit seiner Datierung (655 ± 55) nicht in dem vorgegebenen Zeitrahmen und wurde deswegen nicht weiter berücksichtigt.

Ebenfalls unbeachtet blieb die Isenburg, weil sie ähnlich der Burg Klusberg sehr wenig Keramik aufweist, außerdem sind die ^{14}C-Befunde aufgrund ihres Charakters (eine Probe aus eingeschwemmtem Holz im Sohlgraben und eine weitere aus einer Grube mit Brandschüttungsmaterial) für die Keramikdatierung zu unsicher. So wurde nur die Burg Klusberg stellvertretend für beide Burgen in das Untersuchungsmaterial aufgenommen.

Die dendrochronologischen Befunde wurden über die Korrespondenz mit Herrn Dr. Leuschner[3] erfragt. Einige Befunde blieben allerdings auch hier unberücksichtigt, weil es sich um Baubefunde ohne näheren Bezug zur Keramik handelt: Stadthagen und Northeim (mündlich H.-W. Heine 12.8.92). Hildesheim und Bodenwerder[4] sind noch unveröffentlicht; Hamelns Chronologie basiert im wesentlichen auf der keramiktypologischen Datierung. Die Dendrodaten stimmen nicht mit den bisherigen Kenntnissen der Keramikchronologie überein. Die Daten sind noch nicht veröffentlicht (mündlich H.-W. Heine 12.8.92). Da die Auswertung nicht vollends stattgefunden hat, wurde ebenfalls darauf verzichtet, Hameln vorzustellen.

Verfasserin wurde auf eine Grabung in Einbeck "Negenborner Weg" aufmerksam gemacht, bei der es sich um eine mittelalterliche Wüstung mit nachfolgender Töpferei handelt. Die Abwurfhalde des Töpfereibetriebes überlagert in ihrer jüngeren Periode einen wahrscheinlich mehrphasigen Brunnen (Kasten- und Baumstammbrunnen). Ein Balken der Kastenkonstruktion konnte dendrochronologisch datiert werden. Die Grabung wurde erst kürzlich (Oktober 1992) abgeschlossen; eine Auswertung steht noch aus, daher findet die Grabung hier nur Erwähnung. Möglicherweise besteht die Chance einige Daten zur absoluten Keramikchronologie zu gewinnen. Die erste zeitliche Einordnung des Keramikmaterials wurde jedoch nach typologischen Gesichtspunkten vorgenommen (in Anlehnung an H.-G. Stephans Chronologien). Herrn Dr. Heege sei für die Übersendung dieser Vorab-Informationen herzlich gedankt.

Die ursprüngliche Absicht, die Grabungsbefunde nach den absoluten Datierungsmethoden aufzugliedern, wurde fallengelassen, da einige der Grabungen (Braunschweig, Düna und Göttingen) mehrere Datierungsmethoden umfassen und deswegen aus ihrem Zusammenhang gerissen worden wären. Es folgt daher eine Gliederung nach der Siedlungsart.

In Kapitel VI werden Grabungen vorgestellt, die in obiger Auflistung fehlen. Das hat seine Ursache darin, daß im allgemeinen diese Töpfereibefunde auch als Vergleichsfunde zur Datierung der niedersächsischen Keramik herangezogen werden. Es erschien Verfasserin erforderlich, ihre chronologischen Grundlagen noch einmal genauer zu betrachten und vorzustellen. Die abschließende zusammenfassende Analyse soll zeigen, ob es schon möglich ist, eine absolut-datierende Keramikchronologie für den südniedersächsischen Bereich vorzustellen.

---

[3] Da es für die dendrochronologischen Befunde in Niedersachsen auch kein zentrales Archiv gibt, sei an dieser Stelle Herrn Dr. Leuschner einmal mehr gedankt für seine Bemühungen, Verfasserin entsprechende Fundorte aus seinen Laboraufzeichnungen herauszusuchen.

[4] Die Veröffentlichung der Befunde aus der Königsstr. 1 in Bodenwerder steht demnächst bevor (schriftliche Mitteilung von Herrn Dr. Leiber, 1992). Die Anfragen an Hildesheim blieben leider unbeantwortet.

II. DIE NICHTVERGLEICHENDEN DATIERUNGSMETHODEN

1. Die Dendrochronologische Datierung

1.1. Der Forschungsstand

Die Altersbestimmung von Bäumen, die Dendrochronologie, hat im zunehmenden Maße einen hohen Stellenwert in der archäologischen Forschung eingenommen. Durch die jahrgenaue Datierungsmöglichkeit von Bauhölzern und die damit in Beziehung stehende Artefakte ist sie zum unentbehrlichen Werkzeug des Archäologen geworden.

Die charakteristische Ausbildung von Jahresringen aufgrund von Wetterbedingungen, d.h. feuchte Perioden bedeuten breite Ringe und trockene Perioden schmale Ringe, hatte schon Leonardo da Vinci (P. Klein / D. Eckstein 1988, 56) erkannt.

Entwickelt wurde diese Methode aber erst in den 20er Jahren des jetzigen Jahrhunderts von dem Astronomen A.E. Douglass (Arizona). Er sammelte Baumscheiben und wollte über die Jahrringbreiten einen Zusammenhang zwischen den zyklischen Sonnenflecken und deren Beeinflussung auf das Erdklima nachweisen. Anhand der sehr alt werdenden Mammutbäume (Sequoia semper virens) und den Borstenkiefern (Pinus aristata) konnte er die amerikanische dendrochronologische Standardkurve entwickeln und setzte sie erstmals zur Datierung der Pueblos ein (A.E. Douglass, 1921). Er gab auch der Methode den heute bekannten Namen, entlehnt aus dem Griechischen: dendron = Baum, chronos = Zeit, logos = Lehre => Baumzeitlehre (P. Klein u. D. Eckstein 1988, 56).

Etwa zur gleichen Zeit arbeitete der Forstbotaniker B. Huber aus München an den biologischen und klimatologischen Grundlagen zur Entwicklung einer zentraleuropäischen Standardkurve. Er paßte via Leuchttisch die erarbeiteten Kurven deckungsgleich ein (B. Huber, 1941).

H.C. Fritts (Tuscon / Arizona) legte Mitte der 60er Jahre den Grundstein zum Computereinsatz und ermöglichte dadurch eine erste statistische Auswertung der dendrochronologischen Kurven (H.C. Fritts, 1965).

Darauf aufbauend schrieb 1969 D. Eckstein ein erweitertes Computerprogramm zur Auswertung dieser Datierungskurven (Synchronisierung der Ausschlagstärken der Piks). Er wendete es für die absolute Datierung der Holzfunde in Haithabu an (D. Eckstein 1969, Dissertation Hamburg und D. Eckstein / J. Bauch, 1969).

Mr. Baillie (Belfast) erweiterte und verfeinerte diese Methode durch das statistische Moment (T-Test) bezüglich dieser Ausschlagsstärken, um eine noch größere Übereinstimmung der verschiedenen Kurven eines geographischen Raumes zu erhalten (M.G.L. Baillie / J.R. Pilcher, 1973).

Grundvoraussetzung für die Entwicklung einer Standardkurve war, eine Baumart zu finden, die regelmäßig, und zwar jährlich, einen Wachstumsring ausbildet, sehr alt wird (ähnlich dem Mammutbaum) und widerstandsfähig ist. Diese Punkte erfüllt vor allem die EICHE. Sie muß artenspezifisch jedes Jahr einen Ring ausbilden, weil in diesem die lebenswichtige Wasser- und Nährstoffversorgung vor sich geht.

Jede Unterbrechung oder Nichtausbildung des Jahrringes führt unweigerlich zum Absterben des Baumes. Die Eiche wird zwar längst nicht so alt wie die oben erwähnte Sequioa, erreicht aber schon ein stattliches Alter von ca. 300 Jahren. So kann sie bei der Erstellung einer Standardkurve große Zeiträume abdecken und die Überbrückungsphasen sind groß genug, um Fehlinterpretationen sehr gering zu halten. Das sogenannte "Überbrückungsprinzip" zeigt die Abb. 2.

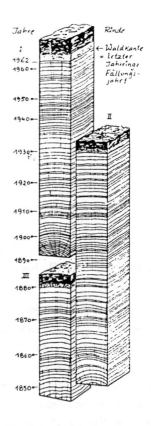

Das widerstandsfähige, feste Holz wurde seit je her als Bauholz verwendet, so daß es in Form von Haus-, Gruben-, Kloaken-, Brunnen-, Wagen- und Bootsresten aus unterschiedlichen Epochen der Nachwelt erhalten bleibt (bei entsprechend konservierender Einbettung) und wird somit neben den nacheiszeitlichen Mooreichen zur Erstellung einer Standardkurve für die verschiedenen geographischen Gebiete herangezogen.

Verschiedene regionale Eichenchronologien wurde und werden entwickelt. Eine von ihnen ist die Göttinger Eichenchronologie, die bis 7200 v. Chr. zurückreicht, und eine andere die Stuttgarter, die bis 7800 v. Chr. zurückgeht, d.h. bis zum Wiederauftreten der Eiche nach der Eiszeit.[5]

Mit anderen Laub- und Nadelbäumen versucht man ebenfalls, zuverlässige Datierungsmöglichkeiten zu bekommen.

Die Entwicklung wird aber dadurch erschwert, daß diese Baumarten anders auf vorherrschende Klimaverhältnisse reagieren als die Eiche. Sie bilden bei extremen Wetterbedingungen entweder keine oder mehrere Jahrringe. Der Splintholzanteil kann unterschiedlich groß sein und ist meistens von unregelmäßiger Beschaffenheit. Daraus erwächst das Problem, daß beim Fehlen oder bei Unvollständigkeit eine unbekannte Anzahl von Splintholzringen dazu gerechnet werden müßte. Erfahrungswerte sind z.B. bei Kiefern 20-100 Ringe (P. Klein / D. Eckstein 1988, 58). Damit steigt die Ungenauigkeit der Datierung.

Abb. 2: Schematische Darstellung des dendrochronologischen "Überbrückungsverfahrens". Die Probe II überbrückt die Lücke zwischen I und III (E. Hollstein 1980, 1).

Dennoch wird im deutschen Bereich an Buchen-, Kiefern-, Fichten-, Tannen- und Lärchenchronologien gearbeitet, weil dieses Holz vor allem für Kunstobjekte (Gemälde, Skulpturen und Möbel) und auch für historische Musikinstrumente eingesetzt wird bzw. wurde (P. Klein / D. Eckstein 1988, 58). Datierungsreihen konnte bisher für:

Buche (Fagus silvatica)	bis 1320 n. Chr.
Tanne (Abies alba)	bis 820 n. Chr.
Kiefer (Pinus sylvestris)	bis 1178 n. Chr.
Fichte (Picea abies)	bis 1250 n. Chr.
Lärche (Larix decidua)	bis 1340 n. Chr.

zurückverfolgt werden (D. Eckstein 1984, 45). Das bedeutet, daß sie vor allem für das hohe und späte Mittelalter einsetzbar sind; allein die Tanne reicht bis in das frühe Mittelalter zurück.

---

[5] Information aus der dendrochronologischen Bestimmungsübung im SS 1991 bei Herrn Dr. H.-H. Leuschner im Arch. Inst. Hbg.

1.2. Beschreibung der Methode

Das Dickenwachstum der Jahresringe verläuft zeitlich nicht gleichmäßig, sondern "... in historisch einmaliger Folge ..." (E. Hollstein 1980, 1). Diese Eigentümlichkeit, auch "historisches Prinzip" genannt, macht sich der Dendrochronologe zu nutze, indem er mit einer Speziallupe oder einem Mikroskop die Jahrringbreiten präzise ausmißt ($^1/_{100}$ mm) und auszählt (mindestens 60-80 Ringe).

Heute ist in der Regel die Meßlupe an einen Computer angeschlossen, der die Daten direkt speichert und verarbeitet. Die Daten werden in eine halblogerithmische Skala eingetragen, damit die schmalen Jahrringbreiten stärker zum Ausdruck kommen (F. Schweingruber 1983, 85).[6]

Über das Auszählen der Jahrringe wird das relative Alter des Baumes ermittelt, während sich aus dem Messen der Ringbreiten und dem Vergleich mit der regionalen Standardkurve die absolute Datierung ergibt.

Als Proben eignen sich Spaltbohlen, radiale Bohrprofile, Bretter, Schindeln, Baumscheiben und Möbel / Kunstobjekte selbst. Sie sollten möglichst störungsfrei sein, d.h. ohne Ast- oder Wurzelläufe. Die Anzahl der Proben richtet sich nach der Befundlage vorort, der Fragestellung und den finanziellen Möglichkeiten. Es sollten aber wenigstens 3-5 Proben eines Komplexes eingereicht werden, da sie die Datierungsaussage fundamentieren und die Gefahr einer Fehldatierung ausschließen (H.-H. Leuschner, 1988).

Ausgehend von der Jetztzeit mit bekanntem Datum, konnten immer mehr Eichen, die diese Zeit weiter in die Vergangenheit überbrückend datieren, zur Entwicklung jener Standardkurven bis 7200/7800 v. Chr. herangezogen werden.

Es ist wichtig, daß die einzupassenden Kurven möglichst lang sind, damit eine ausreichende Überlappung gewährleistet wird, um auch hier eine Fehldatierung auszuschließen. Für die Entwicklung der Standardkurve werden viele Kurven benötigt, deren Ähnlichkeiten im Wuchsverlauf, aufgrund des gleichen geographischen Gebietes und der gleichen Zeit, miteinander verglichen und in Deckung gebracht werden. Die engregionalen einzelnen charakteristischen Piks werden zugunsten der identischen Massenpiks nivelliert. Diese Regel nennt die Wissenschaft das "Synchronisierungsprinzip" (E. Hollstein 1980, 1). Die 'Jahresdurchschnittswachstumskurve' einer bestimmten Region ist damit erstellt.

Die langen, mehrere Jahrtausende umfassenden Standardchronologien beziehen sich auf größere zusammenhängende Gebiete (viele verschiedene Standorte), wobei die Kurve relativ flach und weniger aussagekräftig ist. Das resultiert daraus, daß es Mittelwerte der einzelnen Standortchronologien sind, die wiederum aus vielen Einzelchronologien aufgebaut wurden. Die individuellen Charakteristika eines Gebietes werden zugunsten aller Gebiete weniger berücksichtigt (P. Klein / D. Eckstein 1988, 60).

Baumarten, die an Standorten mit extrem vorherrschenden Klimabedingungen wachsen, zeigen besonders ausgeprägte Jahrringbreitenkurven. Sie haben kaum eine Chance mit den überregionalen Standardkurven verglichen zu werden. Um sie aber dennoch bestimmbar zu machen, wurde ein spezielles Analyseverfahren entwickelt, "Clusteranalyse" genannt, das durch Merkmalsvergleich Ähnlichkeiten, bedingt durch den Standort bzw. die Baumart, 'aussiebt'. Mit dieser Methoden werden kleinstregionale Chronologien aufgestellt, in die viele der "z.Zt. noch undatierbaren Hölzer" eingehängt werden können (vgl. auch H.-H. Leuschner / T. Riemer 1989, 281ff).

---

[6] Je extremer die Umweltverhältnisse für den Baum waren, desto deutlicher (sensitiver) zeichnen sich diese in den Ausschlägen der Datierungskurve ab. Gemäßigte Verhältnisse produzieren gleichbreite Jahrringe, deren ausgemessene Kurve quasi 'überall' einpaßbar ist.

Jede nun neugemessene Kurve wird in eine, wie weiter oben beschriebene, standardisierte Kurve eingehängt. Die Anzahl der Ringe, der Vergleich der Richtungstrends und die Ausschlagsstärken der Piks über mehrere Jahre sowie der dazugehörende statistische Wert (und die Auswertungserfahrung) ergeben das Datum.

Ist an der Holzprobe auch noch die Waldkante (Rinde und letzter Jahrring) sichtbar, kann das Fälldatum errechnet werden. Die Waldkante, das sogenannte Splintholz, setzt sich durch eine deutlich hellere Farbe von dem dunklen Kernholz ab. In der Regel umfaßt das Splintholz 20 Jahrringe. Sind Splintholzreste vorhanden, kann die Differenz bis 20 dazu gerechnet werden (D. Eckstein / S. Wrobel, 1988). Das sind die bekannten ± x-Jahre-Datierungen.[7]

Beispiel:
Die Jahrringkurve paßt in die Standardkurve von 1250-1300 mit geschätzten 20-26 Ringen bis zur Waldkante, d.h. 1320 ± 6 Jahre, das Fälljahr wäre zwischen 1314-1326.

1.3. Grundvoraussetzungen der Dendrochronologie

Vergleiche können nur von einer gemeinsamen Basis ausgehen, die gegeben sind durch:

- Vergleichskurven derselben Baumart (Eiche nicht mit Fichte vergleichen)
- gleiche klimatische Bedingungen in
- gleicher regionaler Gültigkeit (Umkreis von ca. 200-300 km)
- gleicher Standort (nicht Gebirge mit Flachland / Marsch mit Geest vergleichen).

Ein sehr gut aufbereitetes Terrain mit vielen einzelnen Standortchronologien ist das Weser-Leinebergland.[8]

Wie eingangs erwähnt, wird die Dendrochronologie von den Archäologen als absolute Datierungsmöglichkeit gern angewendet, wenn entsprechende Voraussetzungen gegeben sind. Große Anwendung findet diese Methode vor allem in der Mittelalterarchäologie, weil in dieser Epoche sehr viele Kloaken, Brunnen und Häuser (-reste) erhalten geblieben sind, und die Kloaken und Brunnen eine gute Konservierungsgrundlage für organische Materialien wie z.B. Holz bieten.

Selbstverständlich bezieht sich ein absolutes Datum der Befunde in erster Linie auf die untersuchte Holzprobe und 'nur' indirekt absolut auf den Befund. Hierin verbirgt sich besonders die Gefahr der Fehlinterpretation:

Zum einen der falsche Bezug des Dendrodatums auf andere Objekte und zum anderen muß die 'Unbestechlichkeit' des Dendrochronologen gesichert sein, der unbelastet vom Befund die Holzproben datiert und sich nicht vom Archäologen einen möglichen 'Zeitwunsch' mitgeben läßt, "... weil halt alle anderen Befunde für dieses Datum sprechen ..." (anonymus).

Wenn interdisziplinär gearbeitet werden soll, müssen beide Wissenschaftszweige die Möglichkeiten und Grenzen des jeweils anderen Fachbereichs kennen und vor allem akzeptieren.

---

[7] Datierungen von Proben, die keine Waldkante haben oder deren Fälljahr nicht errechnet werden kann, zeigen nur einen Terminus post quem an.

[8] vgl. Anmerk. 5.

Kap. II - Datierungsmethoden

1.4. Allgemeine Anwendungsbeispiele

Nachfolgend werden einige Befundsituationen mit den entsprechenden chronologischen Aussagen aufgezeigt:[9]

Bei einer Befundsituation, in der Holzreste auftreten, ist darauf zu achten, ob es sich um datierbares Holz handelt und welche Funktion dieses Holz ehemals hatte, da diese Tatsache den Zeitansatz entscheidend beeinflußt.

Konnten Fälldatum und Funktion des Holzes ermittelt werden, ist auch die Befundsituation von entscheidener Wichtigkeit. Handelt es sich um BAUFUNDAMENTE in situ, geben sie in der Regel den Verbauungszeitpunkt an.[10]

Abfallhölzer in KLOAKEN datieren nicht den Kloakenbau, sondern nur den Terminus post quem. Denn wieviele Jahre (-hunderte) zwischen dem Fällen, Verbauen, Benutzen und Unbrauchbarwerden liegen, läßt sich nur schätzen und damit ist eine absolute Datierung für die Befunde in einer Kloake nicht möglich. Erschwerend kommt hinzu, daß Kloaken zwischenzeitlich immer wieder entleert, und Funde aus älteren Schichten in jüngere (oder umgekehrt) umgelagert worden sein können.

Die Benutzungsspuren von BOHLEN sollten genau untersucht werden, da sie eventuell auch zwei- oder mehrmals verwendet worden sein können; damit erhöht sich das Alter der Bohlen mindestens um die mittlere Benutzungsdauer. Kann diese Zeit nicht ermittelt werden, sollte das Fälljahr der entsprechenden Bohlen nur mit Vorsicht auf andere Befunde (z.B. Keramik) übertragen werden, vgl. dazu auch das Abhängigkeitsdiagramm Holz / Kloake und Keramik, Abb. 3.

Nur jede klar nachvollziehbare Datierung ist eine brauchbare Datierung!

Hölzerne BRUNNENWANDUNGEN und Abfallholz in Brunnen haben eine größere Chance, genauer datiert zu werden. Obwohl Brunnen selten als Abfallgruben benutzt werden, schließt das nicht aus, daß doch etwas in den Brunnen hineinfiel oder in einen brachliegenden Brunnen hineingeworfen wurde. Anders als bei Kloaken werden diese 'Abfälle' kaum umgelagert.[11] Brachgefallene Brunnen können im Laufe der Zeit zusedimentieren, dadurch entstehen ungestörte Schichten.

Kann die hölzerne Brunnenwandung ein Dendrodatum liefern, wird damit das Abfallholz im Brunnen näher datiert und damit die Benutzungsdauer des Brunnens. Das Brunnenbauholz wurde auch meistens frisch geschlagen und gleich verbaut,[12] d.h. das Fälljahr sagt etwas über den Baubeginn aus und das einsedimentierte Abfallholz gibt einen Hinweis auf die Aufgabe des Brunnens. Besteht die Brunnenwandung jedoch aus wiederverwendetem Bauholz und gibt es keine 'Abfallhölzer' in den sedimentierten Schichten, dann sind die Fälljahre der Bohlen ganz anders zu bewerten.

Eingetiefte HOLZPFOSTEN und ZÄUNE dagegen, bei denen man noch die ehemalige Oberfläche als eingezogene Schicht seitlich der Pfosten erkennen kann, datieren sehr genau diese Schicht sowie alle darin enthaltenen ungestörten Funde. Es kann davon ausgegangen werden, daß bei Zäunen und Pfosten das benötigte Bauholz kurz zuvor geschlagen und sofort verbaut wurde.

---

[9] Vgl. auch Tab. 1 im Anschluß an Kap. II.1.4.

[10] Kleinere Bauten können auch aus wiederverwendetem Material hergestellt worden sein, dann entspricht das Fälldatum nicht dem Bauzeitpunkt.

[11] Es kann vorkommen, daß bei einem Umbau oder Abriß die Befunde gestört werden.

[12] Altes ausgetrocknetes Holz würde im wasserführenden Bereich die Konstruktionsform des Baus beeinträchtigen (freundlicher Hinweis H.-J. Breitkopf).

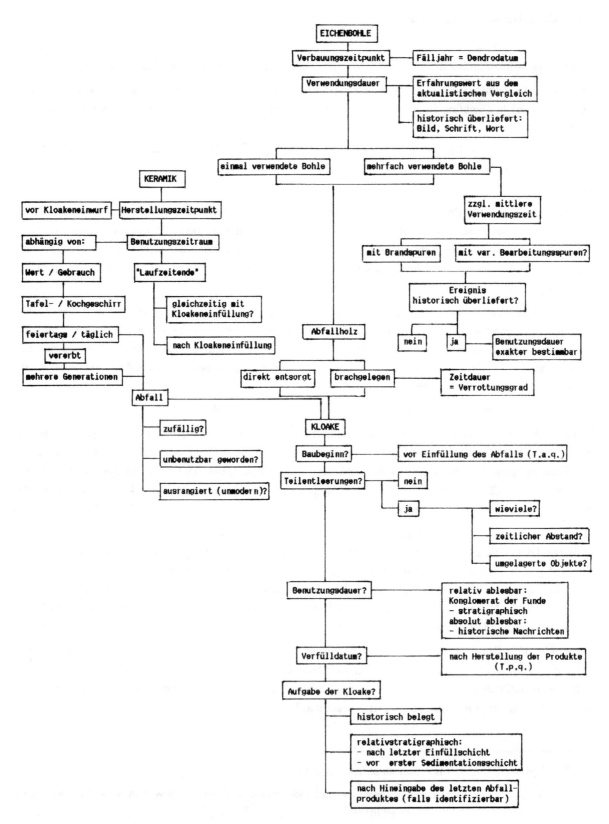

Abb. 3: Chronologisches Abhängigkeitsdiagramm
Befundsituation: Holz und Keramik in einer Kloake
(in Anlehnung an einen Braunschweiger Befund)

Wurden Bohlen als AUFHÖHUNGSMATERIAL benutzt, kann die entsprechende Schicht nur 'dendrochronologisch-relativ-stratigraphisch' datiert werden, da kaum frisch geschlagenes Holz zur Aufhöhung, sondern eher Abfallholz und Zweige dazu benutzt wurden. Auch hierfür muß eine bestimmte Benutzungsdauer für das Aufhöhungsholz kalkuliert werden. Ebenso ist zu bedenken, daß eine artifizielle Aufhöhung um ein vielfaches kürzer anzusetzen ist als eine natürliche Sedimentation.

EINSEDIMENTIERTE Hölzer, ob Bohle oder unbearbeitet, datieren die Einlagerungsschicht ebenfalls nur relativ, als Terminus 'jünger als...', da der tatsächliche Zeitpunkt der Einlagerung rein spekulativ ist. Das Holz kann vor seiner Sedimentation schon länger brach gelegen haben, einen Hinweis darauf gibt der Grad der Verrottung an. Die Schicht kann jedoch nicht älter als das Fälldatum sein, sonst wäre eine Sedimentation nicht möglich gewesen. Die Schicht, die Beifunde und alle folgenden Schichten werden also relativ-stratigraphisch datiert.

Tabelle 1

HOLZART	was wird datiert	zu beachten gilt:
Bohle	Bauzeitpunkt über das Fälljahr, falls Waldkante vorhanden	datiert nicht die Benutzungsdauer
mehrfach verwendete Bohle	Fälljahr, s.o.	Alter erhöht sich um mittlere Benutzungsdauer, T.p.q.
Brunnen- + Kloakenwandungen	Fälljahr, s.o.	Benutzungsdauer unbekannt, s.o. verschiedene Bearbeitungsspuren deuten auf wiederverwendetes Bauholz, s.o. = T.p.q.
Holzpfosten + Zäune	Fälljahr, s.o.	ist Eintiefungsschicht erkennbar, kann Datum auf Schicht u. Befund bezogen werden
sedimentiertes Holz	Fälljahr, s.o.	Einlagerung spekulativ, Hinweis gibt Grad der Verrottung. Schicht nicht älter als Fälljahr, da sonst keine Einlagerung möglich, T.p.q
hölzerne Kloakenabfälle	Fälljahr, s.o.	Benutzungsdauer von Holz **und** Kloake beachten sowie Teilentleerungen, Funddurchmischung möglich, T.p.q.
hölzerne Brunnenabfälle	Fälljahr, s.o.	Brunnen sedimentiert eher ungestört, daher stratigraphische Abfolge gesichert. Ebenfalls Benutzungsdauer des Brunnens beachten = T.p.q.
hölzerne Abfälle als Aufhöhungsmaterial	Fälljahr, s.o.	selten direkt dafür geschlagen (Ausnahme Knüppeldecke), daher gesamte Benutzungszeit beachten, und daß artifizielle Aufhöhung kurzfristiger ist als natürliche Sedimentation

2. Die ^{14}C-Datierung

Die Radiokarbonmethode wird trotz der nicht jahrgenauen Datierung und der relativ hohen Probenkosten[13] dennoch relativ häufig als Chronologiemethode auf Grabungen eingesetzt. Damit ist die ^{14}C-Methode ein weiteres Teilchen in dem archäologischen Datierungsmosaik, frei nach: "... a single date is no date at all..." (R. Higham 1982, 91)[14]. Die Radiokarbonmethode wird gern angewendet, sofern die Voraussetzungen dafür vorhanden sind, weil sie

- a) organisches Material datiert
  (Holz, Holzkohle, Muscheln, Korallen, Knochen, Zähne, Leder, Torf, Getreide)
- b) eine große zeitliche Reichweite besitzt, 100 - 50.000 Jahre ≙ bis zum Paläolithikum (M.A. Geyh 1980, 86-93).

Letzteres bedeutet, es wird eine Zeittiefe erreicht, die weder die schriftlichen / mündlichen Quellen noch die Dendrochronologie abdecken.

Um die Vor- und Nachteile der ^{14}C-Datierung verstehen zu können, bedarf es eines kleinen chemischen / kernphysikalischen Exkurses, in dem die Entstehung des ^{14}C und die darauf aufbauende Modellvorstellung und die Anwendung dieser Methode erläutert wird.

2.1. Entstehung des Kohlenstoffs

Beim Auftreffen der kosmischen Strahlung auf die Erdatmosphäre werden Neutronen frei, die in die Stickstoffatomkerne der Atmosphäre eindringen und eines der 7 Protonen des N-Kerns herausdrängt (M. Joukowsky 1980, 444-449). Die Massenzahl des Atomkerns bleibt gleich, allerdings hat sich das Verhältnis Protonen zu Neutronen (vorher 7:7, jetzt 6:8), und damit die Kernladungszahl geändert.[15] Diese Veränderung bewirkt, daß aus dem stabilen Stickstoffkern ($^{14}_{7}N$) ein instabiler Kohlenstoffkern ($^{14}_{6}C$) wird.[16]

Das Auftreten vom instabilen ^{14}C ist verschwindend gering, $1:10^{12}$ = 1:1 Billion (H. Willkomm 1989, 188-194). Daneben treten weitaus häufiger ^{12}C (zu 98%) und ^{13}C (ca 2%) auf. Es sind die stabilen Isotope[17] des Kohlenstoffs.

Das entstandene ^{14}C-Isotop oxidiert durch den Sauerstoff der Atmosphäre bzw. Hydrosphäre genauso zu Kohlendioxid (CO_2) wie die stabilen ^{12}C- und ^{13}C-Isotope. Beim Assimilationsvorgang der Pflanze wird das aufgenommene CO_2 in die Kohlenstoffe und den Sauerstoff aufgespalten, letzterer wird an die Atmosphäre wieder abgegeben. Über die Photosynthese wird das Karbon in Zucker, der wiederum in Stärke und weiter in

---

[13] M.A. Geyh nennt in dem 1991 veröffentlichten Aufsatz einige Preise.

[14] Frei übersetzt: "Ein einzelnes Datum besagt nicht alles..."

[15] Die Kernladungszahl gibt die Anzahl der Protonen im Kern an.

[16] Kohlenstoff hat im Kern 6 (Protonen) und eine Massenzahl von 12, 13 bzw. 14 (Anzahl der Protonen und Neutronen zusammen).

[17] Unter einem ISOTOP versteht man einen Atomkern, der sich von einem anderen Atomkern des gleichen chemischen Elementes nur in seiner Masse unterscheidet, z.B. sind ^{12}C, ^{13}C und ^{14}C Isotope des Kohlenstoffs.

Zellulose umgewandelt. In diesem Gewebe sind Spuren des ^{14}C nachweisbar (H. Willkomm 1989, 189-194). Von dort gelangt das ^{14}C über die Nahrungskette auch in das Tier und den Menschen.

Mit der Aufnahme des ^{14}C beginnt auch schon der Zerfall. Ein instabiler Atomkern ist immer bestrebt in einen stabilen Zustand zurückzukehren. Der Zeitpunkt des Absterbens eines Lebewesens ist interessant, weil von da an die ^{14}C-Zufuhr aufhört und die bis dahin angesammelte Menge nur noch zerfällt. Aus dem Verhältnis des radioaktiven Kohlenstoffs zum Zerfallsprodukt[18] Stickstoff und der bekannten Halbwertzeit[19] des ^{14}C kann das Alter, d.h. der Todes- / Absterbezeitpunkt errechnet werden. Je mehr Zeit vergangen ist, desto weniger ^{14}C ist in dem Organismus enthalten.

Einigkeit unter den Fachleuten herrscht wohl immer noch nicht über die "international" anerkannte Halbwertzeit des radioaktiven Kohlenstoffs. Es wird mit 5730 Jahren[20] ebenso gerechnet wie auch mit 5568 Jahren,[21] wobei die zuletzt genannte Zahl nicht immer als "konventionelle" Halbwertzeit betitelt wird, so daß schon etwas Verwirrung auftreten kann. Alle BP-Messungen (before present), beziehen sich auf das Jahr 1950. Der ^{14}C-Gehalt von 1950 ist die Grundlage der Vergleichsmessungen.

Mit den verschiedenen Meßmethoden, die hier nicht näher erklärt werden sollen (ausführlich siehe W. Rauert 1978, 116 ff + H. Mommsen 1986, 212), können Altersdatierungen zwischen 50.000 - 100.000 Jahren gemacht werden (H. Meyer 1982, 111).

2.2. Beschreibung der Methode

Diese kernphysikalischen, chemischen Zusammenhänge erkannten E.C. Anderson und W.F. Libby[22] mit ihrem Forschungsteam. W.F. Libby entwickelte aus diesen Gesetzmäßigkeiten die Methode zur Datierung organischer Stoffe und bekam 1960 dafür den Nobelpreis (H. Meyer 1982, 107).

Er definierte mehrere Prinzipien (Libby'sche Modellvorstellung), vgl. M.A. Geyh 1980, 88:

- Die ^{14}C-Produktionsrate, der Kohlenstoff und der Stickstoffgehalt der Atmosphäre und die Verteilung des gesamten Kohlenstoffes in der Bio-, Hydro- und Atmosphäre waren in den letzten 10.000 Jahren konstant.

---

[18] Der instabile ^{14}C-Kern zerfällt in einen stabilen Stickstoffkern (^{14}N) unter Aussendung eines ß-Teilchens. Ein ß-Teilchen ist ein Elektron, das bei der Umwandlung eines Neutrons in ein Proton entsteht.

[19] Die HALBWERTZEIT gibt die Zeitspanne an, in der die Hälfte der ursprünglichen Substanz zerfallen ist. Die Halbwertzeit sagt allerdings nichts über den Einzelprozeß aus, wann also ein einzelnes Nuklid zerfällt. Sie hat in diesem Sinne statistische Bedeutung, denn hier gilt das 'Gesetz der großen Zahl'.

[20] W. Rauert 1978, 112/113
M. Joukowsk 1980, 447 mit einer HWZ von 5730 ± 40 Jahren
M. A. Geyh 1980, 87 hier unterscheidet er noch in konventionelles und nicht konventionelles Alter
J. Riederer 1987, 62
H. Willkomm 1989, 188

[21] F.H. Schweingruber 1983, 210, HWZ = 5570 Jahre
M.A. Geyh 1991, 135, als internat. anerkannte HWZ.

[22] E.C. Anderson / W.E. Libby / S. Weinhouse / A.F. Reid / A.D. Kirshenbaum / A.V. Grosse 1947, Natural radiocarbon from cosmic radiation, in: Phys. Rev. 72, 931-936. Die Entdeckung des radioaktiven Kohlenstoffs geht auf F.N.D. Kurie (1934) zurück (vgl. H. Meyer 1982, S. 106).

- Die Austauschzeit des CO_2 zwischen Bio-, Hydro- und Atmosphäre ist kurz gegenüber der Halbwertzeit.[23]

Bei ersten Anwendungen dieser Methode zeigte sich, daß die ^{14}C-Daten von den bekannten historischen Daten erheblich abwichen. Das führte zu einer nochmaligen Überprüfung der Methode, und es konnte festgestellt werden, daß die Konstanzannahmen revidiert werden mußten. Verschiedene Umwelteinflüsse wirken auf die ^{14}C-Produktionsrate ein, einige sollen im folgenden genannt werden:

Der DE-VRIES-EFFEKT (M.A. Geyh 1980, 89) beschreibt die Einwirkung geophysikalischer und klimatischer Ursachen (z.B. Vulkanausbrüche, u.a. auch im 13./14. Jhdt.) auf den Kohlenstoffhaushalt sowie die Abhängigkeit der ^{14}C-Produktionsrate von der Stärke des Erdmagnetfeldes bzw. der Aktivität der Sonne. Bei erhöhter Feldstärke werden mehr kosmische Strahlen abgeschirmt, dadurch ist die ^{14}C-Produktionsrate niedriger. Einen solchen Fall scheint es vor 6000 Jahren gegeben zu haben; die ^{14}C-Konzentration lag um $\approx 8\%$ niedriger als heute (F.H. Schweingruber 1983, 210-213).

Weitere Beeinflußungen des ^{14}C-Haushaltes sind der INDUSTRIALISIERUNGSEFFEKT[24], auch SUESS-EFFEKT genannt, und der KERNWAFFEN-EFFEKT[25], die beide für die archäologischen Datierungen irrelevant sind, da sie die historischen organischen Materialien vor 1850 noch nicht beeinflußten. Das Basisjahr 1950 schließt den Kernwaffeneffekt aus.

^{14}C-Schwankungen liegen auch in dem Phänomen begründet, daß die Pflanze die verschieden schweren Kohlenstoffe auch unterschiedlich verarbeitet. Das ^{14}C-Isotop wird langsamer umgewandelt und so entsteht ein abweichendes Konzentrationsverhältnis zwischen dem schweren Karbon der Atmosphäre und dem der Pflanze. Korrigiert werden kann diese Abweichung über die Berechnung der Konzentrationsverhältnisse zwischen dem $^{12}C:^{13}C$ bzw. $^{12}C:^{14}C$ der Bio- und Atmosphäre (H. Willkomm 1989, 189).

Eine weitere Unsicherheit der Methode ist der statistische Fehler, ausgedrückt als Standardabweichung σ.[26] Der statistische Fehler bei 4000 Jahre alten Proben beträgt ca. 40/50 Jahre ($T = \pm 1\sigma$), bei bis zu 10.000 Jahren 80/100 Jahre ($T = \pm 2\sigma$) (H. Willkomm 1989, 190).

---

[23] D.h., daß der Übergang des im CO_2 gebundenen ^{14}C aus der Atmo- oder Hydrosphäre (Ozean / Gewässer) in die Biosphäre (Lebewesen) kürzer ist als die Zerfallzeit, weil es sonst in den Organismen nicht nachgewiesen und zur Altersbestimmung herangezogen werden kann.

[24] Industrialisierungseffekt bedeutet, daß mit Aufkommen der Industrien und Maschinen Mitte des 19. Jhdts. fossile Brennstoffe im großen Maße verbrannt wurden, wodurch mehr ^{14}C-freies CO_2 freigesetzt wurde. Nach der Assimilation stand mehr Sauerstoff zur Verfügung, der sich mit dem ^{14}C der Atmosphäre verband und die Konzentration des radioaktiven Kohlenstoffs in der Atmosphäre um 2-3% verminderte, das entspricht ca. 160-240 Jahren (M.A. Geyh 1980, 90 und F.H. Schweingruber 1983, 212).

[25] Kernwaffeneffekt: durch die nuklearen Explosionen wurden künstlich Neutronen freigesetzt, die mit dem Stickstoff der Atmosphäre zu ^{14}C reagierten, wodurch sich die Konzentration in der Atmosphäre unnatürlich erhöhte (M.A. Geyh 1980, 90).

[26] Streumaß des gemittelten Wertes, vgl. auch Anm. 19. $\pm 1\sigma$ bedeutet eine Sicherheitswahrscheinlichkeit von 68%, d.h. daß 68% der Proben ($\approx 2/3$) in der ermittelten Altersspanne mit einer relativ enggefaßten Standardabweichung liegen. Wird die Spanne der Standardabweichung vergrößert (statt ± 50 Jahre auf ± 100 Jahre), können mehr Proben dieser Datierung zugerechnet werden, das entspräche $\pm 2\sigma$ mit einer ca. 90%igen Wahrscheinlichkeit. Eine ± 100 Jahre-Datierung kann je nach Verwendungszweck schon sehr ungenau sein. V. Milojčičs Bedenken, diese Methode überhaupt für die prähistorische Forschung einzusetzen, sind nach wie vor nicht ganz unberechtigt (V. Milojčič 1961, Zur Anwendung der ^{14}C-Datierung in der Vorgeschichtsforschung, in: Germania 39, 434-452).

Je älter eine Probe ist, desto höher ist der statistische Fehler. Neben den methodischen Fehlerquellen müssen auch solche bedacht werden, die sich bei der Probenentnahme ergeben könnten. Beispielsweise hat sich gezeigt, daß das eigentliche Alter der durch rezenten Kohlenstoff kontaminierte Proben verzerrt wird. Das ist der Fall bei neuzeitlichen Durchwurzelungen der zu bestimmenden Probe, durch Humussäureinfiltrationen oder durch anthropogene / biogene Durchmischungen des ^{14}C-haltigen Materials (M.A. Geyh 1980, 91).

Als eine sehr gute kontrollierende Instanz diese Methode hat sich die Dendrochronologie erwiesen. Sie nämlich kann das Holz unter entsprechenden Umständen jahrgenau datieren. Es können also vom gleichen Ausgangsmaterial Proben für die eine **und** die andere Methode genommen werden, was z.B. nicht der Fall ist bei der Warvenchronologie (Bändertonablagerungen), die ebenfalls als Kontrollorgan für die Radiokarbonmethode eingesetzt wird.

Dendrochronologische Untersuchungen des gleichen Holzes zeigten z.T. Differenzen von ca. 1000 Jahren bei sehr alten Proben. Daher ist die Kalibrierungsmöglichkeit von ganz besonderer Bedeutung. Allerdings darf nicht übersehen werden, daß die kalibrierten ^{14}C-Daten kurzfristige Schwankungen noch nicht mit berücksichtigen (F.H. Schweingruber 1983, 212).

Das Ausmaß der Methodenverfeinerung in ihrer über 40-jährigen Forschungsgeschichte ist sehr umfangreich geworden. Ein Archäologe hat kaum noch den Überblick über die Verfahren dieser Methode, da er nicht immer die physikalischen und chemischen Voraussetzungen dafür mitbringt. Eine letzte deutschsprachige Zusammenfassung der ^{14}C-Methoden gibt H. Mommsen in "Archäometrie", 1986. Alle neueren Arbeiten sind z.T. entweder sehr fachspezifisch, zu allgemein oder so verstümmelt geschrieben, daß wiederum ein Fachwissen vorausgesetzt wird. Die Notwendigkeit des interdisziplinären Zusammenarbeitens wird hier besonders deutlich.

Es hat sehr lange gedauert, bis standardisierte Kalibrationskurven erstellt wurden, 1986 mahnte B. Ottaway[27] dieses Versäumnis noch an. Es gibt diese Kurven für die unterschiedlichen geographischen Breiten[28] und zur Zeit wird an einer ^{14}C-Datenbank gearbeitet, die zukünftig über Computertelekommunikation abgerufen werden kann.[29] Bislang war es wichtig, das Labor zu kennen, das hinter den entsprechenden Proben stand, weil mit unterschiedlicher Halbwertzeit und Kalibrationskurven gearbeitet wurde. Nur so können vergleichende Aussagen getroffen werden.

2.3. Allgemeine Anwendungsbeispiele

Die ^{14}C-Altersbestimmung verifiziert die typologische und stratigraphische Methode, hilft bei der kritischen Analyse geschlossener Befunde und dient als Leitplanke für absolut zu datierende Perioden und Phasen. Nur in wenigen Ausnahmen datiert sie Einzelbefunde absolut. Einschränkungen gibt es schon im Material der Objekte, es sind ausschließlich organische Materialien. Gebrauchsgegenstände wie Stein, Metall und Keramik sind als direkte Datierungsobjekte ausgeschlossen. Diese Kulturanzeiger sind mit beschriebener Methode nur über den indirekten Bezug datierbar. ^{14}C-datierfähige Funde müssen mit nicht ^{14}C-datierbaren Gegenständen in einem als geschlossenen Befund erkennbaren Zustand aufgefunden werden.

---

[27] B.S. Ottaway 1986, Is radioactive dating obsolescent for archaeologists? in: Radiocarbon, Vol. 28, 2A, 732-738

[28] Kurven für unterschiedliche Regionen sind notwendig, da die Standorte der Bäume und damit die klimatischen Verhältnisse für die Ausbildung der Jahrringe verantwortlich sind. Nur so kann eine ^{14}C-Kurve mit der entsprechenden dendrochronologischen Kurve verglichen und korrigiert werden.

[29] Mündlich Dr. Becker-Heidmann, Institut für Bodenkunde Hamburg.

Kann für das zuerst genannte Objekt ein ^{14}C-Datum ermittelt werden, ist ebenfalls die Funktion des Objektes zu beachten, durch die der Zeitansatz verschoben werden könnte:

Altes, mehrfach verwendetes Holz, eine Brandschicht oder Herd- / Töpferholzfeuerreste, Muscheln, die als Speise gedient haben[30] oder aber als Schmuck. Je nach Verwendung muß eine gewisse Zeitspanne hinzugerechnet werden, die dann zu ungenau für gewisse Fragestellungen wird, so daß aus einer absoluten Datierung nur noch ein Terminus post / ante quem übrigbleibt, vgl. Tab. 2, im Anschluß an Kap. II.2.3.

Zur Bestätigung einer Zeit oder Zeitspanne, die noch durch andere Datierungsmethoden ermittelt wurde, bleibt sie dennoch wertvoll.

Tabelle 2

ORGANISCHES	datiert wird:	zu beachten gilt
Holz	Wachstumsende eines Jahrringes	Fälljahr nur, wenn Probe aus Randbereich des Stammes entnommen [31]
Holzkohle	Wachstumsende eines Jahrringes	nicht der Zeitpunkt des Brandes (Großbrand) = T.p.q. [32]
Muscheln	Todeszeitpunkt, kann auch Verzehrzeitpunkt sein	zu Schmuck verarbeitete Muscheln geben weder Herstellungszeitpunkt noch Benutzungsdauer wieder = T.p.q.
Textilien	Zeitpunkt der Rohstoffgewinnung	Verarbeitungszeitpunkt und Tragezeit bleiben unberücksichtigt, T.p.q.
Getreide	Erntezeitpunkt	Dauer der Getreidelagerung muß hinzu gerechnet werden = T.p.q.
Knochen / Zähne	Todeszeitpunkt	s. unter Muscheln
ANORGANISCHES		
Keramik / Metall	indirekt der Herstellungszeitpunkt	nur, wenn Objekte im Herdfeuer standen (geschlossener Befund), s.o.

---

[30] Wenn Muscheln unverkennbar als Speise gedient haben, sind Radiokarbondatum und Verzehrzeitpunkt identisch. Waren sie aber Schmuckgegenstände, gibt das ermittelte Datum den Zeitpunkt des Absterbens an, sagt aber nichts darüber aus, ab wann die Muscheln zu Schmuck verarbeitet oder wie lange sie getragen wurden.

[31] Das Holz für die Brenn- oder Schmelzöfen wurde meistens direkt zum Verbrauch geschlagen, somit stimmen Fälldatum und Brandzeitpunkt überein.

[32] Holzkohle wird zerkleinert und vermischt, der Nachweis des Brandzeitpunktes kann nicht erbracht werden. Weitere Schwierigkeit: Die Holzkohle muß einen eindeutigen Bezug zum Befund aufweisen und darf keine Schüttungsschicht sein, die aus einem fremden Befund stammen könnte.

3. Die Thermolumineszenz-Datierung

Mit Hilfe der Thermolumineszenz-Methode (im folgenden TL-Methode) können anorganische Materialien wie Tone, Sandablagerungen und Gußkerne datiert werden. Diese Methode ist vor mehr als 30 Jahren in Oxford (GB) entwickelt worden mit dem Ziel, vor allem Keramik absolut datieren zu können (M.S. Tite 1991, 141).

Das Prinzip besteht darin, daß in Kristallgittern von Quarz, Feldspat und Zirkon die gespeicherten Energien infolge Wärmezufuhr unter Aussendung von Lichtquanten wieder freigesetzt werden.

Der Keramikwerkstoff Ton enthält in geringen Mengen radioaktive Isotope von Uran, Thorium und Kalium. Mineralienbeimengungen, wie z.B. Quarz, der u.a. als Magerungsmaterial zur Keramikherstellung benutzt wird, ist durch die im Ton enthaltenen radioaktiven Elemente einer natürlichen Strahlung ausgesetzt. Diese Strahlung kann die 'normale' Elektronenkonfiguration (Verteilung) im Quarzkristall stören bzw. verändern. Es werden durch Anregung Elektronen-Loch-Paare[33] erzeugt, deren Zustand nicht stabil ist. Die Elektronen haben das Bestreben, ihren 'alten' Platz wieder einzunehmen, aber durch Baufehler und Verunreinigungen (Traps) im Kristallgitter wird diese Rekombination deutlich verzögert (H. Mommsen 1986, 243/44).

Diese angeregten Zustände sind metastabil und können eine Verweildauer von manchmal wenigen Stunden, aber auch bis zu mehreren Millionen Jahren haben. Je mehr Zeit vergeht, desto mehr Elektronen werden angeregt, d.h. desto mehr Energie wird gespeichert (M.A. Geyh 1980, 123).

Die Rückkehr in den stabilen Grundzustand wird durch Wärmezufuhr spontan ausgelöst (R. Rottländer 1978, 121). Je nach Grad der thermalen Vibration lösen sich nach und nach die Elektronen aus den Haftstellen und geben bei der Rekombination ihre Energie durch Lichtemission ab. Dieser Effekt wird Thermolumineszenz genannt:

Thermo = Wärme, Lumen = Licht, emittere = aussenden. Die Lumineszenz ist das eigenständige Leuchten eines Stoffes ohne thermale Einwirkung.

Der geringere Anteil der festgehaltenen Elektronen entweicht schon bei einer mittleren Erhitzung von ca. 150°C, das Gros wird jedoch bei ca. 500°C aktiviert (H. Mommsen 1986, 247). Bei längerer intensiver Erhitzung wird die gesamte TL-Energie emittiert und anschließend kann die Speicherung von Elektronen erneut beginnen. Gemessen wird die abgegebene Lichtenergie über eine spezielle Apparatur:

Die Keramikprobe kommt auf eine Stahlplatte, die gleichmäßig erhitzt wird (gewöhnlich 20°C / sek), die stetige Lichtemission wird von einem Sensor (Photomultiplier) registriert, verstärkt und an einen X-Y-Schreiber weitergegeben. Dieser zeichnet auf der Y-Achse (vertikal) die Lichtemission, auf der X-Achse (horizontal) die Wärmezufuhr auf. Ausgedruckt wird eine sogenannte Glühkurve, die das Verhältnis Lichtausbeute pro Ausheiztemperatur angibt (M.J. Aitken 1970, 273). Darüber kann der Zeitpunkt des vorletzten Brandes ermittelt werden, im Idealfall der Herstellungsbrand; der letzte Brand ist die TL-Analyse.[34]

---

[33] Freier Bindungsplatz und dazugehörendes Elektron bilden ein Paar.

[34] Falls nach dem Herstellungsbrand und vor der TL-Analyse andere Wärmequellen, z.B. Hausbrand, Aussetzung intensiver Sonnenbestrahlung, ständiges Anheizen in der Benutzung als Kochgeschirr, auf die Keramik eingewirkt haben sollten, kann sich die TL-Menge natürlich verändert haben und damit ein verfälschtes Ergebnis wiedergeben. Das nach der Analyse erhaltene Alter zeigt lediglich den Zeitraum zwischen den beiden letzten Ausheizungen an.

Die ausgeheizte Probe wird erneut radioaktiver Strahlung ausgesetzt, jetzt aber einer künstlich erzeugten, deren Dosisrate so gewählt wird, daß sie der ursprünglich natürlichen sehr ähnlich kommt, um eine entsprechend vergleichbare Glühkurve zu erhalten. Zweck dieser Behandlung ist einerseits die Überprüfung der 1. Glühkurve, andererseits soll getestet werden, wie empfindlich die Keramik auf radioaktive Bestrahlung reagiert (H. Mommsen 1986, 247).

Es gibt verschiedene Methoden, die notwendige künstliche Dosisrate zu ermitteln, z.B. die Quarzeinschluß-Technik und die "Pre-dose-Technik", die hier jedoch nicht näher beschrieben werden sollen (siehe dazu ausführlich H. Huppertz, 1993).

Alle diese Methoden zur Ermittlung der künstlichen Bestrahlungsdosis bergen eine ganze Reihe von Unsicherheitsfaktoren und Unbekannten, die vor allem mit den unterschiedlichen Halbwertzeiten der radioaktiven Isotope von Uran, Thorium und Kalium zusammenhängen sowie ihren unterschiedlichen Strahlungsarten (α-, β- und γ-Strahlung).

Ebensowenig kann die natürliche Radioaktivität über so große Zeiträume als Konstante angesehen werden. Hier muß eine statistische Größe zugrunde gelegt werden. Feuchtigkeit, Sonneneinstrahlung und künstliches Licht wirken sich nachteilig auf die gespeicherte TL-Menge aus (M.A. Geyh 1980, 125). Auch mechanische Beanspruchungen (Zerkleinern der Probe) verändern den ursprüngliche TL-Haushalt (K.L. Weiner, 1978).

Es wird darum nicht selten das vorab geschätzte Alter der Keramik als Basis für die künstliche Dosisrate gewählt.[35] Ein solches Verfahren disqualifiziert sich von selbst, als absolute Datierungsmethode eingesetzt und anerkannt zu werden.

Eine Methodenüberprüfung erfolgte auf der Grabung Drochtersen-Ritsch (Fdpl. 55). Es wurden 30 Keramik- und 30 Sedimentproben aus verschiedenen Schnitten für die TL-Analyse entnommen, von denen letztendlich 5 datiert werden konnten (H. Huppertz 1992, 193).

Im Vergleich mit den Ergebnissen der dendrochronologischen und ^{14}C-Datierung dieser Schichten, deren Daten für die TL-Untersuchung unbekannt waren ("Blindtest"), zeigten sich enorme Abweichungen (vgl. H. Ziegert 1992, 196, Tab.). Da bei dieser Überprüfung nur einmal das TL-Datum mit dem Radiokarbon- und dem Dendrodatum nahezu übereinstimmte, drängt sich der Verdacht eines 'Zufallstreffers' auf. Die Streuung der Daten ist viel zu hoch, als daß eine aus der Methode heraus ernstzunehmende Datierung abgelesen werden kann.

Auffallend ist weiterhin, daß relativ wenige TL-Datierungen veröffentlicht wurden. In den meisten Fällen ist lediglich die Methode vorgestellt worden. Meines Erachtens spricht dieses für sich, und es liegt nicht allein daran, daß die TL-Analysen zeitaufwendig und kostspielig sind[36] (M.S. Tite 1991, 141-143).

Sicherlich hat diese Methode ihre Berechtigung in der Echtheitsprüfung, z.B. von antiken Vasen, und zur Bestimmung von Mineralien, bei denen eine absolute Datierung nicht notwendig ist.

---

[35] Mündliche Bestätigung durch H. Huppertz.

[36] Seit den 80er Jahren sind die Analysen in Oxford eingestellt worden (freundliche Mitteilung H. Huppertz).

Kap. II - Datierungsmethoden

4. Die Münzdatierung

Die Münzen des Mittelalters gewähren Einblicke in verschiedene Teilbereiche des menschlichen Miteinanders. Der Numismatiker sieht darin "...eine Wissenschaft, die Münzen und Münzschätze untersucht als Überreste, die die ökonomische und kulturelle Entwicklung einzelner Länder und Völker sowie die Rolle des Geldes und der Geldsysteme in dieser oder jener Epoche widerspiegeln".[37]

Auch für den Historiker bedeuten die Münzen eine wichtige Quelle zur Erforschung der Personen-, Rechts-, Wirtschafts- und politischen Geschichte (A.v. Brandt 1989[12], 149ff).

Der Archäologe sieht neben diesem geschichtlichen Umfeld auch besonders den chronologischen Wert für seine Befunde.

Die Münzdatierung gehört zu den absolut-chronologischen Methoden. Im folgenden sollen die Datierungsmöglichkeiten der Münze aufgezeigt werden.

4.1. Einzelfunde

Die Möglichkeit, jahrgenau zu datieren, wie es mit heutigen Münzen möglich ist, ergab sich für die deutschen Münzen ungefähr erst ab dem 16. Jhdt.[38]

Das Münzrecht lag in königlicher / kaiserlicher Hand, daher trugen die mittelalterlichen Münzen auf der Vorderseite (Avers) zunächst nur das Bild und den Namen dieses Herrschers; auf der Rückseite (Revers) war der Name der Münzstätte angegeben. Nach und nach erhielten geistliche und weltliche Fürsten vom König / Kaiser das Münzrecht verliehen, so daß neben dem königlichen bzw. kaiserlichen Konterfei auch Abbildungen dieser Münzherrn im Umlauf waren.

Die Darstellungen der Münzherren waren selten naturgetreu, zur Kenntlichmachung der Persönlichkeit wurden die entsprechenden Insignien, Symbole, und Wappen (R. Gaettens 1954, 97/98) mitgeprägt bis hin zu Gebäudedarstellungen wie Kirchen und ummauerte dreitürmige Stadttore (B. Kluge 1991, 83f).

Eine logische Entwicklung des Münzrechtsprivileges der geistlichen und weltlichen Obrigkeit war die Selbstbestimmung der Form, des Feingehaltes und des Gewichtes der Münze. Die Zeit des regionalen Pfennigs begann (etwa 12. Jhdt.). Neben den schweren, zweiseitig geprägten Denaren wurde der dünne, leichte und einseitig geprägte Pfennig (Brakteat) eingeführt. Durch die vermehrte Prägung in dieser Zeit kam es zu einer Münzverschlechterung, die Gegenmaßnahmen wie z.B. die ca. jährlich stattgefundene Verrufung erforderte. Die umlaufende Münze wurde für ungültig erklärt und durch eine neue ersetzt (A.v. Brandt 1989[12], 153), die Umlaufzeit konnte also sehr kurz sein.

In Kombination der Abbildungen / Umschriften / Münzstätten und der historischen Schriftquellen (Regierungszeiten, Münzrechtverleihungen) können die Münzen den entsprechenden Regenten zugeordnet und damit datiert werden.

---

[37] V.M. Potin 1964, Numizmatika, in: Finansovo-Kreditnyj Slovar, 131

[38] Zu den mittelalterlichen Münzen, die sich jahrgenau datieren lassen, gehören der arabische Dirham (FO: Ostseegebiet / Skandinavien) sowie die angelsächsische Münze, die in Perioden geprägt wurde, zunächst in 6-Jahres-, später in 3-Jahres-Perioden (mündlich G. Hatz).

Als schwieriger erwies sich die Datierung der schlechter geprägten und der anonymen bzw. stummen Münzen, die weder Umschrift noch Herrscherbild trugen (z.B. die Hohlpfennige), sondern lediglich Bilder / Symbole zeigen und lange Zeit keine Veränderungen erfahren haben. Diese Münzen können nur, wenn überhaupt, über den typologischen Vergleich mit anderen sicher eingeordneten Münzen datiert werden.

Weitere Schwierigkeiten bei der Münzbestimmung ergeben sich, wenn kleinere unbedeutendere Münzstätten die Prägungen großer Münzorte nachahmten oder Fremdeinflüsse sich bemerkbar machten.[39]

Für die Datierung der schichtgleichen Befunde über die Münze sollte in jedem Fall auch deren Charakter berücksichtigt werden, der Aufschluß über eine kurze oder lange Umlaufzeit gibt. Diese kann z.B. vom Metallwert (Goldwährung) abhängen und natürlich vom Abnutzungsgrad der Münze sowie der Regierungszeit und den wirtschaftlichen Verhältnissen (s.o. Verrufung in Zeiten der Inflation). Desweiteren sind die Fundumstände wichtig:

a) handelt es sich um Streufunde (verloren gegangene Münzen)

b) handelt es sich um absichtlich niedergelegte Münzen[40]

c) handelt es sich um verlagerte Münzen (R. Röber 1989, 109)
vgl. auch Tab. 3, im Anschluß an das Kap. II.4.2.

Und zu guter Letzt sollten bei der Übertragung des ermittelten Datums auf andere Objekte der gleichen Fundschicht, die Funktion und damit deren Lebensdauer und Umlaufzeit ebenfalls berücksichtigt werden (G.P. Fehring 1987, 40-41).

Für die Niederlegung der Beifunde datiert die Münze '...post quem...', denn erst nach der Herstellung der jüngsten Münze kann das Ensemble (geschlossener Fund) in den Boden gelangt sein. Sie datiert allerdings nicht den Herstellungszeitpunkt und die Verwendungsdauer bis zur Niederlegung der schichtgleichen Funde.

4.2. Münzschätze (-horte)

Der Numismatiker unterscheidet Horte mit kurzer und langer Anhäufungszeit. Zu der ersten Gattung gehören die Horte, die vorübergehend niedergelegt wurden (Schutz vor fremden Zugriff in Krisenzeiten bzw. Kriegsbeute). Die Ansammlung erfolgte innerhalb von 2-3 Jahren oder kürzer. Die lange Anhäufungszeit findet sich bei Opfergaben in Brunnen oder Seen (V.M. Potin 1976, 23) oder sogenannten "Spartöpfen" für Krisenzeiten (A. Suhle 1964, 14).

Wie lang eine Hortungszeit gewesen ist, läßt sich individuell ablesen an der Größe und an dem Charakter des Münzschatzes. Lange Hortungszeiten sind bei Sparschätzen mit hohen und qualitativ guten Münzwerten zu erwarten im Gegensatz zu den Umlaufschätzen, zu denen "Katastrophen-" und "Kaufmannsschätze", d.h. Kaufmannskapitale mit kleinen Münzwerten und hohen Abnutzungsspuren (wobei "hohe Abnutzungsspuren" auch auf schlechte Prägung zurückzuführen sein kann) gerechnet werden (H. Sarfatij 1979, 493).

Die Wahrscheinlichkeit, daß aus einem Sparschatz Münzen wieder in den Umlauf gelangten (aus finanzieller Not, o.ä.) mag nicht sehr groß sein und die Beweisführung, einen solchen Befund vorliegen zu haben, ist

---

[39] Bsp.: Bekannte eingeführte Münztypen wurden von kleinen Münzstätten gern nachgeprägt.

[40] Z.B. auch die Totenoboli bzw. "Berufsattribute" können 100 Jahre und später den Toten als Grabbeigabe mitgegeben worden sein (V.M. Potin 1976, 18).

sicherlich sehr schwer, dennoch sollte diese Möglichkeit nicht außer Acht gelassen werden. Der Schatzfund repräsentiert den endgültigen Zustand vor der Freilegung. Mit dem sich daraus ergebenen Zeitansatz wird gearbeitet, sofern nicht durch andere Informationen ein 'Griff in den Spartopf' bekannt wird, und eine entsprechende Zeitspanne hinzugerechnet werden kann.

Bei chronologisch ununterbrochen aufgebauten Schätzen mit unbenutzter Schlußmünze mögen Schlußmünzendatierung und Niederlegungszeitpunkt nahezu identisch sein im Gegensatz zu den chronologisch unterbrochen aufgebauten Schätzen mit stark abgenutzter Schlußmünze (H. Sarfatij 1979, 494).

Neben dem Prägezeitraum, der nicht jahrgenau ist, müssen also noch ein relativer Umlaufzeit-[41] und Hortungszeitraum hinzugerechnet werden. Der Niederlegungszeitpunkt bleibt spekulativ, kann jedoch über andere Umstände (Stratigraphie, Charakter des Befundes, Einsatz anderer Datierungsmethoden etc.) näher eingegrenzt werden.

Die Aussage: "...wurde 1360 vergraben..." beruht letztendlich auf subjektiver Bewertung. Bei der Bestimmung von Münzschätzen / -funden gibt der Numismatiker das älteste mögliche Prägedatum der jüngsten Münze (Schlußmünze) als T.p.q an, weil dieser Zeitpunkt der sicherste für die Niederlegung des Schatzes ist.[42]
Dieser T.p.q. kann weiter eingegrenzt werden, wenn festgestellt werden kann, ob und welche für die entsprechende Region zu erwartenden Münztypen fehlen. Das Ausbleiben dieser Leitmünzen, d.h. Gepräge mit großer Verbreitung geben den T.a.q. an (R. Gaettens 1954, 95).

Zwischen dem Schlußmünzedatum und dem Ausbleiben der nächstfolgenden Leitmünze muß die Niederlegung des Schatzes stattgefunden haben.

Keramikgefäße, die zur Münzniederlegung dienten, werden auch nur indirekt durch die in ihnen liegenden Münzen datiert. Ein wenig beachteter Befund ist die innere Stratigraphie eines Münzschatzes. Ein langjährig angelegter Sparschatz weist am Gefäßboden (Behältnisboden) die älteste Münze auf. Die darüberliegenden Münzen werden immer jünger (H. Sarfatij 1979, 494). Bleibt dieser Befund ungestört, ist das Gefäß (Behältnis) älter als der Niederlegungszeitpunkt, und zwar um mindestens so viel wie die Hortungszeit ausmacht. Ob aber zum Sparbeginn dieses Gefäß neu war, müssen andere Faktoren, falls überhaupt möglich, klären. In diesem Fall wird ein größerer zeitlicher Abschnitt aus der Laufzeit des Gefäßes gezeigt.

Anders sieht die Datierung aus, wenn der Schatz zuerst in einem beliebigen Behälter (Kistchen, Lederbeutel etc.) gespart, und erst aus der Notwendigkeit heraus, es besser vor Zerstörung und Raub zu schützen, in das 'Endgefäß' umgefüllt wurde, (vgl. H.-J. Stoll 1985, 14 + Anm. 30).

Die Schlußmünze datiert dann T.a.q. für das Gefäß, d.h. vor der Niederlegung muß das Gefäß schon hergestellt worden sein. Datiert wird hier ein sehr kurzer zeitlicher Ausschnitt aus der Verwendungsdauer des Gefäßes.

H. Steininger geht davon aus, daß die Keramik, die einen 'krisenzeitlichen' Münzschatz enthielt, zeitgenössisch ist. Denn sie stand jederzeit in ausreichender Menge zur Verfügung, war leicht entbehrlich und außerdem noch

---

[41] Die Umlaufzeit hängt von verschiedenen Faktoren ab. Ein Faktor wäre z.B. die Verrufung, die eine kurze Umlaufzeit bedeutet.

[42] Bsp.: Bildet die Münze Heinrich V. die Schlußmünze, wird als Terminus post quem 1106 angegeben. Heinrich V. Regierungszeit lag zwischen 1106-1125. Davor konnte die Münze nicht geprägt worden sein, jedoch danach zuzüglich einer entsprechenden Umlaufzeit. Jede weitere Interpretation obliegt der Verantwortung des nächsten Fundbearbeiters.
Für die Einführung in die Methodik der Numismatik, die Geduld und die überaus freundliche Hilfsbereitschaft, Literatur zu beschaffen und einzusehen bzw. einsehenzulassen, sei Herrn Professor Hatz mein besonderer Dank ausgesprochen.

sehr praktikabel aufgrund ihrer Form und ihres Materiales.[43] In den mittelalterlichen Schriftquellen sind häufiger Fehden oder Kriege aufgeführt, deren Daten sich mit den Münzfunden parallelisieren ließen (H. Steininger 1985, 12/13). Diese Art der Schatzniederlegung muß als solcher erst einmal erkannt werden.

H. Steininger hat in seiner Dissertation 1963 (überarbeitet 1985) 333 Münzschatzgefäße aus Österreich zusammengetragen, nach typologischen Merkmalen gegliedert und über die Termini post quem datiert, jedoch ohne Berücksichtigung der stratigraphischen Befundsituation, die nur noch in den seltensten Fällen bekannt war. Dabei stellte er fest, daß es trotz der relativ großen Anzahl von Gefäßen nicht möglich war, die gesamte Laufzeit bzw. Produktionszeit einer Warenart zu erfassen. Eine vergleichbare Arbeit liegt für Deutschland nicht vor.

Die Münzen datieren einen recht enggefaßten Zeitabschnitt, deshalb werden die Befunde bei einer eindeutigen Befundsituation - stratigraphisch gesicherten (H. Ziegert 1988, 658) - wiederum indirekt absolut datiert.

Tabelle 3

OBJEKTE	was wird datiert:	zu beachten gilt:
Münzen	Prägungszeit	Umlaufzeit hängt vom Metallwert, von politischen Ereignissen und von wirtschaftlichen Verhältnissen ab
Münzhorte, -schätze	Prägungszeit	Im Einzelfall können Anfangs- u. Schlußmünze fehlen (wieder in Umlauf gekommen sein); zur Umlaufzeit muß Hortungsdauer hinzugerechnet werden
Münzen mit anderen Beifunden	Prägungszeit	Funde werden nur indirekt absolut datiert; Umlaufzeit der Münze (s.o.); Befundsituation und Datierungskriterien: Benutzungszeitraum der Beifunde müssen mit berücksichtigt werden

---

[43] In diese Richtung weisen auch 2 Keramikgefäße aus Dänemark, die noch Speisereste enthielten (N.K. Liebgott 1978, 14) sowie diverse verformte oder beschädigte Gefäße ("Keramik II. Wahl") aus den Niederlanden (H. Sarfatij 1979, 497).

5. Historische Quellen als Datierung

Der Gebrauch der Schrift in der Gesellschaft reduzierte sich nach dem Untergang des römischen Reiches nur auf die geistlichen und weltlichen Herrschaftshäuser, bis sie Ende des 13. Jahrhunderts wieder an Anerkennung und Verbreitung durch die Bildung von Städten und das Aufkommen des freien Bürger- und Bauerntums gewann. Die Entwicklung des Städtewesens machte es notwendig, gesprochenes Recht und Ordnungen, die für ein Zusammenleben unabkömmlich waren, niederzuschreiben (A.v. Brandt, 1989[12]).

Das Schreiben von Chroniken, Rechtsakten, Kirchenbüchern, Regesten etc. oblag nicht nur den Kirchenvätern und Regenten, sondern im zunehmenden Maße auch den Stadtvätern und Advokaten.

Um gewisse archäologische Sachverhalte besser klären zu helfen, werden u.a. schriftliche Quellen, sofern sie vorhanden sind, herangezogen. An dieser Stelle soll nur ganz kurz die Problematik angeschnitten werden, die sich beim Heranziehen und Auswerten schriftlicher Quellen für die Datierung archäologischer Befunde ergeben kann.

Nicht selten werden Stadtjubiläen vom ersten Auftreten der Begriffe "civitas" (Stadt) bzw. "burgensis" (Bürger) abgeleitet. Die Verwendung setzt eine Stadt im Rechtssinn (mit entsprechenden Stadtrechten) voraus (M. Last 1985, 81/82), wobei die vorausgegangene Stadtgründung in zeitlicher Nähe vermutet wird. Dieser zeitliche Anhaltspunkt für die Stadtgründung kann aber nur als Terminus ante quem betrachtet werden und als solcher entsprechend auf die zu datierenden Befunde übertragen werden.

Die Schwierigkeit, den exakten Stadtgründungszeitpunkt zu nennen, liegt auch darin begründet, daß jeder Stadt eine mehr oder weniger lange 'unbedeutende' Besiedlungsphase voran ging. Wieviele mittelalterliche Besiedlungsorte gibt es, die von Anfang an als Stadt konzipiert waren und auf unberührtem Boden neubesiedelt wurden, so wie es für z.B. für Königshagen angenommen wird (W. Janssen 1966, 12)?

Außerdem konnten auch Teile der Stadt geplant und andere wiederum gewachsen sein: Um eine geplante Burganlage wächst allmählich eine Ansiedlung, die später wiederum befriedet wird, und so wird mit geplanten Baumaßnahmen lenkend in das Wachstum der entstehenden Stadt eingegriffen (M. Last 1985, 84). Häufig wuchsen über lange Jahre einzelne Ansiedlungen zusammen und bildeten die Stadt. Worauf soll sich das Stadtgründungsdatum beziehen?

Bei der chronistischen Aufzeichnung von außergewöhnlichen Ereignissen wie Stadtbrände, Überschwemmungen o.ä., sind die Fixdaten nur dann zu übernehmen, wenn eine eindeutige Zuordnung zum archäologischen Befund durch genaue Lokalisation gewährleistet ist. Wird z.B. von einem Brand "um 1350" gesprochen, ist es durchaus möglich, daß trotz einer entsprechenden Schicht diese nicht zweifelsfrei zugeordnet werden kann, da es sich auch um ein lokales Ereignis handeln könnte. Dann müßten andere sichere Datierungsquellen herangezogen werden, die eine Kongruenz 'von 1350' zu dieser Schicht zeigen.

Urkundlich erwähnte Baumaßnahmen an profanen und kirchlichen Gebäuden geben auch nicht immer den sofortigen Baubeginn an. Zwischen Vorhaben und Ausführung können mehrere Jahre (-zehnte) liegen. Gerade bei langjährigen Kirchenbauten wird dadurch die Findung des Zeitansatzes erschwert.

Die meisten Schriftquellen, zumindestens so wie sie oben beschrieben wurden, geben zwar viele Informationen über das Leben und die Umstände und Verhältnisse der damaligen Zeit an, die aus dem reinen archäologischen Befund nicht immer abzulesen sind (G.P. Fehring 1987, 54-55), aber für eine Datierung archäologischer Fundgruppen selten ausreichend sind.

Dennoch sollten die überlieferten Daten mit sehr viel Umsicht behandelt werden, da meistenteils eine relative Datierung möglich ist. Die Einbeziehung der Schriftquellen in die Datierungsfindung ist notwendig und wertvoll, weil sie einen weiteren Baustein im Netz der temporalen Beziehung eines archäologischen Fundes darstellt und zur sicheren zeitlichen Eingrenzung beiträgt, vgl. auch Tab. 4, auch wenn wie H.J. Eggers schon bemerkte, "... jede schriftliche Quelle tendenziös" ist (H.J. Eggers 1974^2, 257). Es gibt keine Norm oder Systematik in der Aufzeichnung mittelalterlicher Stadtgeschichten; jeder Chronist zeichnet das Bild des städtischen Treibens aus dem damals vorherrschenden Zeitgeist und Blickwinkel.

Außer den Schriftquellen gibt es auch noch andere historische Quellen (Bilder, Fensterbilder, Teppiche / Wandbehänge etc. mit zeitgenössischen Darstellungen), die sich aber zur Datierungsfrage ihrerselbst wiederum der schriftlichen Aufzeichnungen bedienen müssen, es sei denn, das Herstellungsdatum steht auf dem entsprechenden Objekt. Diese Quellen sollen hier aber nicht näher betrachtet werden.

Tabelle 4

Auswahl historischer Quellen

CHRONIK	datiert wird:	zu beachten gilt:
Stadtgründung	meist der Zeitpunkt der Stadtrechteverleihung	die Ortschaft hat oft schon lange vorher bestanden
Stadtbrand	absolutes Datum	Brandschicht muß unbedingt identisch sein, damit ein Lokalbrand ausgeschlossen wird
Baumaßnahmen	Zeitpunkt des Niederschreibens	datiert nicht unbedingt auch den Baubeginn; Absicht und Ausführung können mehrere Jahre auseinanderliegen
"Civitas" "Burgensis"	Zeitpunkt der Benutzung dieser Begriffe	Begriffe konnten schon längere Zeit benutzt worden sein. Unsicherheit, davon Gründungsdatum abzuleiten
Annalen	Zeitpunkt der Ereignisse (in Jahresbüchern aufgezeichnet)	Bezug zum Befund muß einwandfrei erkennbar sein

Kap. II - Datierungsmethoden

6. Die Stratigraphische Datierung

"Die Rückgewinnung 'historischer Zustände' ist das Ziel jeder Grabung" (G.P. Fehring 1987, 49). Dieses Ziel wird erreicht, indem Schicht für Schicht des Grabungsobjektes abgetragen und in umgekehrter Reihenfolge der chronologische Ablagerungsprozeß rekonstruiert wird.

Während in früheren Zeiten häufig nach künstlichen Schichthorizonten gegraben und mit dem willkürlich gewählten Schichtabtrag mehrere natürliche Schichten zerschnitten wurden, wird heute im allgemeinen die Reliefmethode angewendet. Der Vorteil dieser Methode ist, daß den natürlichen Schichten die Funde direkt zugeordnet werden können, und die Aufmerksamkeit für jede einzelne Schicht größer ist. Der Erkenntnisgewinn über die einstige chronologische Ablagerung ist höher. Allerdings können auch bei dieser Grabungsmethode Schwierigkeiten auftreten:

- Wenn problematische Schichtverbände kaum oder keine Abgrenzungen untereinander zeigen, z.B. Marschenböden,
- beim Übergang von Humusschicht zur Kulturschicht,
- bei Kloakenfüllungen; sie lassen in der Regel keine Schichtgrabung zu (E. Gersbach 1989, 33f).

Mit der Beschreibung der Methoden ist schon kurz angedeutet, was eigentlich Stratifikation ist. Der Name wird abgeleitet aus den lateinischen Wörtern 'stratum' (Decke = Schicht) und 'facere' (machen = bilden). Es ist die Summe aus natürlicher Erosion und Sedimentation sowie der Umlagerung und Veränderung durch den Menschen. Der Prozeß der Stratifikation ist für jede Epoche gleich. Unterschieden werden negative und positive Straten, wobei die negativen Straten alle natürlichen und künstlichen Vertiefungen umfassen (Gruben, Gräber, Zisternen, Pfostenlöcher, Tiergänge etc.). Positivbefunde sind alle natürlichen und künstlichen Erhebungen, wie z.B. Mauern, Hügel, Kulturschichten, Pflasterungen etc. (W. Erdmann 1988, 197). E.C. Harris (1977, 89) unterscheidet nicht nur in Positiv- (Schichten, Verfüllungen) und Negativbefunde (Gruben, Gräben), sondern auch in statische Befunde (Mauern, Holzkonstruktionen). Das Erkennen von negativen und positiven Schichtverbänden ist wichtig, weil andere Schichten durch sie zerstört oder erheblich verändert worden sein können, und deswegen eine besondere Bedeutung in der relativ-chronologischen Abfolge bekommen.

6.1. Beschreibung der Methode

Die Stratifikation liefert die Basis für historische Aussagen. Um sie formulieren zu können, bedarf es aber noch einer weiteren Untersuchung, vor allem muß dafür die Beziehung der Schichten untereinander genauer geklärt werden. Ein Hilfsmittel zur Entzerrung komplizierter Stratenbildung und zur übersichtlichen Darstellung ist die **Harris-Matrix**.

E.C. Harris entwickelte diese Matrix 1973 für das mehrere 1000 Fundschichten umfassende Ausgrabungsareal der "Brooker Street" in Winchester (GB). Um einen Überblick über das gesamte Material zu erhalten ohne umblättern zu müssen, erstellte er eine Matrix, die in abstrakter Form die Stratifikation der einzelnen Grabungsabschnitte darstellte. Die sogenannte Harris-Winchester-Matrix basiert in erster Linie auf der vierten Dimension der Schichten, nämlich der zeitlichen Beziehung untereinander (Abb. 4 + Tab. 5). Per definitionem heißt das:

a) Schichten liegen übereinander = jünger / älter als
b) Schichten liegen nebeneinander = gleichzeitig
c) Schichten berühren sich nicht = jünger / älter als

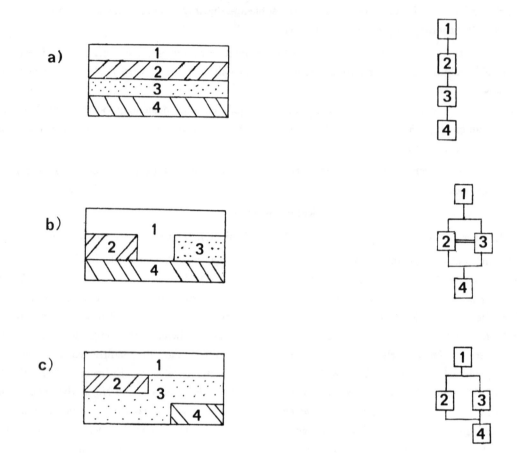

Abb. 4: Darstellung der zeitlichen Beziehung, s.o. unter a-c)

Das Erstellen der Harris-Matrix erfordert ein intensiveres Ansprechen der einzelnen Schichten, damit sie weder unberücksichtigt bleiben, noch "chronologisch in der Luft hängen" (E.C. Harris, 1979).

Sind o.g. Beziehungen der Schichten zueinander bestimmt, werden die Nummern der Schichten in einen Kästchenplan (Abb. 5) geschrieben und mit horizontalen und vertikalen Linien verbunden, die die zeitlichen Beziehungen veranschaulichen. Es werden aber nur die stratigraphisch relevanten Verbindungen aufgezeigt und nicht die Gesamtbeziehung der Schichten untereinander (Abb. 6). Die Schichtnummmern werden von der Oberfläche beginnend bis zum gewachsenen Boden in die Matrix geschrieben, es ist die abstrakte Darstellung der Redeponierung. Von unten nach oben erfolgt die Kontrolle der Matrix, weil sie dann die reale Deponierung zeigen sollte (vgl. Abb. 6 D).

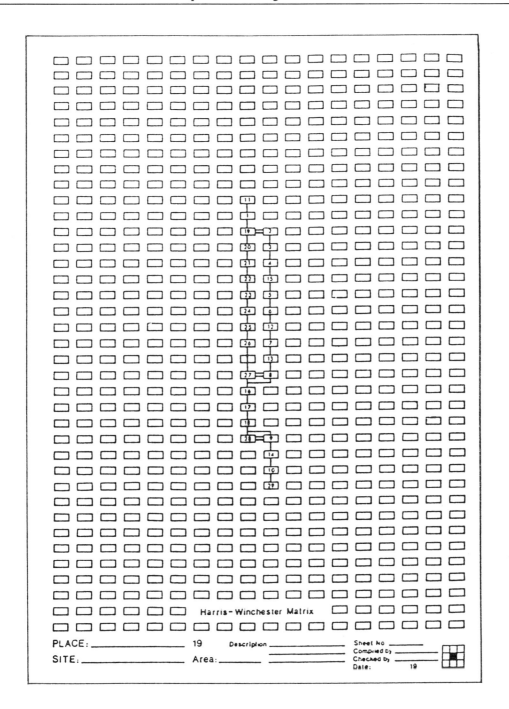

Abb. 5: Arbeitsblatt zur Erstellung der Harris-Matrix
(E.C. Harris 1975, 114, Abb. 24)

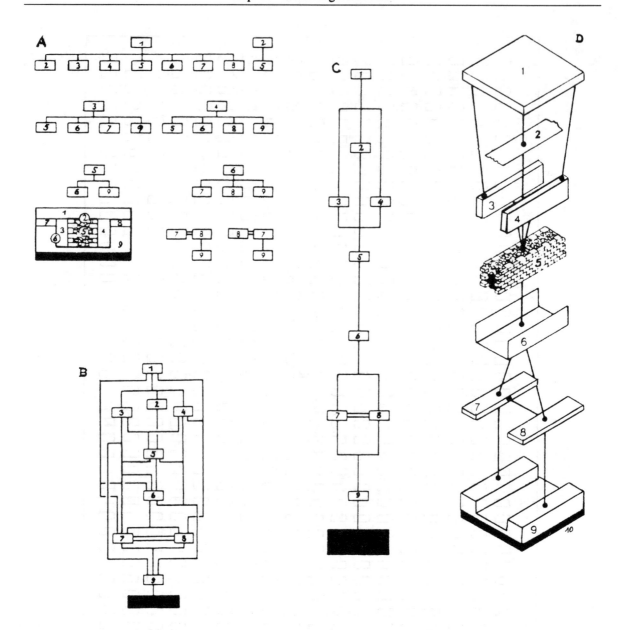

Abb. 6: HARRIS-MATRIX (E.C. Harris 1979, 87, Abb. 28)
    A: Befundprofil mit allen einzelnen Schichtbeziehungen in Matrixform
    B: Befundprofil in abstrakter Darstellung mit allen Schichtbeziehungen
    C: Befundprofil nur mit den stratigraphisch relevanten Beziehungen (H.-M.)
    D: Graphische Darstellung des Prinzips der Harris-Matrix

    1: Oberfläche   2: Zufüllschicht   3+4: Baugrubenverfüllungen
    5: Fundament   6: Baugrube   7 - 9: gestörte Horizonte
    10: Anstehender Boden

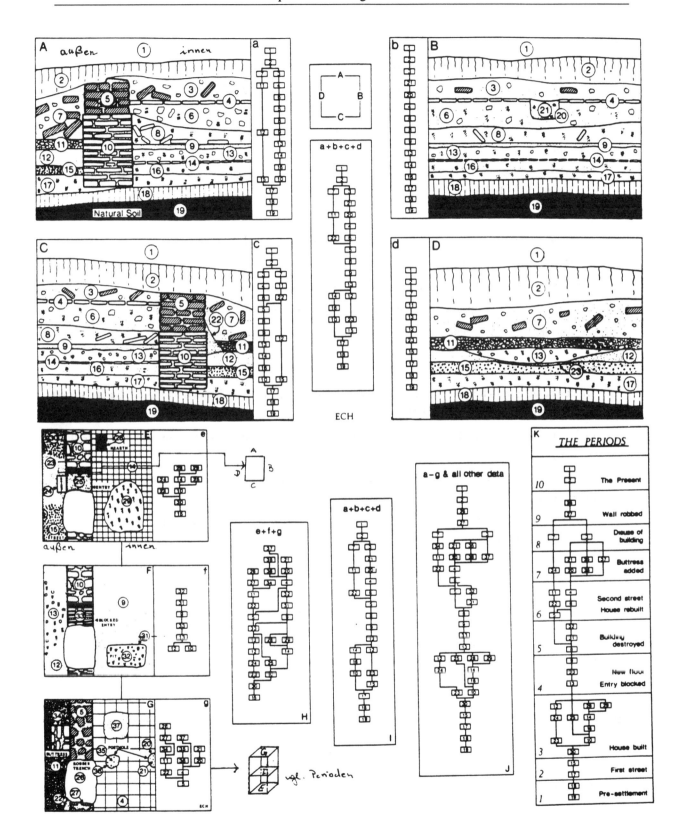

Abb. 7: Demonstration der Verknüpfung verschiedener Projektionsebenen (Profile / Plana) in der Harris-Matrix (P. Barker 1982, 198/99, Abb. 67/68)

Die Vorteile dieser Methode:

- Die Erstellung der Harris-Matrix zwingt von vornherein zum genaueren Überlegen,
- beim Anlegen einer Harris-Matrix während der Ausgrabung können Schichtbeziehungen immer wieder überprüft und korrigiert werden,
- die Harris-Matrix führt zum intensiveren Auseinandersetzen mit komplizierten oder chaotischen Schichtverhältnissen,
- falsche Beziehungen untereinander werden schneller deutlich und können gleich korrigiert werden (D. Bibby 1987, 164),
- größerer Gesamtüberblick,
- schnellere Entscheidungen über den weiteren Grabungsverlauf sind möglich,
- Überprüfung und Korrektur der Fragestellung vorort sind möglich,
- Entzerrung komplizierter Stratenüberlagerungen (C. Bridger 1991, 135),
- Möglichkeit, mehrere Profile und Plana in einer Gesamtübersicht darzustellen (Abb. 7),
- Phasen und Perioden könnten leichter erkannt werden, Abb. 7 (D. Bibby 1987, 168).

Nachteile dieser Methode:

- Unterscheidungsmöglichkeit in der Darstellung von Gleichzeitigkeitsschichten und Gleichheitsschichten gibt es nicht, Abb. 8 (C. Bridger 1991, 135),
- die Harris-Matrix gibt auch nicht die topographische Lage der Schichten wieder, sondern nur die zeitliche Abhängigkeit,
- eine zu große Verknüpfung von Einzelstratifikationen bringt nicht mehr den erhofften Überblick auf **einem** Blatt,
- die positiven (Wälle, Mauern) und negativen (Gräben, Gruben, Pfostenlöcher) Schichten können in der Harris-Matrix nicht mehr abgelesen werden.

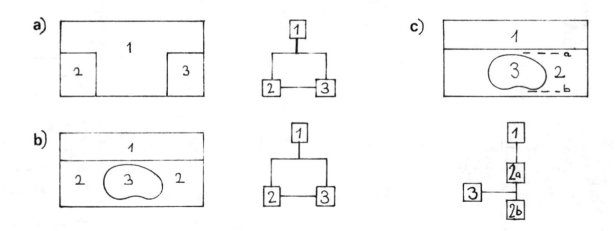

Abb. 8: Probleme der Darstellung von   a) gleichzeitigen Schichten
                                                          b) gleichen Schichten
        Möglichkeit der Darstellung von   c) gleichen Schichten

Um eine Harris-Matrix lesen und verstehen zu können, bedarf es aber immer noch Detailpläne (Profile / Plana). Die Harris-Matrix ist als Arbeitsunterlage gedacht, zur übersichtlichen Darstellung komplizierter Befundsituationen, "... ein Werkzeug, um zu prüfen und zu klären..."   (F. Lunch 1977, 97).

6.2. Die Anwendung

Es wird weiterhin notwendig sein, Detailpläne anzufertigen und ein sehr genaues Grabungstagebuch zu führen, in dem der Charakter der Schichten beschrieben wird. Die Harris-Matrix fördert die objektive Betrachtung der Schichten, ohne sich von den Funden und vorgefertigten Denkschemata ablenken zu lassen. Ihre Aufgabe ist es, die zeitliche Bildung der einzelnen Straten und Veränderungen übersichtlich darzustellen als Hilfe für weitere Bodenuntersuchungen.

Bald nach der Entwicklung der Matrix wurde sie auch außerhalb Englands erfolgreich eingesetzt, z.B. in den skandinavischen Ländern (B. Ambrosiani 1977). Seit geraumer Zeit auch in Deutschland: z.B. Augst/ Kaiseraugst, (R. Hänggi 1988), Konstanz (M. Dumitrache 1990 + D. Bibby 1987) und Tübingen (B. Scholkmann 1988).[44]

Zur Zeit wird im Rheinischen Amt für Bodendenkmalpflege (Bonn) ein Computer-Programm zur Erstellung einer Harris-Matrix entwickelt (I. Herzog 1991).

Aufgrund der genaueren Zuweisung der Fundschichten mit Hilfe der Harris-Matrix steht die relative Datierung auf festeren Füßen und die Bewertung der Funde und Befundsituationen bekommt ein anderes Gewicht. Eine absolute Datierung der Schichten und Funde muß nach wie vor über naturwissenschaftliche, historische oder numismatische Methoden erfolgen.

Wie bereits oben erwähnt, ist die Stratifikation Grundlage für die minuziöse Freilegung der Vergangenheit; die Harris-Matrix liefert die relativ-chronologischen Beziehungen der Schichten und damit auch der Funde. Einer 'objektiveren' Bewertung des Befundes und Interpretation sollte jetzt nichts mehr im Wege stehen. Die sogenannte Stratigraphie (griech.: graphein = schreiben / beschreiben) unterliegt auch gewissen Regeln. Zunächst kommt es auf die Fragestellung an: Was soll datiert werden - die Schicht oder der Fund?

Die Schicht wird durch die Stratenbildung relativ datiert und, sofern möglich, absolut durch den Fund. Der Fund wird durch die Schicht relativ und durch sich selbst (Münzen, Siegel) bzw. über bereits absolut-datierte Funde vergleichbarer Art oder andere Methoden absolut datiert.

Die Stratifikation gibt über die Lage des Fundes Auskunft, die wiederum wichtig für eine Datierung (Interpretation = Stratigraphie) ist, vgl. auch Tab. 5, im Anschluß an dieses Kap. II.6.2.:

a)   Fund <u>auf</u> einem Laufhorizont, beispielsweise zusammen mit Brandschicht, bedeutet gleichzeitige Einbettung während eines aktuellen Geschehens (Zeitpunkt).

b)   Fund <u>in</u> einer Kulturschicht bedeutet Einlagerung während der Schichtentstehung (Zeitraum).

c)   Oberflächlich eingebettete Funde (Streufunde) können durch Mensch, Tier oder Natur umgelagert, verstürzt oder eingeschwemmt worden sein. Sie eignen sich nicht für eine Datierung.

---

[44]   Zu kritisieren ist jedoch die Veröffentlichung mancher Harris-Matrizen, die oft Schichtnummern enthalten, die auf dem daneben abgebildeten Profil oder Planum nicht mehr erscheinen und somit eine Überprüfung unmöglich machen.

Die Straten werden nach den jüngsten Funden datiert, sofern es sich um einen geschlossenen Befund handelt, da diese zuletzt in die Schicht gekommen sein müssen. Die Angabe eines Zeitraumes impliziert, daß aus mehreren Jahrhunderten Funde vorliegen bzw. die Schicht in dieser Zeit gebildet und benutzt wurde (M. Joukowsky 1980, 150). Eine Schicht, deren Funde nicht sicher zu datieren sind, kann durch die darüber / darunter liegenden Schichten mit gesicherten Befunden datiert werden.

Eine Periodisierung der historischen Ereignisse steht am Ende einer Stratigraphieuntersuchung.

Tabelle 5

Situation	Datierung	Abhängigkeit zueinander
Schichten übereinander	relativ	jünger als / älter als
Schichten nebeneinander	relativ	gleichzeitig
Schichten berühren sich nicht	relativ	jünger als / älter als
Fund auf Laufhorizont in Brandschicht	relativ	gleichzeitig eingebettet bei aktuellem Ereignis (Brand)
Fund in Kulturschicht	relativ	Einlagerung während einer Schichtentstehung (gleichzeitig)
Oberfächenbefund	---	ungeeignet, da er durch äußere Einflüsse umgelagert sein kann
Stratenende	relativ	jüngster Fund datiert das Ende

III. ANWENDUNGSBEISPIELE - ALTSTADTGRABUNGEN

1. Braunschweig

1976 wurden die ersten systematischen Ausgrabungen von 1948/50 regelmäßig bis 1985/86 weiterbetrieben. In diesen ca. 10 Jahren wurden mehr als 80 Stadtgrabungen betreut, von denen 68 in einem Vorbericht katalogmäßig vorgestellt wurden (H. Rötting, 1985).

Braunschweigs Untergrund besteht aus sandig-feinkiesigem Boden, der organische Materialien sehr gut konserviert. Durch Anstieg des Grundwasserspiegels seit dem Mittelalter konnten viele solcher Befunde guterhalten in der Altstadt freigelegt werden. Größere Zerstörungen des Untergrundes durch Bauaktivitäten waren meist oberflächlich, so blieben die tiefergelegenen mittelalterlichen Bauten (Kloaken, Brunnen etc.) größtenteils unversehrt (H. Rötting 1985, 14).

Zur Datierung der Befunde wurden dendrochronologisch bestimmte, "in Leitstratigraphien eingebundene Eichenhölzer" herangezogen (H. Rötting 1985, 15) sowie historische Nachrichten, die sich u.a. auf 5 große Flächenbrände in den verschiedenen Weichbilden Braunschweigs beziehen. Es gab keine ^{14}C-Untersuchungen oder numismatischen Befunde, die unterstützend zur absolutchronologischen Datierung herangezogen werden konnten.[45]

Im nachfolgenden sollen die Stadtgrabungen (Stgr.) vorgestellt und diskutiert werden, aus denen absolutdatierendes Material geborgen werden konnte, vgl. Abb. 9.

1.1. Die dendrochronologischen Befunde (Abb. 10)

1.1.1. Stadtgrabung 10 (14): Jöddenstraße[46]

Das zuletzt als Parkplatz benutzte ehemalige Siedlungsgelände im Weichbild Neustadt Süd / Sack Nord wurde in 4 Grabungszonen aufgeteilt (Abb. 11). Aus der Zone II, St. 14 stammt eine gemauerte Kloake vom Bautyp VIb, Abb. 12 (H. Rötting 1985, 54).

Ab Oberkante (OK) folgten unter einer Bauschuttschicht eine Humuslage, eine dünne Strohschicht und 2 Fäkalienschichten; in der oberen Fäkalienschicht befand sich eine ca. 1 m lange Bohle mit Feder[47] (G 108-78:3/ 381). Es folgt eine künstlich aufgetragene Kalkschicht, darunter wieder eine Fäkalschicht mit einer weiteren ca. 0.50 m langen Bohle (G 186-78:3/277). Über der letzten und ältesten Schicht (anstehende Boden) lag eine Schicht verjauchten Sandes, vgl. Profil auf Abb. 12, VIb.

---

[45] Mündliche Bestätigung von H. Rötting

[46] In Klammern wird jeweils die Fundstelle angegeben.

[47] Die Feder stellt einen Zapfen über die gesamte Seitenlänge dar und dient als Verankerungstechnik z.B. für Vertäfelungen (freundlicher Hinweis von H.-J. Breitkopf).

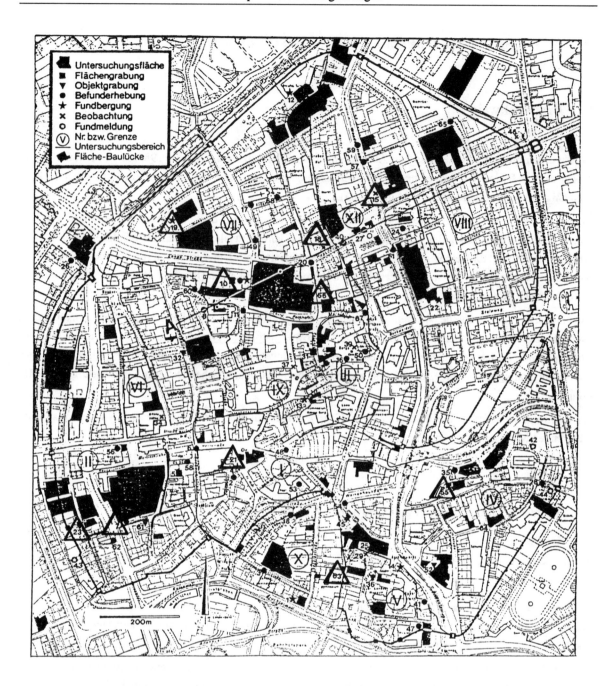

Abb. 9: BRAUNSCHWEIG (H. Rötting 1985, Farbtaf. 1 M 1:8500)
Aufgenommene Fundorte △

Kap. III - Altstadtgrabungen

Proben-Nr. Labor-Grabung	Anzahl der Jahresringe	Datierung des jüngsten Ringes	Abgeleitetes Fälljungsjahr	Gegenstand, archäologischer Befund	Stadtgrabung, Stelle
G101-79 : 5/930	110	1178	1180 ± 2	Pfahl der Uferpalisade, unter Fundament der Kemenate	18; 17
G 92-82 : 8/124	96	1192	1207 ± 6	Fundamentrahmen, erste Bohle, Brunnen, Typ III	55; 20
G 93-82 : 8/126	168	1210	1210	Fundamentrahmen, zweite Bohle, Brunnen, Typ III	55; 20
G115-82 : 8/74	124	1199	1212 ± 6	Fundamentrahmen, dritte Bohle, Brunnen, Typ III	55; 20
G116-82 : 8/125	160	1204	1216 ± 6	Fundamentrahmen, vierte Bohle, Brunnen, Typ III	55; 20
G364-78 : 3/975	169	1205	nach 1217 (1217-1237)	erste Bohle, Kastenbrunnen, Typ Ib	10; 51
G492-78 : 3/981	168	1206	1226 ± 6	zweite Bohle, Kastenbrunnen, Typ Ib	10; 51
G184-79 : 8/10	82	1211	1225	Baumstammfragment, Brunnen, Typ II	19; 1
G185-79 : 8/10	73	1225	1225	Baumstammfragment, Brunnen, Typ II	19; 1
G111-79 : 5/906	74	1284	nach 1292 (1292-1312)	Faßdaube, Brunnen, Typ IVa, äußeres Faß	18; 16b
G103-82 : 8/128	116	1288	nach 1300 (1300-1320)	ein Eckpfosten, Kloake, Typ V	55; 10
G186-78 : 3/277	118	1305	1317 ± 6	Bohle unter Kalkschicht (30 cm ü. UK), Kloake, Typ VIb	10; 14
G109-79 : 5/907	156	1307	nach 1322 (1322-1342)	Faßdaube, Brunnen, Typ IVa	18; 16a
G376-83 : 15/25	90	1365	1365	Pfahl eines Pfahlrostes, Fundament Klostergebäude	63; 4
G368-78 : 14/3	106	1420	1426 ± 6	Brunnenkranz, Brunnen, Typ V	15; 1
G108-78 : 3/381	79	1423	1435 ± 6	Bohle (mit Feder) über Kalkschicht, Kloake, Typ VIb	10; 14
G369-78 : 3/979	130	1543	1558 ± 6	Zylinderblock einer Schuckepumpe, Brunnen, Typ VII	10 —

Abb. 10: BRAUNSCHWEIG - Dendrochronologische Befunde (H. Rötting 1985, 56, Tab. 9)
( ): Zeitraum-Datierungen des Fälljahres unter der Annahme, daß bei den untersuchten Hölzern neben Splint nur geringe Kernholzanteile abgebeilt worden sind.

Abb. 11: BRAUNSCHWEIG - Stgr. 10 - Jöddenstr.
Übersichtsplan - M 1:1250 (H. Rötting 1985, 73, Abb. 37)

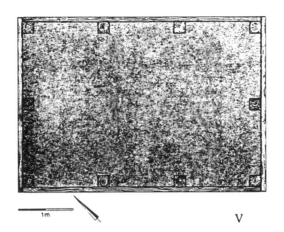
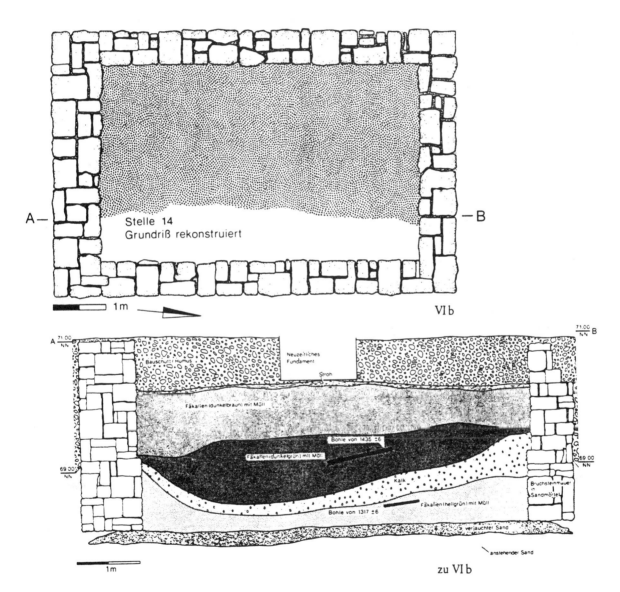

Abb. 12: BRAUNSCHWEIG - Mittelalterliche Kloakentypen - (H. Rötting 1985, 54, Abb. 25)
V: Kastenkloake mit Innenpfosten (Stgr. 55(1))
VIb: rechteckige bruchsteingemauerte Kloake (Stgr. 10(14))

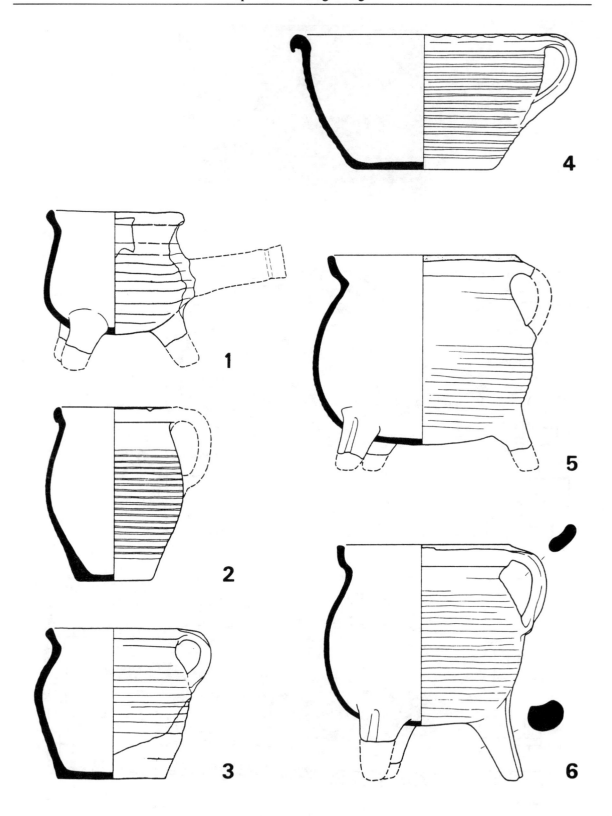

Abb. 13: BRAUNSCHWEIG - Stgr. 10(14) - Jöddenstr. (H. Rötting 1985, 89, Abb. 48) (2, 4-6) oberhalb der Kalkschicht, (1+3) unterhalb der Kalkschicht

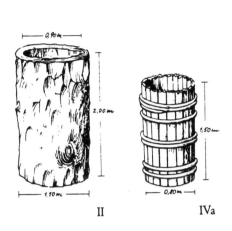
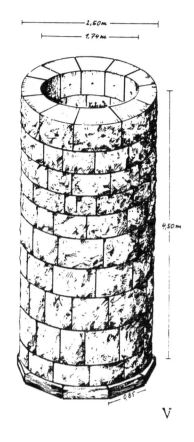

Abb. 14: BRAUNSCHWEIG - Mittelalterliche Brunnentypen - (H. Rötting 1985, 50, Abb. 21)
- II : Baumstammbrunnen (Stgr. 19(1));
- IVa : Daubenbrunnen aus einem Faß (Stgr.18(16a+b))
- V : Röhrenbrunnen mit Kalksteinquadern über Schwellenkranz (Stgr. 15(1))

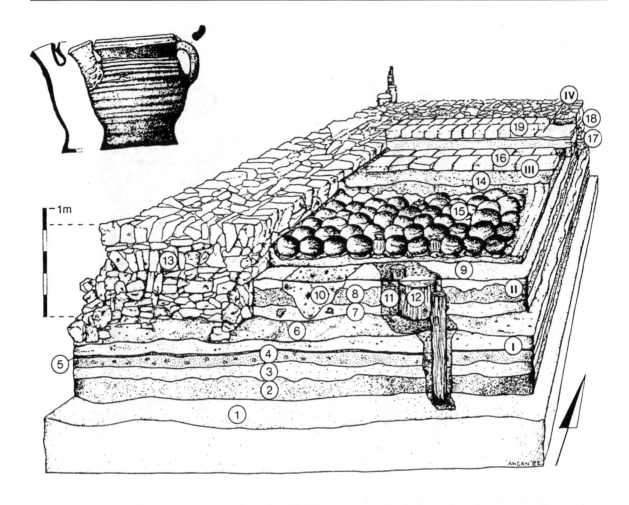

Abb. 15: BRAUNSCHWEIG - Stgr. 18 - Hagenmarkt 13
Isometrische Darstellung des Fußbodenbefundes der Kemenate (H. Rötting 1985, 105, Abb. 59b)

Periodisierung der Schichten:

I: Auf postglazialem Schwemmsandkörper (1) liegen sandige Überschwemmungssedimente (2-6) ohne Siedlungsabfälle.

II: Überschwemmungssedimente (7-9) mit Siedlungsabfällen.

IIIa: Uferpalisade (11-12) am Prallhang der Sandbank (hier im Planung freigestellt), dendrodatiert 1180 ± 2; Drainagegräbchen mit Sediment (10).

IIIb: Kemenatenfundament (13) - Rogenbruchsteine - mit künstlich aufgebrachter Geschiebelehmschicht (14), Topfpflaster (15) und Fußboden aus Tonfliesen (16).

IV: Überschwemmungssediment (17) und Sandbettung (18) für den renov. Backsteinfußboden (19)

Die Bohlen wurden von H.-H. Leuschner untersucht und datiert[48]:

> Bohle 1 oberhalb der Kalkschicht (G 108-78:3/381) mit dem Fälljahr 1435 ± 6 und Bohle 2 unterhalb der Kalkschicht (G 186-78:3/277) mit dem Fälljahr 1317 ± 6 Jahre.

Oberhalb der Kalklage fanden sich in der Fäkalschicht ein glasierter Standbodentopf, eine glasierte, gehenkelte Schüssel und zwei gehenkelte Grapen (Abb. 13.2, 4-6); unterhalb der Kalklage konnten ein bleiglasierter Stielgrapen und ein gehenkelter, bleiglasierter Standbodentopf (Abb. 13.1+3) geborgen werden.

Aufgrund der dendrodatierten Hölzer, der stratigraphischen Lage, der Fundvergesellschaftung und der Typologie datiert H. Rötting die in den Schichten ober- und unterhalb der Kalklage befindlichen Keramikgefäße in das 14. bzw. 15. Jhdt. Diese beiden Bohlen können jedoch nicht zur absoluten Chronologie der 'schichtbezogenen' Keramik angeführt werden:

1. Da es sich um BOHLEN handelt - eine sogar mit Feder - wird schon ausgesagt, daß diese ursprünglich als Bauholz Verwendung fanden und lange Zeit nach ihrem Fälljahr als Abfall in die Kloake gelangten. Dieses beweist auch die Feder, die aufgrund der technisch komplizierten Konstruktion für einen längerfristigen Verwendungszweck spricht.

2. Die Kalkschicht, die beide Bohlen trennt, wird innerhalb kurzer Zeit aufgetragen worden sein (Desinfektionsschicht) im Gegensatz zu einer Sedimentationsschicht, die sich langsamer aufbaut. Das kann wiederum bedeuten, daß die Bohlen innerhalb kürzester Zeit hintereinander eingelagert wurden. So würden die 3 Schichten nicht 118 Jahre umfassen, wie es die Fälldaten anzeigen, sondern möglicherweise nur die Benutzungszeit einer Generation.

3. Eine Teilentleerung und damit eine Umlagerung der Funde aus den jüngeren in die älteren Schichten ist nicht auszuschließen. Dieses kann natürlich auch mit der Bohle unterhalb der Kalkschicht passiert sein, d.h. eine noch jüngere Datierung wäre möglich.

Diese 3 Punkte zeigen deutlich, daß eine absolute Datierung der Schichten durch die dendrochronologischen Daten nicht möglich ist. Sie gelten als Terminus post quem für die Verarbeitung / Verwendung, sagen aber nichts über den Niederlegungszeitpunkt in der Kloake aus.

Auf der Stgr. 10 (51) wurden weitere aus Brunnen stammende Hölzer dendrodatiert. Da sie aber nicht mit Keramik im direkten Zusammenhang stehen, finden diese Daten hier keine weitere Beachtung.

Ähnlich verhält es sich mit der Stgr. 15 (1). Bei Ausschachtungsarbeiten für das neue Ordnungsamt wurde ein aus Kalksteinquadern errichteter Brunnen (Typ V), Abb. 14, freigelegt, aus dessen hölzernem Fundamentkranz eine datierbare Dendroprobe (G 368-778:14/3 = 1426 ± 6) gezogen werden konnte. Eine nähere Untersuchung war allerdings aus Zeitmangel nicht möglich (H. Rötting 1985, 99).

1.1.2. Stadtgrabung 18 (17): Hagenmarkt 13

Mit der Stelle 17 wird die Uferbefestigung, die offensichtlich unter dem Kemenatenbau weiterläuft, bezeichnet (Abb. 15+17). Ein Pfosten dieser Palisade (G 101-79:5/930) wurde auf das Fälljahr 1180 ± 2 Jahre datiert. Für den nachfolgenden Kemenatenbau (Schichten 13-16) mit integrierter Isolierschicht aus Kugeltöpfen gilt dieses Datum als Terminus post quem. Die überwiegend vollständig erhaltenen Gefäße der Kugeltöpfe, Tüllenkannen und Fünfpaßbecher (Abb. 16) werden über den regionalen Vergleich (u.a. Peine, Magdeburg, Bengerode, Coppengrave und Höxter) chronologisch eingeordnet (H. Rötting 1985, 104).

---

[48] Alle dendrochronologischen Untersuchungen Braunschweigs nahm H.-H. Leuschner vor.

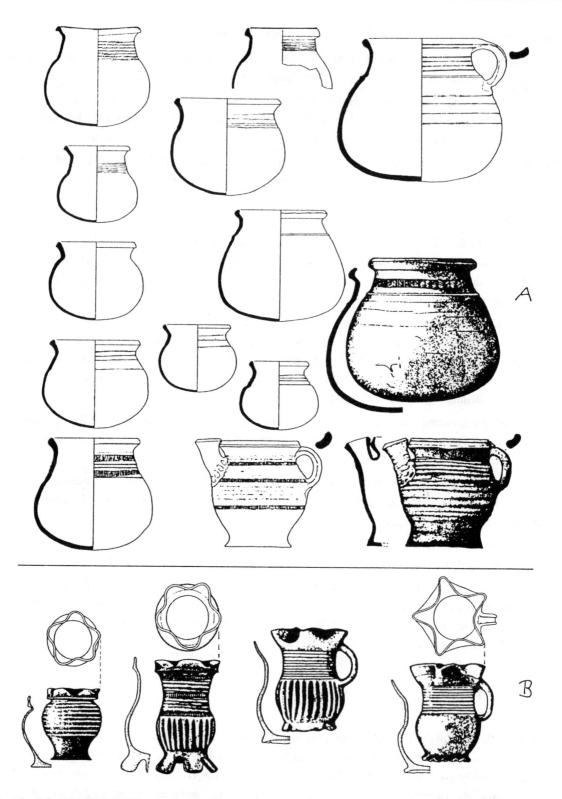

Abb. 16: BRAUNSCHWEIG - Stgr. 18 - Hagenmarkt 13 (H. Rötting 1985, 43-45, Abb. 17-19)
A: Jüngere graue Irdenware B: Becher und Kannen der Mündelkeramik
Kugeltöpfe u. Tüllenkannen M 1:5,5 M 1:5,2
(die ungewöhnliche Maßstabsangabe resultiert daraus, daß einige Abbildungen zusätzlich auf 70% verkleinert wurden.)

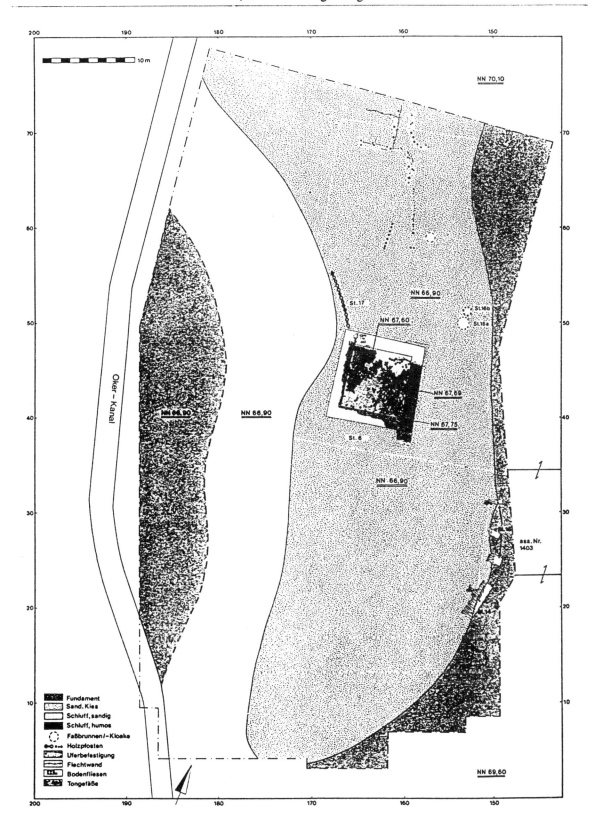

Abb. 17: BRAUNSCHWEIG - Stgr. 18 - Hagenmarkt 13
Grabungsplan mit Okerinsel, Uferbefestigung und Fundamentgrundriß der Kemenatenbebauung M 1:350 (H. Rötting 1985, 103, Abb. 59a)

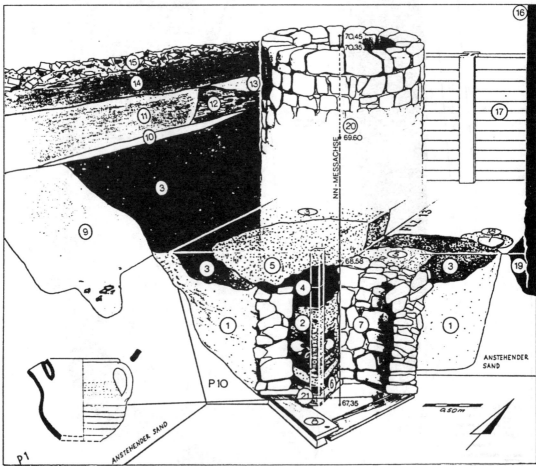

Abb. 18: BRAUNSCHWEIG - Mittelalterlicher Brunnentyp III: Bruchsteinröhrenbrunnen (Rogenstein) über Bohlenschling (Stgr. 55(20). Rekonstruierter Grabungsbefund als Schöpfbrunnen (rechts) und Ziehbrunnen (links).
(1+3) Baugrube; (2+6) Brunnensedimente; (4) Fäkalschicht; (5) Ausbruchsgrube; (7) Brunnenwandung; (8) Bretterfundamentkranz; (10) ursprüngliche Oberfläche; (18) Pfostengrube mit Keilstein des Standbaumes, (H. Rötting 1985, 51, Abb. 22 / Kännchen: 149, Abb. 81);
Schichten 9, 11-17, 19-21 wurden nicht erklärt

Weitere dendrochronologische Datierungen wurden von der Stgr. 18 gewonnen, jedoch von den Stellen 16 a+b (Bohle G 109-79:5/907 = nach 1322 und Bohle G 111-79:5/906 = nach 1292) Abb. 17. Es handelt sich um 2 Faßdaubenbrunnen vom Typ IVa (Abb. 14). Auch sie stehen nicht in direkter Beziehung mit Keramikfunde und werden hier nur der Vollständigkeit halber genannt. Ebenso wurden auf der Stgr. 19 (1) Beckenwerkerstr. 11 Dendroproben von einem ausgehöhlten Baumstamm genommen, der als Brunnen diente (Typ II, Abb. 14). Die Proben ergaben ein Datum von 1225 (1. Probe G 184-79:8/10 + 2. Probe G 185-79:8/10).

Das zu dieser Stadtgrabung gehörenden Areal, bestehend aus 10 Parzellen in der Beckenwerkerstraße und 6 in der Weberstraße ("Rennelbachniederung") bestätigt mit seinen Funden (Keramik, Metall u. Bronzeschreibgriffel) aus den dortigen Siedlungsschichten o.g. Dendrodatum (mündlich H. Rötting + 1985, 108). Auch eines der 5 Branddaten 1254 bzw. 1290 wird auf die Stadtgrabung, allerdings Fdst. 5 bezogen (s.w.u.).

1.1.3. Stadtgrabung 55: Langedammstraße 15

Im Grundwasserbereich unterhalb neuzeitlicher Keller fanden sich mehrere Brunnen und Kloaken, von denen auch Dendroproben gezogen werden konnten:

Stelle 10 - Eckpfosten einer Kloake (Typ V, Abb. 12):

G 103-82:8/128 Fälljahr 1300-1320 (jüngster Ring 1288)

Stelle 20 - Bruchsteinbrunnen (Rogen- + Buntsandsteine) Typ III, Abb. 18:

Ein Bretterfundament aus 4 radialgespaltenen Eichenbohlen, rechteckig, im Eckverband übereinandergreifend mit Holznägeln gesichert.

Dendrodaten der Eichenbohlen:

G 92-82:8/124 Fälljahr 1207 $\pm$ 6 Jahre
G 93-82:8/126 Fälljahr 1210
G 115-82:8/ 74 Fälljahr 1212 $\pm$ 6 Jahre
G 116-82:8/125 Fälljahr 1216 $\pm$ 6 Jahre

Eine Errichtung des Brunnens kann nicht vor 1216 stattgefunden haben, sonst hätte die 4. Bohle nicht mit verarbeitet werden können. Unter dem Bretterfundament lag im Sediment ein Tüllenkännchen (Abb. 18), das nicht eingeschwemmt war und darum eher als "Brunnenopfer" angesprochen werden könnte (H. Rötting mündlich + 1985, 150). Die erhöhte Grundwasserströmung am Hangfuß hatte eine häufige Versandung zur Folge. Der Wasserstandsbereich mußte sicherlich mehrmals ausgehoben werden. Bei dieser Gelegenheit könnte das hineingefallene Tüllenkännchen unter den Fundamentkranz gerutscht sein (weder ein "Brunnenopfer" noch ein Hineinrutschen wurden sicher beobachtet).

Im Falle eines "Brunnenopfers" läge hier eine absolute Datierung nicht nur für den Brunnen, sondern auch für das Tüllenkännchen vor. Es wäre allerdings nur eine von sehr vielen benötigten absoluten Zeitmarken aus der Laufzeit dieser Gefäßart. Für eine sinnvolle chronologische Aussage bedarf es noch vieler solcher Befunde.

4 Schichten höher lag hereingestürzte Keramik, die nach Vergleichsfunden aus der städtischen Brandschuttschicht in das ausgehende 13. Jhdt. datiert wird. Zum Problem der Brandschuttschichten vergleiche das folgende Kapitel.

Schließlich soll nur noch das Dendrodatum (G 376-83:15/25) der Stadtgrabung 63 (4) - Hinter Ägidien - genannt werden. Ein leiterartiges, hölzernes Fundament eines Klostergebäudes konnte auf 1365 datiert werden. In diesem Befund gab es keine Keramik.

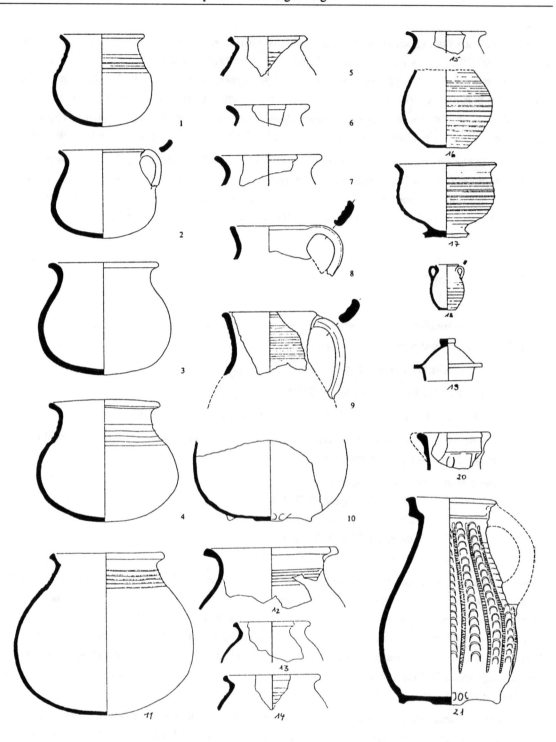

Abb. 19: BRAUNSCHWEIG - Stgr. 19(5) - Weberstraße 42
Kugeltöpfe der jüngeren (1-5, 13+14) und der älteren grauen Irdenware (6+7, 12), Krüge der gelben Irdenware (8-10), Kugeltöpfe der jüngsten grau-hellrotbraunen Granitgrusware (11), der gelben Irdenware (15), Becher und Fußschale der gelben Irdenware (16+17), Miniaturgefäß und Kannen der hochmittelalterlichen bleiglasierten Irdenware (18-21). M 1:5,7.
(H. Rötting 1985, 109/111, Abb. 61/62a)

Kap. III - Altstadtgrabungen

1.2. Die historisch datierten Brandschichten

1.2.1. Stadtgrabung 7 (1): Petersilienstraße 6/7[49]

Im 14 m langen und 4.50 m tiefen Schichtprofil eines Kanalisationsgrabens wurde ein im W-Bereich unvollendeter Bau eines Brunnens aufgefunden. Seine Baugrube (2x5 m, 3.50 m ab OK) war mit Brandschutt (verziegelter Gefachelehm, verkohltes Holz und Getreide) aufgefüllt, der auch Gefäßbruch von Vierpaßbechern, Schälchen und Winkelhenkelgrapen der jüngeren Irdenware enthielt (H. Rötting 1985, 70).

Dieser Brandschutt wird den Stadtbränden von 1277/78 zugeschrieben. H. Rötting datiert die Keramik über den Vergleich und bestätigt damit gleichzeitig die historisch belegten Stadtbrände:

"Vierpaßbechern, Schälchen, Winkelhenkelgrapen der jüngeren Irdenware datieren den Fundkomplex in Verbindung mit überlieferten Stadtbränden der Jahre Oktober 1277 / Mai 1278 ... in das 13. Jhdt."
(H. Rötting 1985, 70).

Eine ausführliche Besprechung der Datierung erfolgt in der Bewertung der chronologischen Grundlagen Braunschweigs.

1.2.2. Stadtgrabung 19 (5): Weberstraße 42

Unter 4 großen, parzellengebundenen Gruben fanden sich im Brandschutt 41 Gefäße bzw. Gefäßteile (Abb. 19), Werkzeug, Hohlziegel und Schieferplatten der vermutlich ehemaligen Dachbedeckung. Chronologisch zugeordnet werden die nach H. Dürre (1861) für dieses Gebiet beschriebenen Flächenbrände von 1254 oder 1290. Hier wird wiederum die Keramik selbst als Datierungsmittel herangezogen, um eines (das ältere) der Branddaten zu "bestätigen" (H. Rötting 1985, 108). Demzufolge wäre die Keramikdatierung ein Zirkelschluß!

1.2.3. Stadtgrabung 23 (1): Güldenstraße 9 (Michaelishof)

Unter der Kellersohle eines Hofgebäudes fand sich eine Brandschuttschicht, 0.90 m ab OK, in einer einseitig trapezoiden Kloakengrube (2.95 m x 3.10 m), Grundfläche der Sohle (1.70 m x 1.80 m), Holzkastenkonstruktion auf Kalksteinlager Typ III, Abb. 20. Die Innenseite der Holzkonstruktion war verkohlt, daher war es nicht möglich, sie dendrochronologisch datieren zu lassen.

Oberhalb der dünnen Fäkalschicht (0.5 cbm) lagen viele Hohlziegel und Schieferplatten. In der Fäkalschicht waren Gefäße der grauen Irdenware und der Mündelkeramik enthalten, Abb. 21 (H. Rötting 1985, 120). Gestört wurde diese große Kloake von einer kleineren.

Nach H. Dürre (1861) reichte der Brand von 1278 bis zur Michaeliskirche, daher korrelierte H. Rötting dieses Datum mit den in der Fäkalschicht befindlichen Befunden (Vergleichsdatierung der Keramik) und setzte diese in die 2. Hälfte des 13. Jhdts.

---

[49] Nach Erweiterung der Grabung bis 1985 trägt sie den Titel **Stadtgrabung 33, Turnierstr. / Ecke Petersilienstr.** (H. Rötting 1985, 70 + K. Kablitz 1987, 218).

53

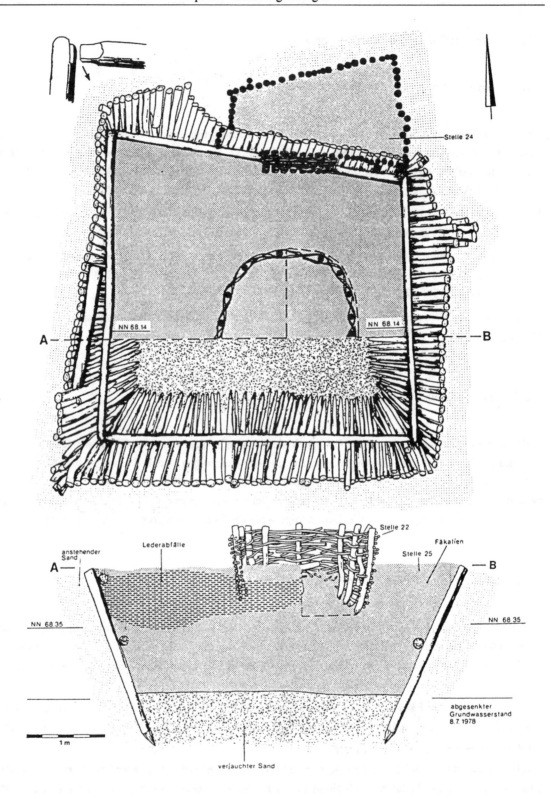

Abb. 20: BRAUNSCHWEIG - Mittelalterlicher Kloakentyp III (Stgr. 23): Trapezförmige Kloake mit schräg gesetzter Palisadenwand und Rähm in einfacher Steckverbindung überschnitten von Flechtwand- und weiterer Palisadenwandkloake, M 1:40 (H. Rötting 1985, 53, Abb. 24)

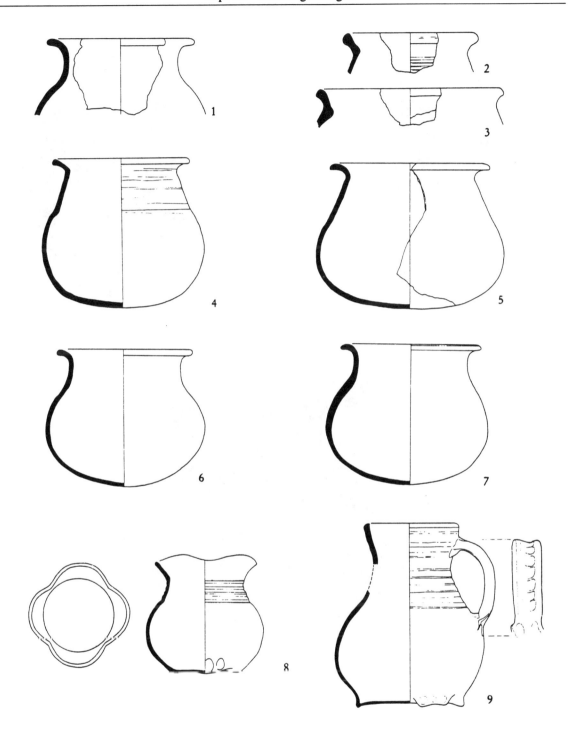

Abb. 21: BRAUNSCHWEIG - Stgr. 9 - Güldenstraße 9
Kugeltöpfe der jüngeren (1+4, 5-7) und älteren (2+3) grauen Irdenware sowie ein Vierpaß-Becher der älteren Mündelkeramik (8) und ein Krug (9), M 1:4 (H. Rötting 1985, 121, Abb. 67)

Abb. 22: BRAUNSCHWEIG - Stgr. 66 - Höhe 28 / Marstall 1-3
Bauschuttfunde: Krug mit Rollstempelverzierung der gelben Irdenware (oben links) und Pilgerflasche (glasierte Irdenware)
Kloakenfund: Kugeltopf der grauen jüngeren Irdenware mit horizontal weit ausbiegendem Lippenrand, M 1:2 (H. Rötting 1985, 156, Abb. 84)

Kap. III - Altstadtgrabungen

1.2.4. Stadtgrabung 66 (1): Höhe 28/Marstall 1-3

Gefunden wurden Teile eines Hauses (3.30 m x 2.50 m), ca. 1.50 m eingetieft, mit ausgedieltem Boden und Wänden in Stabbauweise. 6 m nordwestlich davon entfernt lag eine Kloake (St. 2). Die Brandschuttschicht des Hauses und die Kloake enthielten 44 Gefäße und Gefäßteile (Abb. 22), die aber nicht sicher dem Stadtbrand von 1254 zugewiesen werden konnten, der Keramikvergleich zeigt jedoch in diese Richtung (H. Rötting 1985, 155).

1.3. Bewertung der chronologischen Grundlagen

Von den 17 dendrodatierten Stadtgrabungen bleibt vorbehaltlich ein Befund (Stgr. 55, St. 20), der absolut datiert werden könnte. Dieses eine mögliche absolute Datum reicht aber nicht aus, um ortsfremde Befunde damit zu datieren. Erst die Quantität solcher Befunde wie aus der Stgr. 55 brächten die chronologische Sicherheit. Alle anderen keramischen Befunde zeigen keine eindeutige 'Geschlossenheit' zu den absolut-datierten Holzbefunden, als daß diese Daten auf sie übertragen werden dürften. Durch die Termini post quem bleiben sie relativ datiert.

Als 2. absolute Datierungsmethode sind historische Daten herangezogen worden, in diesem Fall 4 der 5 Braunschweiger Stadtbrände von 1254, 1277, 1278 und 1290. Der Stadtbrand von 1252 wurde bisher keiner Brandschicht zugeordnet.

Es ist fraglich, inwieweit sich die historischen Stadtbrände in den Bodenfunden nachweisen lassen. Zerstörende Bauaktivitäten des Mittelalters bis in die heutige Neuzeit sollen nur oberflächlich eingegriffen haben. Von den angesprochenen Brandschichten ist aber nur eine vorort gebildet (Stgr. 23). In den übrigen Fällen handelt es sich stets um Schuttschichten, die Gruben, Gräben und Kloaken auffüllten. Dieser Brandschutt wurde möglicherweise von einem 'brandfernen' Ort gebracht und als Planierungs- / Verfüllungsmaterial benutzt. Aufgrund des mittelalterlichen Baumaterials hat es ständig Brände gegeben, die nicht immer das Ausmaß eines städtischen Flächenbrandes besaßen. Es ist kaum möglich Kleinbrände von größeren zu unterscheiden.

Es bedarf zusätzlich einer topographisch exakt erfaßten Kartierung des gesamten Ausmaßes der mittelalterlichen Stadtbrände. Bei H. Dürre (1861, 101-102 (d+e), 108 (b+c) + 111 (a)) werden nur 2 Brände genauer beschrieben:

a) Juli 1290 = Feuerausbruch in einer Bäckerei im Weichbild Altewiek von[50]:
    - "de wüste Worth" (heute Ackerhof)[51]

---

[50] Die archivalischen Quellen zum Brand von 1290 sind umstritten. In der Braunschweiger Reimchronik wird dieses außerordentliche Ereignis nicht mehr erwähnt, obwohl die Aufzeichnungen nachweislich über das Jahr 1290 hinausgehen. Die Überlieferung des Brandes soll aus dem 15. Jhdt. stammen, vgl. auch M. Sterly 1989, 257/58.

[51] Vgl. Karte im Anhang und dazugehörende Legende auf den S. 1-4 bei H. Dürre 1861 sowie die Farbtaf. 1 bei H. Rötting 1985.

- Markt St. Ägidien bzw. Redingerthor (heute etwa Einmündung der Georg-Eckert-Str. in den Bohlweg)[52]
- über Petritor, Sack, weiter zum Radeklint (Neustadt)

b) 12.05.1278 = Brand vom Weichbild Altewiek bis zur Altstadt über:

- Münster und Kloster St. Ägidien
- Marienhospital (heute zwischen Ägidien und Leopoldstr.)[53]
- Johanniterhospital
- Nikolaikapelle auf dem Damme
- Michaeliskirche a.d. Güldenstr. / gegenüber Petersilienstr.

c) 16.10.1277 = Halbe Altstadt

d) 22.07.1254 = Von Altstadt über Neustadt zum Weichbild Hagen

e) 25.04.1252 = Burgbezirk und Altstadt

Was bedeutet das für die Stadtgrabungen?

Stgr. 7 - Petersilienstraße - wird mit den Bränden 1277/78 in Verbindung gebracht; die topographische Beschreibung für den Brand 1277 ist sehr allgemein, daher ist die Zuordnung aufgrund dieser Bezugsquelle zu unsicher. Der Flächenbrand von 1278 mag die Petersilienstraße gestreift haben, sie wurde jedoch nicht ausdrücklich vermerkt. Das Ende der Brandkatastrophe wird mit der Michaeliskirche angegeben, in der Nähe der Petersilienstraße. Der Brandschutt könnte tatsächlich von diesem Brand stammen, wäre dann aber nicht vorort gebildet (kein geschlossener Befund) und datiert nicht die Keramik. Die Datierung bleibt spekulativ.

Stgr. 19 - Weberstraße - die Ausbreitung des Stadtbrandes von 1254 wird nur sehr allgemein wiedergegeben. Der Brand durchzog die Neustadt, zu der die Weberstraße[54] gehört. Es bleibt aber unter diesen Umständen ungewiß, ob die Weberstraße tatsächlich in Mitleidenschaft gezogen wurde. Die alternative Zuordnung zum Brand 1290 wäre wahrscheinlicher gewesen, da sich das Feuer bis zum Petritor bzw. Radeklint ausgebreitet haben soll. Die Weberstraße liegt dazu in unmittelbarer Nachbarschaft. Der endgültige Beweis ist damit jedoch noch nicht erbracht, außerdem ist dieser Flächenbrand aufgrund der historischen Quellenlage ungesichert, vgl. w.o.

Stgr. 23 - Güldenstraße / Michaelishof - die Wahrscheinlichkeit, die Brandschicht der Feuersbrunst von 1278 zuzuschreiben, ist relativ hoch. Die Brandschicht liegt über einer Kloakenschicht, die eindeutig Vermischungen des Materials aufweist. Die Datierung darf nur als Terminus ante quem übertragen werden. Aus diesem Befund ergeben sich keine absolutzeitlichen Anhaltspunkte.

Stgr. 66 - Höhe / Marstall - der bei H. Dürre beschriebene Feuerweg benennt nicht das Weichbild SACK, in dem diese Straßenzüge liegen.[55] Schon deswegen ist die Zuordnung nicht gesichert.

Aus dem bis jetzt veröffentlichten Fundmaterial von Braunschweig konnte leider keine einzige absolute Datierung für die mittelalterliche Keramik gewonnen werden, mit Ausnahme der vielen Termini post und ante quem. Für die Keramikdatierung sind sie zu ungenau. Das Fehlen überzeugender engerer absoluter Datierungs-

---

[52] Vgl. Anm. 51.

[53] Vgl. Anm. 51.

[54] Vgl. auch Farbtaf. 1 und Abb. 2, S. 13 bei H. Rötting 1985.

[55] Vgl. Anm. 54.

möglichkeiten schließt nicht aus, daß die bisherigen, aufgrund verschiedener Argumente vorgeschlagenen zeitlichen Zuweisungen in etwa zutreffen können. Die wichtigsten Argumente waren aber Datierungen durch den Vergleich, wobei die herangezogenen Vergleichsbefunde häufig ihrerseits vergleichsdatiert sind. Wegen der fehlenden unabhängigen Datierung kann die mittelalterliche Keramik Braunschweigs nicht Grundlage für weitere Vergleiche und Datierungen anderenorts sein.

Die Basis der Keramikdatierungen in Braunschweig gründet sich, wie oft erwähnt, auf die Vergleichsdatierung. Das gab den Anstoß dazu, diese Methode einmal näher zu betrachten und einen Exkurs mit 2 unterschiedlichen Beispielen folgen zu lassen.

1.4. Exkurs: Vergleichsdatierung

1.4.1. Stadtgrabung 18: Hagenmarkt

Obwohl in Braunschweig mehrere absolute Daten über die Dendrochronologie gewonnen werden konnten, einschließlich Hagenmarkt, war es nicht möglich, diese auf die Keramik zu übertragen. (Für die Siedlungsgenese lieferten sie einige wertvolle Hinweise). Auch die chronologische Zuweisung der historischen Stadtbrände bzgl. der Keramik erwies sich als ebenso schwierig.

Nicht jeder Grabungsbefund liefert Material, das absolut datierbar ist. Darum wird versucht, absolut-datiertes Befundmaterial der nächsten Umgebung mit dem eigenen zu vergleichen und gegebenenfalls über diesen Hebel zu datieren. Diese Praxis ist am Beispiel der Stadtgrabung 18 in Braunschweig zurückverfolgt und anhand der 3 folgenden Diagrammen bildlich dargestellt worden:

Diagramm 1:
Zeigt die abstrakte Darstellung zur Überprüfung der vergleichenden Methode. Es wird gefragt, ob das Keramikgefäß / die Keramikart über einen anderen Fundort absolut (a) oder vergleichend (v) datiert wurde. Wenn vergleichend datiert wurde, erhebt sich dann die Frage, ob das Vergleichsobjekt absolut oder auch wieder vergleichend datiert wurden, wenn ja - mit welchen Fundorten (xyz), usw. Über dieses systematische Abfragen läßt sich die Datierung bis zum ursprünglich datierten Ausgangsobjekt zurückverfolgen.

Diagramm 2:
Zeigt eine 'Ausschnittsvergrößerung' aus Diagramm 1. Ein Keramikgefäß wird vergleichsdatiert (BS Stgr. 10, Jöddenstraße, H. Rötting 1985, 86, Abb. 47:4). Es werden die Linien des Vergleichs aufgezeigt. Es handelt sich um einen Becher der bleiglasierten Irdenware mit Riffelband- bzw. Rollstempelverzierung. Der Becher wird verglichen mit Gefäßen (v.a. die Verzierung!) aus der BS Stgr. 18 (Hagenmarkt) - H. Rötting 1985, 44, Abb. 18: 3+5. Die Stadtgrabung 18 ist nicht absolut datiert, darum finden sich datierte Vergleichsstücke in Bengerode, Coppengrave und Höxter (chronologische Grundlagen vgl. die entsprechenden Kapitel) - H. Rötting 1985, 106. Das Diagramm zeigt weiterhin, wie die o.g. Fundorte datiert sind.

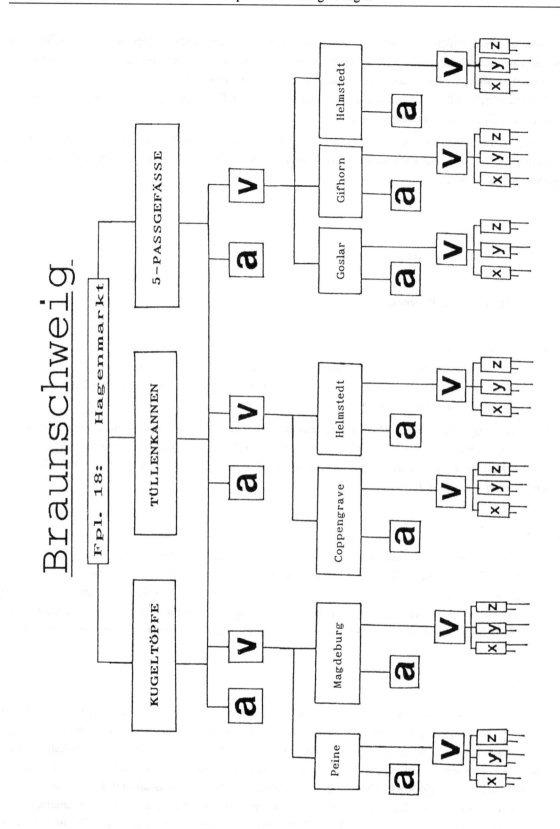

Diagramm 1

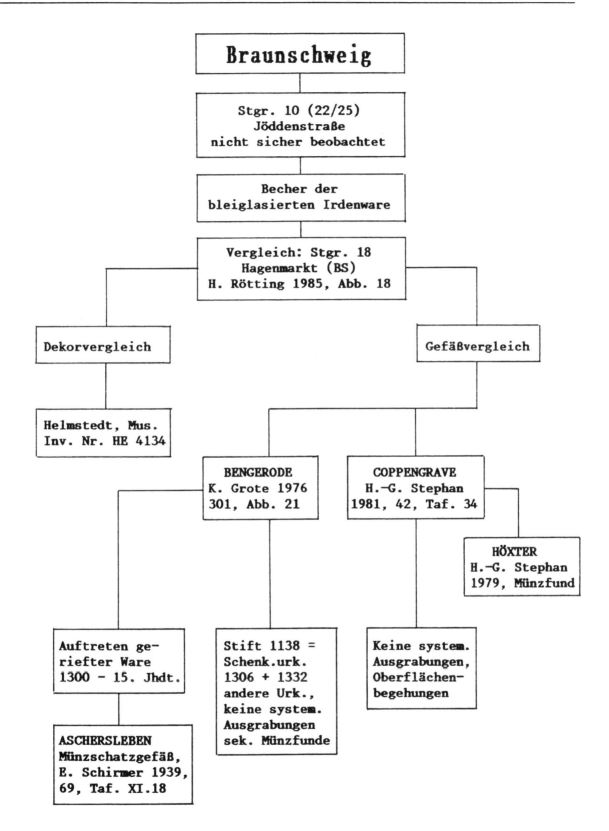

Diagramm 2

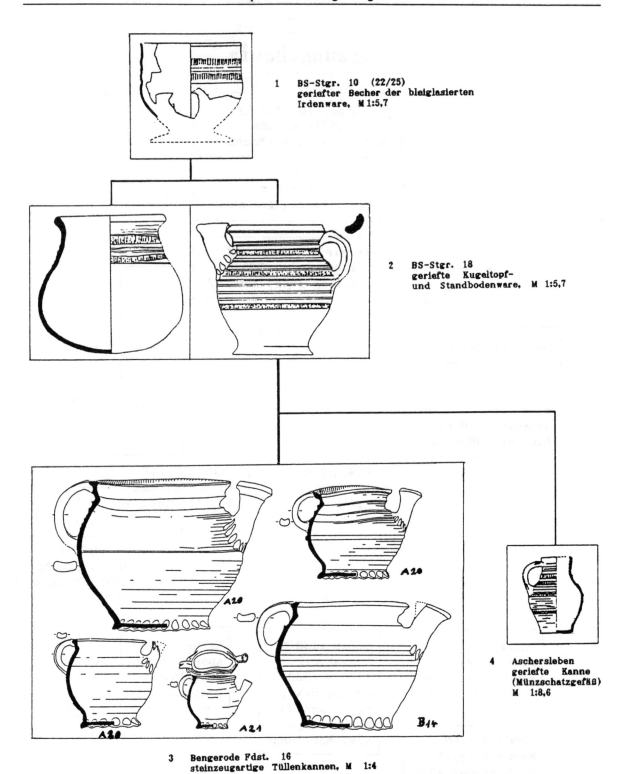

Diagramm 3: Vergleichsdatierung

(H. Rötting 1985, 87, Abb. 47.4 (1); 43/44, Abb. 18.3+5 (2)
K. Grote 1976, 287, Abb. 21.1-5 (3); E. Schirmer 1939, 18, Taf. XI.18 (4))

Kap. III - Altstadtgrabungen

Diagramm 3:
 Zeigt schließlich auch wieder eine 'Ausschnittsvergrößerung' aus Diagramm 2: Nämlich den Zweig der Vergleichsdatierung des Bechers über Bengerode.

Das Ausgangsgefäß ist ein geriefter Becher der bleiglasierten Irdenware aus Stgr. 10 in Braunschweig. Die Riefung wurde ohne Rücksicht auf die Form mit gerieften Gefäßen aus Stgr. 18 vergleichend datiert. Die Gefäßform (Tüllenkannen) aus Stgr. 18 wurde wiederum mit Gefäßen aus Bengerode verglichen, die keine Riefung tragen. Die Datierung der gerieften Gefäße aus Bengerode geht auf einen Krug aus Irdenware zurück, der als Münzschatzgefäß in Aschersleben gefunden wurde und die gleiche Form besitzt, wie einige Steinzeugkrüge mit Dornrand in Bengerode.[56]

Am Ende dieser Vergleichskette steht dann nicht mehr ein ähnlich gestaltetes Gefäß von gleicher Qualität, sondern ein ganz anderes. In den meisten Fällen wurden diese Vergleichsketten nicht mehr zurückverfolgt und dementsprechend auch nicht erkannt, daß das ursprünglich datierte Objekt nur noch schemenhaft Ähnlichkeit mit dem zu datierenden besitzt; abgesehen davon, daß kaum ein Ausgangsobjekt tatsächlich absolut datiert werden konnte.

Die Überprüfung des Datierungsweges hat dazu geführt, daß einige Grabungen in diese Dissertation aufgenommen wurden, bei denen keine absolute Datierungsmethoden Anwendung fanden. Da sie aber oftmals zur Vergleichsdatierung herangezogen wurden, war es sinnvoll, einmal die chronologischen Grundlagen aufzuzeigen.

---

[56] Vgl. auch die chronologischen Grundlagen von Bengerode.

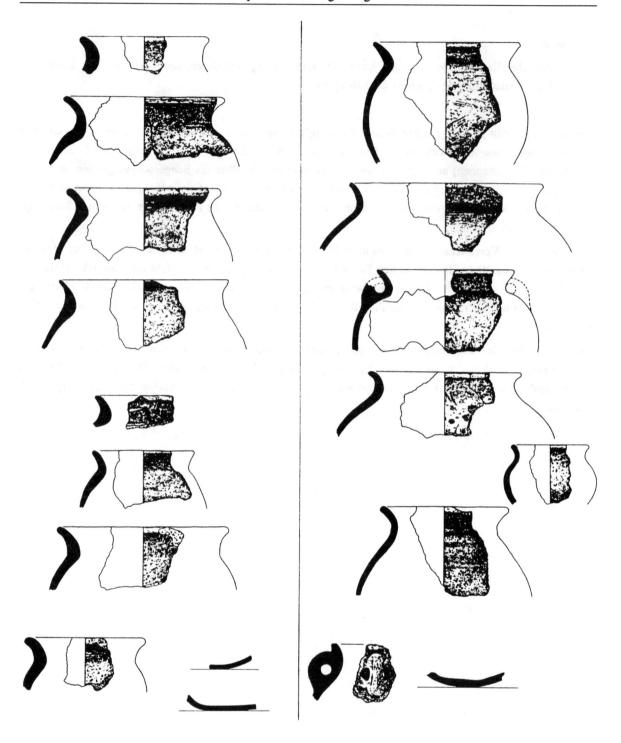

Abb. 23: BRAUNSCHWEIG - Stgr. 21 - Kohlmarkt
Graue Granitgrusware der "Kohlmarktkeramik" - graue hellrotbraune Granitgrusware
M 1:4,3 (H. Rötting 1985, Farbtaf. 8+9)

1.4.2. Stadtgrabung 21: Kohlmarkt
(Datierende Beifunde aus stratigraphisch gesicherten Befunden)

Diese Stadtgrabung verdient es, besonders hervorgehoben zu werden, weil ein kontinuierlicher Siedlungsablauf seit dem 9. Jhdt. nachgewiesen wurde. Sie gilt als Keimzelle für die Entstehung Braunschweigs (H. Rötting 1990, 139).

Aufgrund ihrer formalen, technologischen Merkmale und ihrer Quantität im gesamten Stadtgebiet (rund 4000 Scherben) wurde die Kugeltopfware[57] nach diesem Fundort benannt und als "Kohlmarktkeramik" bekannt.

Das Grabungsgelände war z.T. durch spätmittelalterliche und neuzeitliche Baumaßnahmen (Gruben und Brunnen) gestört. Frühe Siedlungsreste konnten erkannt, und die nachfolgenden 5 Kirchen mit den dazu gehörenden Gräbern in ihren Fundamentgrundrissen rekonstruiert werden (H. Rötting 1985, 113). Die Keramik (Abb. 23) stammt allerdings aus diesen gestörten Schichten der Siedlung vor der Gräberfeldphase (Abb. 24).

Die Datierung des Fundplatzes und somit auch die der Kohlmarktkeramik wird gegeben über:

a) Die Datierung dreier Emailscheibenfibeln und
b) den 5 Kirchenbauphasen in o.g. Stadtgrabung.

Die Emailscheibenfibeln, die auf dem Friedhof der 1. Kirchenbauphase in 3 Gräbern (Abb. 25) gefunden wurden, sollen die Standbodenware und die Kugeltöpfe in das 9./10. Jhdt. datieren (H. Rötting 1985, 116). Die Emailscheibenfibeln können aufgrund ihrer Lage im Gräberfeld zur 1. Kirchenbauphase (7 von vermutlich 14 Holzpfosten wurden gefunden) gerechnet werden (Abb. 26).

Zu a): Datiert sind die Braunschweiger Scheibenfibeln (Abb.27 a) u.a. über vergleichbare Fibeln aus Wulfsen, Ldkrs. Harburg (K. Dinklage 1985, 272), Abb. 27b.[58]

Die Gräber in Wulfsen mit den entsprechenden Fibeln[59] liegen in der Nähe eines Grabes mit einer Münzbeigabe (L. d. Frommen) und Perlen der Spätphase (Grab 714). Die Münze Ludwig d. Frommen wird in das 2. Viertel des 9. Jhdts. datiert[60].

Die Vergleichsstücke aus den Gräbern in Wulfsen besaßen keine absolut-datierende Beifunde. Sie wurden ihrerseits horizontalstratigraphisch zu dem münzdatierten Grab (ohne Emailscheibenfibel) datiert:

"... in nächster Nähe des Münzgrabes (...) liegt das geostete Grab 720 mit einer Grubenemailfibel (...) und aus dem nördlich anstoßenden Bereich im Ostteil des Gräberfeldes stammen weitere 6 Emailscheibenfibeln (...), darunter die o.g. Gräber 649, 654, 656 und 694" (K. Dinklage 1985, 271).

Ebenso wird mit Vergleichsstücken aus Ketzendorf und Maschen, Krs. Harburg verfahren:

"... liegen die Gräber mit dem Email weitab von den Gräbern mit den Perlenketten der Zeit um 800" (K. Dinklage 1985, 272, Anm. 3).

---

[57] Sie besteht aus weichgebrannter graubrauner bis rotbrauner Granit- bzw. Kalkgrusware, reduzierend und oxidierend gebrannt, überwiegend Kugeltöpfe, vergesellschaftet mit Kümpfen und konischen Näpfen (H. Rötting 1985, 29).

[58] BS-Grab 97 (im Oberkörperbereich teilweise zerstört) entspricht Grab 654 in Wulfsen, BS-Grab 48 entspricht den Gräbern 656 + 694 in Wulfsen, BS-Grab 42 entspricht Grab 649 in Wulfsen

[59] Die Gräber mit den Emailscheibenfibeln enthalten jedoch keine Perlen.

[60] K. Dinklage 1985, S. 271f
W. Thieme 1985, S. 247f - ein Vorbericht;
eine monographische Auswertung ist noch nicht publiziert.

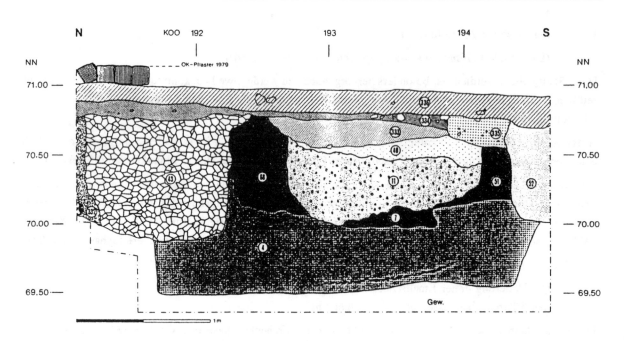

Abb. 24: BRAUNSCHWEIG - Stgr. 21 - Kohlmarkt

"Kohlmarkt-Keramik" führende Schichten im NS-Leitprofil (Ausschnitt):

(4) Brunnensediment; (7, 51, 68) Abfallverfüllungen eines Metallhandwerkers. Diese Siedlungsbefunde wurden überschnitten von den Ausbruchsgruben (11, 40) des Kirchenbaues II und vom Rogensteinfundament (43) des Baues IIa; randlich angeschnitten sind die mittelalterlichen Grabgruben (52, 332) und frühneuzeitliche bis moderne Schichten (333 ff),

M 1:25 (H. Rötting 1985, Farbtaf. 4b)

Ist die Belegungsrichtung einwandfrei erkannt worden und sind die Perlenketten sicher absolut datiert, ergibt sich daraus für die Scheibenfibel einen Terminus post quem - eine relative Datierung.

Die Perlenbeigaben der Gräber in Wulfsen - es handelt sich hier um Mosaikaugenperlen - wurden von R. Andrae (1973, 155) in das 1. Drittel des 9. Jhdts. datiert,[61] vor allem durch zwei münzbelegte Gräber:

    a) Tuna   - Schweden (Katalognr. 142)
    b) Werchne Saltowo   - GUS   (Katalognr. 149)

Beide Gräber enthielten mehrere kufische Münzen des 8. Jhdts., die gelocht waren und als Anhänger benutzt wurden. Ihr Erhaltungszustand war gut, so daß Andrae eine kurze Trage- bzw. Umlaufzeit annahm (R. Andrae 1973, 155).

Die Mosaikaugenperlen datierte Andrae aber noch von einer anderen Seite, und zwar in Kombination mit der gleicharmigen Fibel, die wiederum durch den Schatzfund[62] von Emmen datiert wurde. Die gleicharmige Fibel wurde u.a. in Nebel (Amrum) in dem Hügel 81 vergesellschaftet mit der Schalenspange vom Typ J.P. 11 gefunden, die wiederum in dem Grab von Mindre Sunde (Norwegen) mit Mosaikaugenperlen zusammenlag (R. Andrae 1973, 156).[63]

Die Gräber von Tuna und Werchne Saltowo unterlagen m.E. nicht einer einwandfrei gesicherten Münzdatierung, da die Münzen als Schmuckstücke verwendet wurden und auch Erbstücke darstellen können (sehr lange 'Lebensdauer', bevor sie in das Grab mitgegeben wurden). Außerdem sind die angeführten Vergleichsstücke über Europa und Asien (von Amrum bis nach Werchne Saltowo) verbreitet, was eine Zeitverschiebung in der Herstellung / Verbreitung beinhalten kann.

Zu b)   Auch die folgenden Kirchenbauphasen (Abb. 26) mit ihren historischen Daten helfen kaum dabei, eine absolute Datierung zu erhalten.

Die Phase IIa = Erweiterung der Saalkirche soll Parallelen in der Magnikirche (Weichbild Altewiek) um 1031 (H.-A. Schultz 1956, 97f + 1959, 2f) finden sowie in der Nikolaikirche des 11. Jhdts. (A. Tode 1958 und R. Busch 1985, 171), womit jedoch kein Datum für die Erweiterung selbst gegeben wurde.

Die Bauphase III zeichnet sich lediglich durch die Ummantelung des Baus IIa aus, zusätzlich wurde die Kirche nördlich und südlich durch jeweils einen Annexbau erweitert (H. Rötting 1985, 116).

Als 4. Kirche entstand um 1031 auf dem Kohlmarkt die St. Ulrichskirche, früher St. Ulrici, laut einer Weihenotiz. Sie gehört zu den Notizen "...aus verschollenen Quellen, deren Authentizität bisher nicht angezweifelt wurde" (Chr. Römer 1985, 225).

Phase V/Va = Neubau St. Ulrichs um 1494, dafür gibt es keine gesicherte Rekonstruktion. Lediglich der Abriß der Ulrichskirche um 1544 ist mit einer Urkunde belegt (Chr. Römer 1985, 234, Anm. 58).

Es bleibt für den Kohlmarkt als einziges absolutes Datum: 1544, daß für die davorliegenden Bauphasen und stratigraphischen Befunde nur als Terminus ante quem gewertet werden darf.

---

[61]   R. Andraes Datierung gilt als Grundlage für die Datierung der Emailscheibenfibel (K. Dinklage 1985, 272, Anm. 4).

[62]   Chronologische Interpretation vgl. Kapitel Münzdatierung.

[63]   Die Reihe der Vergleichsdatierung (Mosaikaugenperle → gleicharmige Fibel → Schalenspange → Schlüssel → Nadelbüchse) setzt sich beliebig fort. Je mehr Vergleichsobjekte angehängt werden, desto unsicherer wird die Datierung durch Übertragungsfehler und geringeren Bezug zum Ausgangsobjekt. (Man wird hier eindrucksvoll an das 'Domino-Spiel' erinnert.)

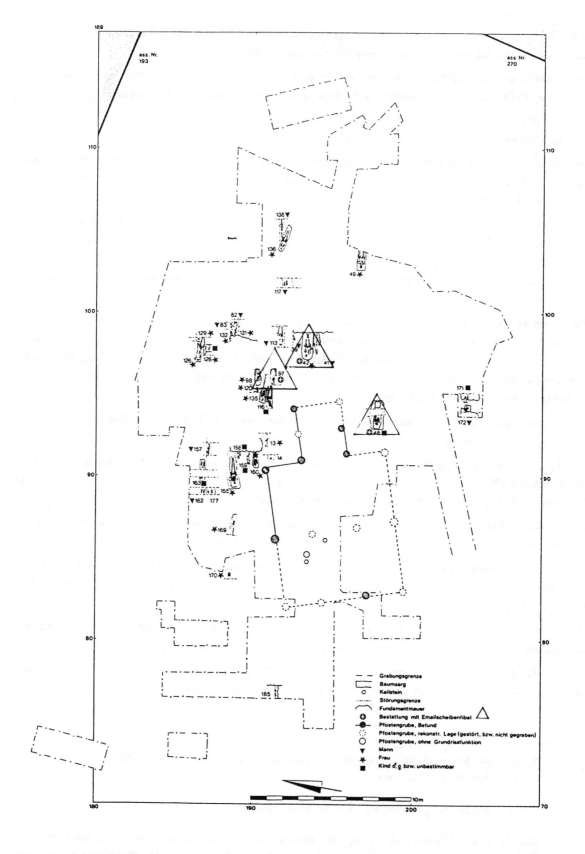

Abb. 25: BRAUNSCHWEIG - Stgr. 21 - Kohlmarkt
Kirchenbauperiode I (Holzkirche) mit Friedhof; M 1:180 (H. Rötting 1985, 114, Abb. 64)

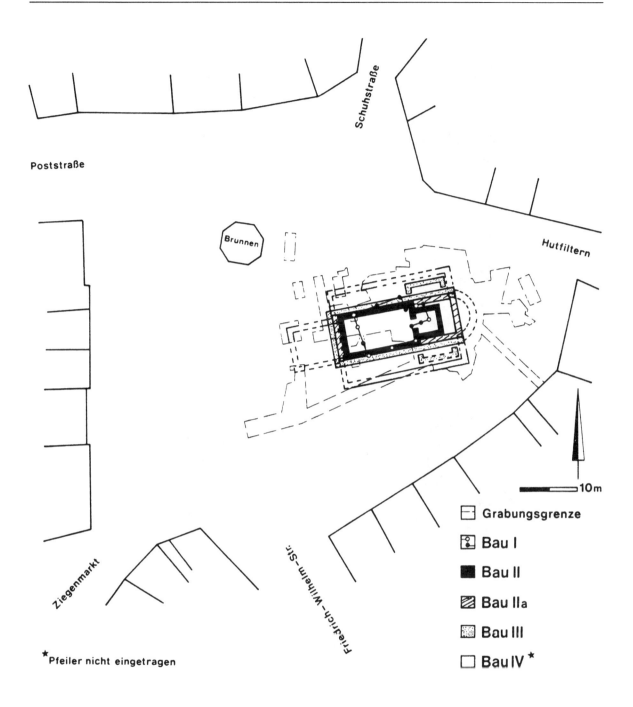

Abb. 26: BRAUNSCHWEIG - Stgr. 21 - Kohlmarkt
Lageplan mit ergänzten Pfostengruben der Holzkirche (Bau I) und mit ergänzten Fundamentgrundrissen der Saalkirchen II, IIa, III und der Pfeilerbasilika IV. (Maßstab nicht angegeben)
(H. Rötting 1985, 22, Abb. 10)

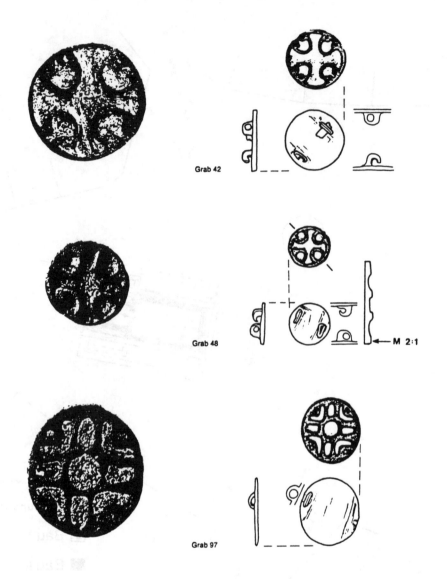

Abb. 27a: BRAUNSCHWEIG - Stgr. 21 - Kohlmarkt
Scheibenfibeln aus den Gräbern der Kirchenperiode I, M 1:1,4 (H. Rötting 1981, 717)

Abb. 27b: BRAUNSCHWEIG - Stgr. 21 - Kohlmarkt; M 1:1,4 (W. Thieme 1985, Abb. 4)
Auswahl von Emailscheibenfibeln aus dem Gräberfeld (Fdpl. 8) Wulfsen, Ldkrs. Harburg

Datierungsabfolge zur Vergleichsdatierung der Emailscheibenfibel:

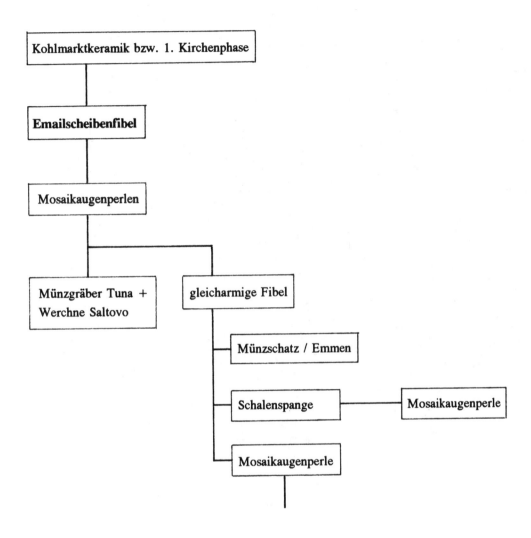

Abb. 28: GÖTTINGEN - Übersichtsplan des Innenstadtbereichs (S. Schütte 1978, Abb. 2)

Kap. III - Altstadtgrabungen

2. Göttingen

Wie auch Braunschweig hat Göttingen seit 1978/79 eine rege Forschungstätigkeit in Form von ca. 100 Altstadtgrabungen erfahren. Bis 1975 wurde immer wieder versucht, der Historie Göttingens auf den Grund zu gehen und durch sporadische Ausgrabungen und Veröffentlichungen darzustellen.

Systematische Ausgrabungen erfolgten nach 1977, nachdem ein Stadtarchäologe für diese Tätigkeit eingesetzt werden konnte (S. Schütte 1989a, 19). Die genauere Forschungsgeschichte findet sich ausführlich bei S. Schütte 1988 und 1989b wieder.

Bei den Altstadtgrabungen wurde, sofern es die Befunde zuließen, immer wieder die Dendrochronologie eingesetzt. Das Institut für Forstnutzung der Göttinger Universität (S. Schütte 1984, 63) übernahm alle dendrochronologischen Untersuchungen aus den Altstadtgrabungen. Über die gewonnenen Untersuchungsergebnisse liegt im Archiv der Stadtarchäologie ein unveröffentlichtes Gutachten von H.-H. Leuschner vor (S. Schütte 1990, 127).

^{14}C-Untersuchungen wurden nicht durchgeführt.[64] Münzdatierungen konnten nur in den seltensten Fällen herangezogen werden, wie z.B. für St. Nikolai[65] + St. Johannis (s.w.u.).

Ab dem 14. Jhdt. setzen die archivalische Quellen ein (Wordzinsregister, Stadtbücher, Rechtsakten etc.), die ebenfalls zur absoluten Datierung eingesetzt wurden. Allerdings ließen sie sich nicht direkt auf die archäologischen Befunde und Funde übertragen (S. Schütte 1989b, 8f).

In einem kurzen Aufsatz[66] stellt S. Schütte stichwortartig die 20 wichtigsten Göttinger Befunde der Innenstadt vor, aus denen klar Grabungsprojekt, Datierungsgrundlage und etwaige Publikationen hervorgehen.

Diese knappe Informationsherausgabe hat Vorbildcharakter, da jeder Fachkollege anhand dieses Materials sehr schnell eine Vorauswahl für seine Recherchen treffen kann. Das bedeutet eine nicht unerhebliche Zeitersparnis bei Durchsicht der infrage kommenden Publikationen.

Aus dieser Informationsquelle wurden nur die Grabungen herausgesucht, die absolut-chronologisch datiert werden konnten:

	Stadtburg	BOLRUZ	1387	hist. Datum
u*	Kirche	ST. NIKOLAI	vor 1180	Münzserie
	Pfarrparzelle	ST. JOHANNIS	310/1337	Münzserie
	Pfarrparzelle	ST. JOHANNIS	1174, 1179, vor 1165	Dendro-Daten
	Ständerbaut.	GRONER STR.	1180-1240	Dendro-Daten
*	Haus	ROTE STR. 34	1242	Dendro-Datum
*	Kirche	ST. JOHANNIS	1222-1234, 1348	Dendro-Daten
*		RATHAUS	1270	Dendro-Datum
u*		JOHANNISSTR.29	1192	Dendro-Datum

---

[64] Schriftliche Bestätigung von Herrn Dr. Schütte am 21.5.92.

[65] Die Funde und Befunde sind bis jetzt noch unveröffentlicht.

[66] "Aspekte zur Frühgeschichte der Stadt Göttingen",
in: Göttinger Jahrbuch 37, 1989, 19-37

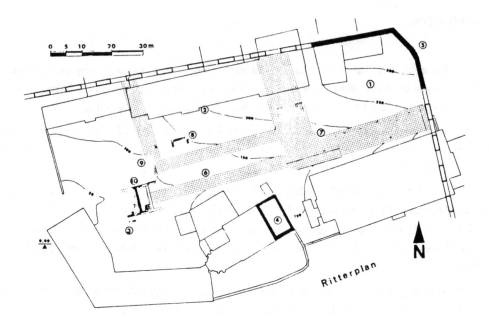

Abb. 29a: GÖTTINGEN - Stadtburg Bolruz - Übersichtsplan der Burg:
(1) vermutl. Kernburg; (2) Vorburg; (3) Burgfreiheit mit Bauresten; (4) Kemenate; (5) **Stadtmauer**; (6) Graben; (7) breiterer Graben; (8) Wirtschaftsgebäude; (9) innerer Graben der Vorburg; (10) **Bau oberhalb des zugefüllten Grabens** (P.A. Miglus 1984, 17, Abb. 18)

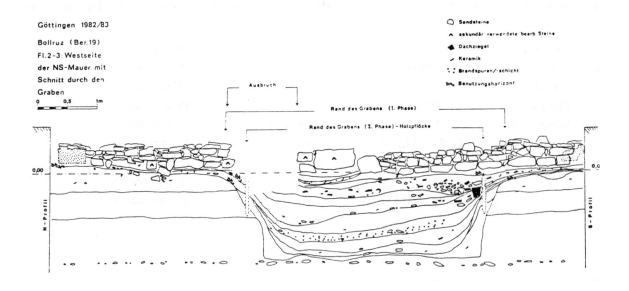

Abb. 29b: GÖTTINGEN - Stadtburg Bolruz - Grabenschnitt (6) s. Abb. 29a
(P.A. Miglus 1984, 18, Abb. 21)

Kap. III - Altstadtgrabungen

Für die Übertragung des absoluten Alters auf die Keramik Göttingens sind die gekennzeichneten Grabungen nicht berücksichtigt worden, weil deren Dendrodaten aus dem Dachstuhl (*) stammen[67] bzw. die Grabungen noch nicht veröffentlicht sind (u"), vgl. Abb. 28.[68]

2.1. Die historisch datierten Befunde

2.1.1. Stadtburg Bolruz: nordöstl. der Stadt / Ritterstr. (Abb. 29+30)

Die Kernburg wurde nach neuesten Untersuchungen (1989/90) vermutlich um 1160 errichtet und schon 1180 erstmalig zerstört.[69] Die Burg bestand jedoch noch bis zur Endzerstörung im Jahre 1387.[70]

Das frühestmögliche Datum der Burgerrichtung wird hergeleitet über historische Schriftquellen, die etwas zur allgemeinen Stadtgeschichte aussagen. Desweiteren wird sie von der Daubenschüsselchronologie der Johannisstr. 21-25 unterstützt, vgl. w.u. (mündlich B. Arndt).

Im gesamten Burgbereich, inklusive des Burggrabens, fand sich die mittelalterliche Keramik weit verstreut. Gelb-, grau- und rottonige Irdenware, vor allem grobgemagerte Kugeltöpfe mit Rollstempeldekor oder Riefung; grautonige Kugelbecher und -töpfe mit geriefter Schulterzone, Wellenfußbecher mit Vierpaßmündung sowie Steilrandkrüge, Grapen und importiertes Steinzeug und schließlich spitz- und rundbödige Kacheln (Abb. 30).

Aus der auch im Burggraben präsenten Zerstörungsschicht (Abb. 29) wurde ein Hohlpfennig des 14. Jhdts. geborgen (Gr. II, Fl. 4, St. IV in 1.40 - 1.60 m Tiefe).[71]

Außer des rekonstruierten Baubeginns der Burg, der über die Keramik bestätigt wurde (!), gibt es nur die historisch bezeugte Vernichtung der Burg um 1387. Der Hohlpfennig (vgl. Kap. II.4 - Münzdatierung) als Einzelmünze überzeugt nur schwach. Hier liegt wiederum ein Zirkelschluß vor: nicht die Keramik wird datiert, sondern die Keramik datiert. Die Chronologie der Keramik wird als bekannt vorausgesetzt.

---

[67] Dendro-Daten aus dem Dachstuhl weisen zwar auf den Bau des Objektes hin, bleiben jedoch ohne Schichtanbindung und somit ohne Bezug auf die in einer Schicht befindlichen Befunde.

[68] Es sollten v.a. die veröffentlichten Grabungen untersucht werden, vgl. auch Einleitung

[69] Der Erzbischof von Mainz zerstörte 1180 die Pfalz Grona und sehr wahrscheinlich auch die Göttinger Stadtburg (mündlich S. Schütte).

[70] Schriftliche Mitteilung vom 21.5.92 von Herrn Dr. Schütte und auch mündlich bestätigt durch Frau B. Arndt M.A.

[71] Der Hohlpfennig liegt im Archiv der Stadtarchäologie Göttingen (B. Arndt).

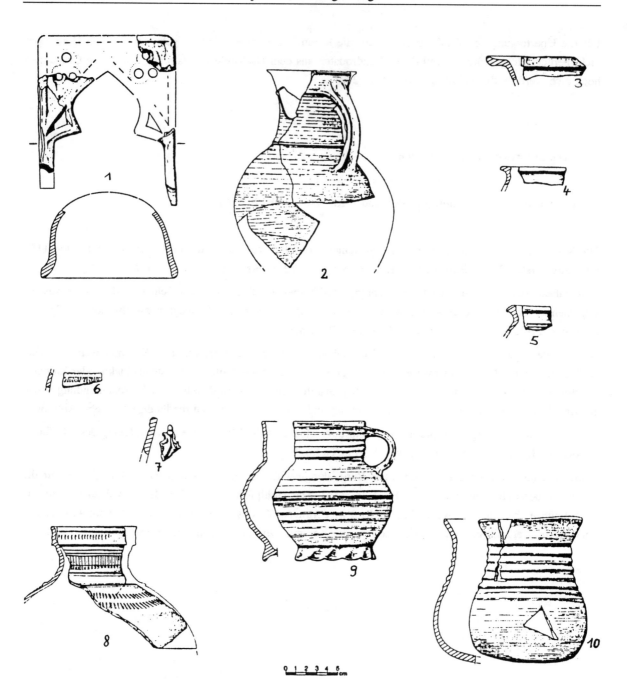

Abb. 30: GÖTTINGEN - Stadtburg Bolruz
(1) gelbglasierte Nischenkachel; (2) grautonige Kanne mit fein geglätteter Oberfläche (Import); (3-6) spätmittelalterliche Keramik; (7) grün glasierte Bekrönung eines Kachelofens; (8) grautonige Kanne (vermutl. Import); (9) Kanne aus eisenrotem niedersächsischen Steinzeug (Pottlandware); (10) grautoniger Becher aus Irdenware. (Maßstab s. Abb.)
(P.A. Miglus 1984, 18, Abb. 20 (1-8); 19, Abb. 22 (9+10))

2.2. Die dendrochronologischen Befunde

2.2.1. Groner Straße / Düstere Straße

Bei dem Befund handelt es sich um eine Holz-Erde-Wallbefestigung mit vorliegendem Sohlgraben (11 m breit / 2,5 m tief) (S. Schütte 1987, 307). Diese war durch neuzeitliche Eingriffe (Kanalisation, Leitungsnetzbau, etc.) z.T. stark zerstört (S. Schütte 1989a, 25).

Der Graben liegt zum größten Teil unter den Häusern der südlichen Straßenseite und dem Bürgersteig (S. Schütte 1989a, 25). Er wurde später zugefüllt und mit Bohlenständerhäusern (Werkstätten der Metallverarbeitung) bebaut. Die Hölzer der Befestigungsanlage konnten zwar nicht datiert werden (S. Schütte 1988, 138), dafür aber die Pfosten der nachfolgenden Grabenbebauung: 1180, 1186, 1215, 1237-40, 1268 (S. Schütte 1987, 297), Abb. 31a+b.

Nur wenige Keramikscherben der grautonigen und zahlreiche Scherben der helltonigen Irdenware (keine genaue Lokalisation angegeben) fanden sich im Sohlgraben (S. Schütte 1987, 293).

Im Sohlgraben zeigte sich eine feinstratige Ablagerung, die sich in der Zeit des Offenstehens gebildet hat. 1180 gibt den spätmöglichsten Zeitpunkt der Grabenzuschüttung an, um eine Bauebene für die nachfolgenden Häuser zu erhalten.

Für die Keramik bedeutet 1180 ein Terminus ante quem, d.h. sie muß vor 1180 in den Sohlgraben gelangt sein. Eine differenzierte Aussage ist nicht möglich. Sie ist für eine absolute Datierung nicht ausreihend.[72]

2.2.2. Pfarrparzelle St. Johannis: Johannisstr. 21-24

Die Befunde in der Pfarrparzelle hat S. Schütte in seiner Dissertation (S. Schütte 1989b, 35-41, 56-62, 73-85) sehr ausführlich dargestellt, trotz seiner kritischen Beleuchtung sollen sie hier in Bezug auf die Keramikdatierung noch einmal aufgeführt werden.

Das Bohlenständerhaus[73] im Nordosten der Grabungsflächen von 1977/78 soll nicht näher betrachtet werden, da aus der Brandschicht nur 2 Wandungsscherben der helltonigen Irdenware bzw. des Protosteinzeugs gefunden wurden, deren Aussagekraft für eine absolute Keramikdatierung zu gering ist.

Zurück zu den Grabungsobjekten in der Johannisstr. 21-24, Abb. 32:

---

[72] Es bleibt unbekannt, wann die Befestigungsanlage gebaut wurde, und somit ist ebenfalls unbekannt, wie lange vor 1180 die Keramik in den Graben kommen konnte. Außerdem schließt es nicht aus, daß nach 1180 diese Keramikart weiterhin benutzt wurde.

[73] Das Bohlenständerhaus wurde von H.-G. Stephan 1978 ausgegraben und bearbeitet. Es waren die Ständer und Bohlen der Nord- und Ostseite erhalten, aus denen drei Dendroproben gezogen wurden, die das Haus auf 1175 datieren. Eine genauere Lokalisierung der Holzproben wurde jedoch nicht gegeben (Pfosten oder Bohlen), vgl. H.-G. Stephan 1984, 47f (Abb. 32e).

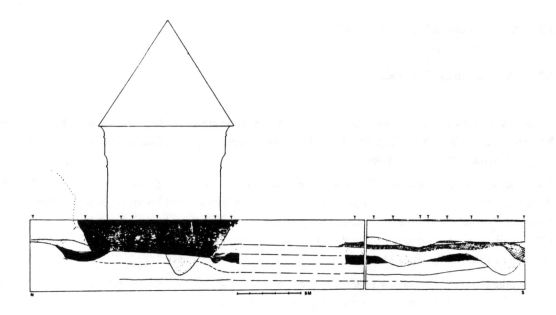

Abb. 31a: GÖTTINGEN - Groner Straße
Holz-Erde-Befestigung mit überbautem Graben, T = Bohrbefund
(S. Schütte 1987, 298, Abb. 12)

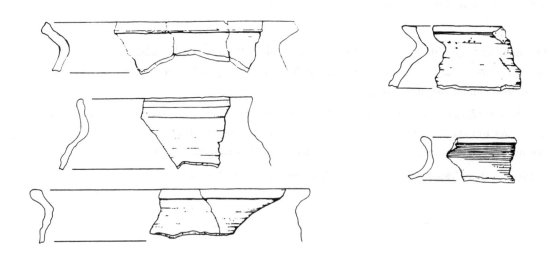

Abb. 31b: GÖTTINGEN - Groner Straße
Helle Irdenware aus dem Sohlgraben (S. Schütte 1987, 300, Abb. 13)

Befund

a) Länglicher Steinbau, dem Annexbau vorgelagert
b) Kloake mit Holzaussteifung
c) "Quadratischer" Steinbau, westlich der Kloake
d) Rückwand eines Hauses in Pfosten-Schwellenbauweise (Annexbau)

Dieses Bauensemble wird in 2 Phasen eingeteilt:

Langbau mit Kloake gehören zur WERKSTATTPHASE I, der Annexbau und der "quadratische" Steinbau zur WERKSTATTPHASE II.[74]

zu a) Der steinerne "Langbau" (Nordseite ca. 12 m lang) konnte nicht gänzlich ergraben werden, da sich der Südteil unter dem heutigen Bürgersteig weiter fortsetzt, vgl. Abb. 32a. Die Seitenmauern blieben aus organisatorischen Gründen ungegraben (S. Schütte 1989a, 36).

Der Bau war kanalartig mit der o.g. Kloake verbunden. Es wurden viele Werkstattabfälle in der Kloake gefunden, welche die Gleichzeitigkeit der Benutzung widerspiegeln. Nachfolgend ist die Keramik der WERKSTATTPHASE I, aus den ältere Laufschichten (vor dem Annexbau), d.h. vor 1270 aufgeführt, vgl. Abb. 33 + 35 (S. Schütte 1989b, 74).

Helle Irdenware: (weißlich, gelb, rosa):
- Überwiegend hartgebrannte Kugeltöpfe mit stark profilierten Rändern, Deckelpfalz und Deckeln, ungeriefte und geriefte Ware
- Kannenformen mit Standboden oder -leisten, Eindellungen auf der Schulter oder Rollstempelverzierungen
- Pseudo-Pingsdorfer bzw. Pingsdorfer Ware
- Grünglasierte Irdenware "en miniature"

zu b) Die Kloake maß ca. 3 x 3 m, und war noch 1,70 m tief erhalten, vgl. Abb. 32b. Sie war mit Brettern ausgesteift, die aber nicht dendrochronologisch bestimmt werden konnten. Ein in der Kloake befindlicher hölzerner Sitzdeckel wurde dendrochronologisch auf 1325 ± 6 Jahre datiert (S. Schütte 1989b, 50), ebenso eine Vielzahl von Daubenschüsseln s.w.u. / es wurden 9 Entleerungsphasen nachgewiesen (!).

Keramikfunde gab es kaum. Das Geschirr bestand größtenteils aus Holz (S. Schütte 1989b, 51). Die Keramik wurde nicht speziell betrachtet.

zu c) Westlich der Kloake befand sich ein wahrscheinlich quadratischer Steinbau, dessen Funktion nicht festgestellt werden konnte. In den Schichten des Innenraumes wurde ein Faßbrunnen sowie eine hölzerne Tonne mit Keramikinhalt gefunden, die dendrochronologisch "nach 1370" datiert wurde (S. Schütte 1989b, 37 + 40), vgl. Abb. 32c. Dieser Befund wurde nicht weiter ausgewertet.[75]

zu d) Die Rückwand des Pfostenschwellenhauses (Annexbau) wurde von A. Delorme dendrochronologisch auf 1262 ± ca. 8 Jahre datiert. Das Haus überdeckte den kanalartigen Zufluß vom Langbau zur Kloake, es ist also relativ-chronologisch jünger als der Langbau (S. Schütte 1989b, 38), vgl. Abb. 32d.

---

[74] Aufgrund der Abfälle in den Laufhorizonten und in der Kloake wird ein Werkstattzentrum mit verschiedenen Produktionen (Metallhandwerk, Knochenschnitzereien etc.) konstatiert, darum der Name WERKSTATTphase.

[75] Mündlich S. Schütte vom 2.11.1992

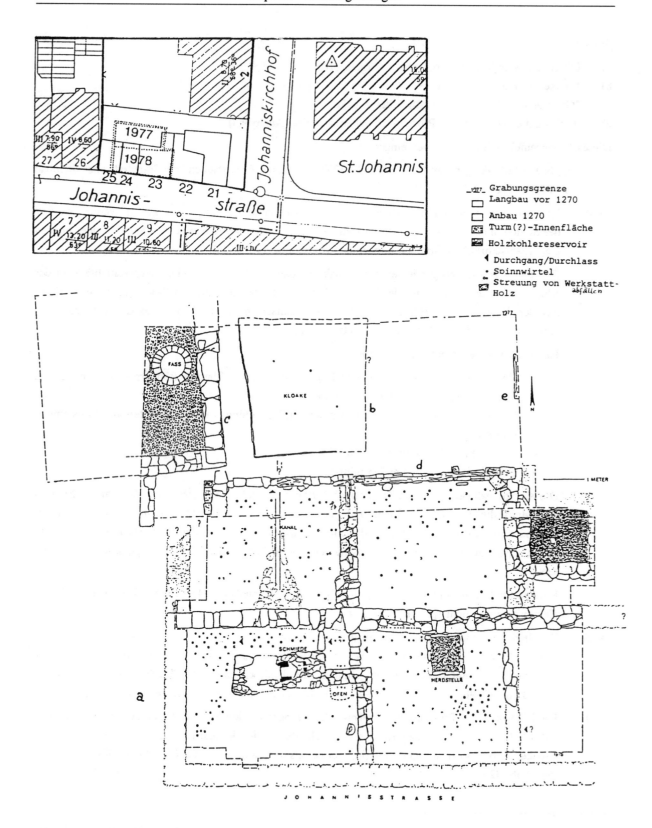

Abb. 32: GÖTTINGEN - Johannisstraße 21-25
Lagepläne der Grabungsbefunde, Erklärung für a-e vgl. Text Kap. III.2.2.2
(S. Schütte 1989b, Abb. 8 (oben) und Abb. 11 (unten))

Nachfolgend die Keramik der WERKSTATTPHASE II aus den jüngeren Laufschichten (nach Annexbau), d.h. nach 1270, vgl. Abb. 33-35 (S. Schütte 1989b, 75f):

Graue Irdenware: (grau, grauglänzend metallisch, z.T. schwarzfleckig)
- Kugelbecher ohne Deckelfalz, hochgestreckte kegelstumpfartige Schulter mit enger Riefung, Vierpaßöffnung, auch mit runder Öffnung[76]
- Kugeltöpfe mit scharf profilierten Rändern, Deckelfalz und weicher Riefung
- Einfache Deckelgrapen und Grapen mit ausgearbeiteten Füßen (Tierklauen)[77] und Henkeln auch aus Steinzeug[78]
- Kannen mit Kragenrand, z.T. mit Wellenbandverzierung auf dem oberen Gefäßteil (aus IW und StZ)
- Kruken mit Doppelhenkel und verengter Öffnung, Henkel mit eingedrückten Punkten oder Wellenlinien verziert
- Einhenkelige Flaschen
- Deckel für Grapen und Kugeltöpfe, ornamentiert mit Stempeln[79] oder Ziegeltoneinschnitten
- Schalen und Setten (größere Schalen mit Ausguß)
- Standbodenschalen, Standbodentöpfe, Becher

Steinzeug:[80]
- Becher, glatte schlanke Kannen mit Henkeln
- Tüllenkannen mit Wellenfuß
- Glatte schlanke Kannen ohne Henkel
- Miniaturgefäße mit Wellenbandverzierung

glasierte Irdenware:[81]
- Pfannen, Töpfe, Trinkbecher mit aufwendigen Verzierungen, Miniaturgefäße

Siegburger Steinzeug:[82]
- Kannen, Trinkgefäße, Miniaturgefäße und schalenartige Gefäße

---

[76] Ein Vergleichsfund aus der Johannisstr. 28 wurde über eine nicht näher beschriebene Dendrodatierung (1270) ins 13. Jhdt. gesetzt.

[77] Vergleichsfund in Göttingen, Markt 7/8 - unpubliziert.

[78] Vergleichsfund in Göttingen, Markt 7/8 - unpubliziert.

[79] Vgl. Göttingen, Markt 7/8 - unpubliziert. Aufgrund des Vergleichs mit ähnlich verzierten Bratspießhaltern und Kienspänen werden sie in das 13.-16. Jhdt. datiert.

[80] Weitere Fundorte in Göttingen: Nikolaihof 5 - unpubliziert; Groner Str. - s.w.o.; Neustadt - unpubliziert

[81] Vergleich mit Fundstücken aus der Weender Str. 59, dendrodatiert 1440 unpubliziert, ebenso Angerstr. / Gartenstr. um 1300 - unpubliziert, und Coppengrave (H.-G. Stephan 1981a).

[82] B. Beckmann 1975, verglichen mit dem Steinzeug aus der Siegburger Aulgasse. B. Beckmann 1974, 12 modifizierter Stand der Steinzeug-Datierung. Siegburger Keramik war stark vermischt mit Werkstattabfällen. Göttinger Vergleichsfunde siehe: Markt 4, Johannisstr. 27/28, Rotestr. 34, Weenderstr. 42 + 57 und Markt 7/8, wobei die meisten Grabungen nicht veröffentlicht sind.

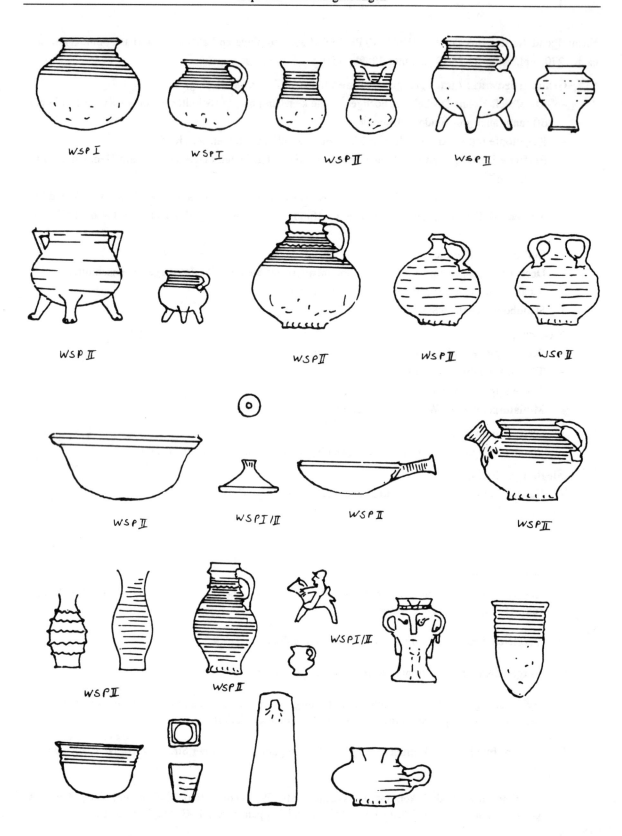

Abb. 33: GÖTTINGEN - Johannisstraße 21-25
Typenspektrum IRDENWARE der Werkstattphase I + II (WSP) (S. Schütte 1989b, Abb. 97)

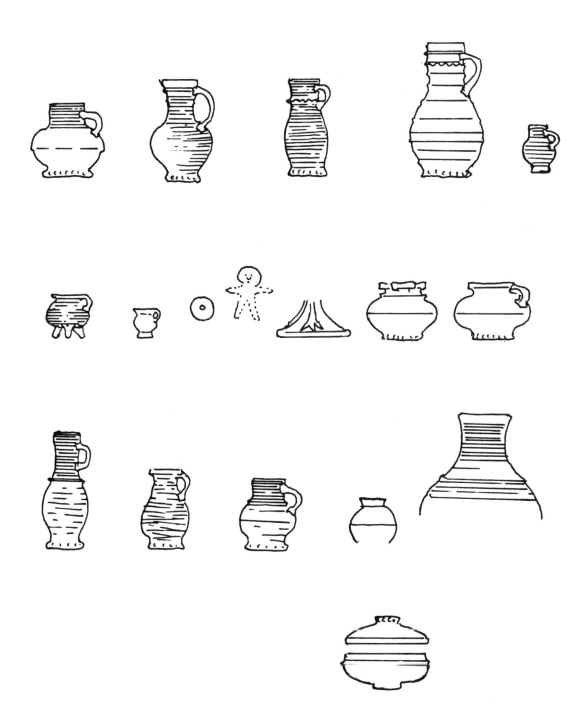

Abb. 34: GÖTTINGEN - Johannisstraße 21-25
Typenspektrum STEINZEUG der Werkstattphase II (WSP) (S. Schütte 1989b, Abb. 98)

KOCHEN

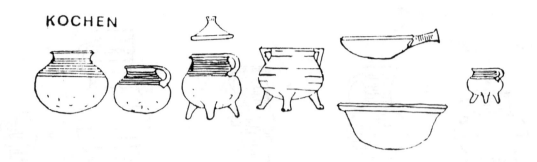

VORRAT

TAFEL

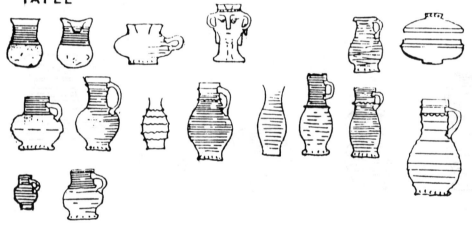

HEIZUNG

Abb. 35: GÖTTINGEN - Johannisstraße 21-25
Typenspektrum des Haushaltsgeschirrs (S. Schütte 1989b, Abb. 99)

2.3. Bewertung der chronologischen Grundlagen

Während der 10-jährigen Grabungstätigkeit in Göttingen ist immer wieder versucht worden, das keramische Material absolut-chronologische einzuordnen. Wie auch in Braunschweig konnte eine große Anzahl dendrochronologischer Daten gewonnen werden, die jedoch mehr über die Entwicklung der mittelalterlichen Stadt aussagen als speziell über die Keramik.

Die Erhaltungsbedingungen in der Kloake waren sehr gut und es wurden neben anderen organischen und anorganischen Materialien etwa 1000 Daubenschüsseln aus Fichte gefunden, die H.-H. Leuschner einer dendrochronologischen Untersuchung unterzog. Er konnte dadurch eine Zeitspanne von 180 Jahren nachweisen, in der die Schüsseln hergestellt wurden, allerdings ohne Anbindung an eine absolute Standardkurve, da die Fichtenchronologie noch nicht entsprechend ausgearbeitet ist.

S. Schütte geht von einer Aufgabe der Kloake um 1350 aus, da in dieser Zeit die Pest (1350 + 1356) in Göttingen wütete (S. Schütte 1989b, 51, 60 + 70). Außerdem war das 14. Jhdt. gezeichnet von Unruhen der Bürger gegen die Obrigkeit (Landesherren / Kirchenväter), bürgerliche Werkstätten kamen mehr und mehr auf und waren nicht mehr abhängig von einem geistlichen oder gräflichen Herren (S. Schütte 1989b, 70). Bauaktivitäten wurden beendet, siehe Glockeninschrift (1348) von St. Johannis (S. Schütte 1989b, 33). Sicherlich ist es nicht unwahrscheinlich, daß die Werkstatt / Kloake in dieser Zeit aufgegeben wurde, zumal der Befund ein längeres Wüstwerden / Verkommen des Komplexes aufzeigt. Jedoch kann dieses Datum nicht als absolut gesichert angenommen werden, sondern als Näherung an ein wahrscheinliches Aufgabedatum.

Der dendrodatierte Klosettdeckel sagt weder über den Beginn der Kloake noch über ihr Ende etwas aus. Aber ein Hinweis über den Ausschnitt der Benutzungszeit wird sichtbar: die Kloake muß noch nach 1325 ± 6 Jahren in Betrieb gewesen sein, sonst hätte der Deckel nicht hineingelangen können. Wann aber diese Abfallbeseitung stattfand, ist nicht ablesbar.

Unbekannt bleibt auch, ob das benutzte Eichenholz (Schütte 1989b, 86) vorher in einem anderen Objekt verarbeitet war oder speziell für den Deckel verwendet wurde. Kam der Deckel gleich nach seiner Herstellung in die Kloake (Mißgeschick, ...?) oder erst nach einer gewissen Abnutzungszeit? Kam der Deckel nach der vorletzten Entleerungsphase in die Kloake oder zu welcher der anderen 9 gehörte er? Wie 'sauber' wurden die einzelnen Entleerungen durchgeführt? Diese Fragen sind nicht mehr zu beantworten und geben somit keinen Hinweis auf eine engere Datierung.

Die Datierung der Werkstattgebäude gestaltet sich genauso schwierig. Da ist zunächst der "Langbau". Über ihn selbst gibt es keine absoluten Datierungen. Allerdings ist er eine zeitlang mit der im Hinterhof befindlichen Kloake verbunden gewesen, bevor der Annexbau über diese Verbindung gebaut wurde. Stratigraphisch liegt eine relative Chronologie vor. Da der Bau des 2. Gebäudes dendrochronologisch auf etwa 1270 datiert wird, ergibt sich daraus ein Terminus ante quem für den Bau des 1. Hauses.

Die Datierung des "Langbaus" wird aus der Übertragung der ermittelten 180 Jahre Daubenschüsselchronologie, abzüglich des "Pestdatums" (1350), errechnet und nähert sich damit dem Zeitraum um ca. 1170 plus einer Vorlaufzeit von unbekannter Dauer, weil im Fundament des Werkstattgebäudes Spolien verarbeitet wurden, die vergleichbar mit denen aus der Kirchenbauphase I von St. Johannis sind (S. Schütte 1989b, 37).[83]

M.E. ist es unzulässig, die relative Daubenchronologie auf den 1. Werkstattkomplex zu übertragen, indem vom fiktiv angenommenen Aufgabedatum 1350 (Pest) die 180 Jahre der Daubenschüsselherstellung abgezogen wer-

---

[83] Die Kirchenbauphase I wird nach einer Stilanalyse der Bauart = vor 1150 datiert, vgl. S. Schütte 1989b, 25.

den, um dann in das Jahr 1170 zu gelangen. Daß in dieser Zeit die Werkstatt eingerichtet wurde, mag wahrscheinlich sein - bedenkt man, daß für den Bau III der St. Johanniskirche Dendrodaten 1216-1228 vorliegen (S. Schütte 1989b, 33) und der Bezirk um die Johanniskirche ausweislich der Schriftquellen zum Immunitätsgebiet dieser Kirche gehörten (S. Schütte 1989b, 3), aber letztendlich gibt es keinen absoluten Beweis dafür, wann die Werkstatt gebaut und wie lange sie benutzt wurde.

Der Bau des 2. Werkstattgebäudes konnte dendrochronologisch auf 1262 ± ca. 8 Jahre datiert werden. Die Pfosten datieren die Funde aus der Schicht, von der sie in den Untergrund getrieben wurden. Allerdings konnte hier ein solcher Schichteinzug nicht beobachtet werden (mündlich S. Schütte).

Für die darunter- bzw. darüberliegenden Schichten bedeutet das ein Terminus ante bzw. post quem, d.h. für die Werkstattphase I **ante 1270** und für die Werkstattphase II **post 1270**.

Die wenigen Münzfunde in den Laufschichten der Werkstatt (6 Münzen)[84] unterstreichen nur gering die absolut-chronologische Aussage, weil auch sie nicht sicher beobachtet worden sind (mündlich S. Schütte). Die Münzen geben einen allgemeinen Hinweis auf Geldbenutzung im 13. / 14. Jhdt. in Göttingen! Sie waren relativ prägefrisch und wohl nur kurz im Umlauf (mündlich S. Schütte).

Die bisher bekannten historischen Quellen schweigen zum Thema Werkstatt. Um 1419 werden die Bewohner von 5 Buden auf der Südseite dieser Straße (Nr. 21-25) in einem Schoßregister genannt. Unter ihnen ist auch ein "Mester henre kleynsmet" (Kleinschmied) (S. Schütte 1989b, 19). Inwieweit dadurch Aussagen über das Vorhandensein oder Nicht-mehr-Vorhandensein der Werkstätten getroffen werden können, ist schwer zu fassen.

Es bleiben 2 Dendrodatierungen als Termini post bzw. ante quem für die mittelalterliche Göttinger Keramik (Groner Str. / Johannisstr. 21-25). Diese zeigen ein breites Spektrum der allgemein für das Mittelalter bekannten Keramik: neben hartgebrannten, der hellen Irdenware zugeschriebenen Kugeltöpfen, Grapen, Schalen, Schüsseln und Kannen auch vergleichbare Formen der grauen Irdenwaren (fast versintert), Glasurwaren und des Steinzeugs.

Leicht tendenziöse Verschiebungen von den Kugeltöpfen zum Steinzeug sind in den beiden Werkstattphasen vor 1270 bzw. nach 1270 zu verzeichnen, indessen sind keine scharfen Übergänge zu erkennen (klare Brüche in den Warenarten), noch zeitlich festlegbare Anfänge oder Beendigungen der verschiedenen Keramikproduktionen. Es ist ohnehin die Frage, ob diese 'Entwicklungsstufen' zeitlich exakt greifbar sind, da sie nicht allein vom technischen Stand abhängig sind, sondern auch von den Bedürfnissen, Wünschen und Modetrends der Endverbraucher und Hersteller. Diese können von Region zu Region recht individuell ausfallen.

So kann aus dem bisher veröffentlichten Material von Göttingen kein Befund zur absoluten Keramikdatierung herangezogen werden.

---

[84] 1 Münze: Paderborner Bischof Dietrich von Itter (1310/1321),
1 Münze: Corveyer Prägung, entweder Heinrich III. v. Homburg oder B. v. Horhusen (1272/1336),
4 Brakteaten aus dem 13./14. Jhdt. - typol. Datierung (S. Schütte, 1989b, 56).

3. Höxter

"Der Ansatz zu einer Chronologie der Keramik kann (...) nur weitgehend hypothetischer Natur sein." (H.-G. Stephan 1973, 46).

Ob dieses nach nahezu zwei Jahrzehnten immer noch zutrifft, wird die folgende Besprechung zeigen.

Es gibt 3 münzdatierte Fundkomplexe in Höxter[85], die detailliert aufgearbeitet wurden und auf denen die absolute Keramikchronologie auch für die nähere Umgebung im wesentlichen basiert.

Neben den numismatischen Funden, wurden zur Datierung auch die historischen Überlieferungen, Stratigraphie und Vergleichsfunde bemüht. Dendrochronologische und ^{14}C-Untersuchungen wurden nicht vorgenommen.

Die historischen Überlieferungen konnten auch hier nicht einzelnen Straßenzügen bzw. Befunden zugeordnet werden, sondern betreffen die Stadt allgemein. Erste Schriftquellen, die von den Historikern auf die Stadt Höxter bezogen wurden, reichen bis in das 9. Jhdt. zurück (H.-G. Stephan 1973, 125-127).

3.1. Die Münzfunde

3.1.1. Marktstraße 3[86]

Die stark brandgeschädigten Münzen fanden sich in der Auffüllschicht eines mittelalterlichen Steinhauses, von dem nur noch die Rückwand stehen geblieben war. Aus dieser branddurchwirkten Auffüllschicht wurden neben den bereits erwähnten Münzen Metallgefäße, sehr viel Keramik, Getreidekörner, Holz und Hüttenlehm geborgen. H.-G. Stephan spricht diese Grabungssituation als geschlossenen Befund an, im Sinne einer "Kleinkatastrophe". Außer dieser Brandschicht werden keine weiteren Straten genannt. Die Keramik besteht überwiegend aus grau- und gelbtoniger Irdenware und nur zu einem Viertel aus Proto-, Fast- und Vollsteinzeug (Abb. 36).

Bei den schlechterhaltenen Münzen handelt es sich um 3 Pfennige:

a) Hälbling (halber Silberpfennig) aus Brakel, vermutlich unter Bischof Simon von Paderborn (1247-77) geprägt, gemeinsam mit den Brakeler Edelherren.[87]

---

[85] Es handelt sich um die Fundorte: Marktstraße 3, Weserstraße 1 und die Uferstraße. Diese Fundorte werden im folgenden vorgestellt.

[86] H.-G. Stephan 1981b, 239-263: Soweit nicht anders erwähnt, bezieht sich die Marktstraße 3 auf diese Literatur.

[87] Die Münze trägt auf der Vorderseite ein Bischofsbild (mit Krummstab und Buch), auf der Rückseite eine Burg mit dem Wappen der Brakeler Edelherren.

Typentafel
Münzdatierte Keramik
der Zeit um 1300

IRDENWARE

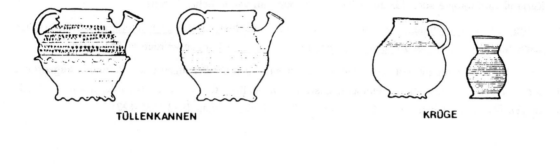

TÜLLENKANNEN   KRÜGE

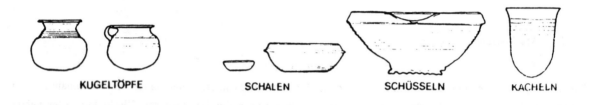

KUGELTÖPFE   SCHALEN   SCHÜSSELN   KACHELN

STEINZEUG

KRÜGE

Abb. 36: HÖXTER - Marktstraße 3 (H.-G. Stephan 1981b, 253, Abb. 9)

b) Corveyer Münze, geprägt entweder unter Abt Heinrich von Homburg (1272-1306) oder unter Abt Ruprecht von Horhusen (1306-1336).[88]

c) Stark fragmentierter Hälbling aus Corvey oder Paderborn, um 1300 geprägt.[89]

Aus historischen Quellen ist bekannt, daß im 14. Jhdt. das eigenständige Brakel mit Paderborn fusionierte, daher die Kombination der geistlichen und weltlichen Obrigkeit auf dem halben Silberpfennig von Brakel (mündlich P. Ilisch).

Die Münze findet nicht, wie H.-G. Stephan in seiner Anm. 3 schreibt, ihr Vergleichsstück bei WEINGÄRTNER 1883 (Nr. 43), sondern bei WEINGÄRTNER 1882/90 (Paderborn). Weingärnter 1883 beschreibt die Gold- und Silbermünzen der Münzstätte Corvey. Leider sind die Anmerkungen 3 + 4 bei Herrn Stephan (1981b, 240) vertauscht worden, was eine gewisse Verwirrung stiftet, vgl. Besprechung von G. Hatz (1979/81, 445) über diesen Befund.

Die Zuordnung der Corveyer Münze (Abb. 37.3) erwies sich als schwierig, weil von der Umschrift nur Fragmente der Anfangsbuchstaben erhalten waren, die sowohl Abt Heinrich als auch Abt Ruprecht betiteln konnten. In der Zwischenzeit ist sie gereinigt und restauriert worden. Nach nochmaliger Prüfung konnte sie eindeutig Abt Ruprecht zugesprochen werden.[90] Da es mittlerweile andere Münzen von Abt Ruprecht gibt, auf denen die Umschrift vollständig lesbar ist, konnte die Höxteraner Münzabbildung mit diesen verglichen und damit eindeutig Abt Ruprecht zugewiesen werden. Abt Ruprecht trägt keine Mitra wie sie das Vergleichsstück (Abb. 37.2a-b) zeigt. Die Prägezeit liegt zwischen 1306-1336.

3.1.2. Weserstraße 1[91]

Südöstlich geht die Weserstraße von der o.g. Marktstraße ab und führt direkt auf die Weserbrücke zu. Auch hier wurde ein mittelalterlicher Keller angeschnitten, der zum größten Teil durch neuzeitliche Fundamente zerstört war. Der hölzerne Keller wurde 1.40 m in den anstehenden Boden eingetieft. Der stratigraphischen Befund sah folgendermaßen aus:

> Auf dem gewachsenen Boden folgte eine branddurchwirkte Kellerzufüllung, darüber in einer Stärke von 8-18 cm Brandschichten und Lehmböden. Im unteren Teil dieser starken Kulturschicht war u.a. Keramik enthalten. Die letzten beiden Schichten wurden von einem neuzeitlichen Fliesenfußboden und dem Abbruchschutt gebildet. Die Kellerzufüllung wies im oberen Bereich wenige Funde auf, lediglich einige

---

[88] In Anmerkung 3 - eigentlich 4 (s.o.) bei H.-G. Stephan 1981b, 240 wird angedeutet, daß eine zweifelsfreie Zuordnung über den Stempelvergleich möglich sei. Da die Stempel (Ober- und Unterstempel) nicht maschinell hergestellt wurden, sondern in mühevoller Handarbeit, weisen sie so individuelle Züge auf, daß sie einem 'Fingerabdruck' gleichkommen. Nach Auskunft von Herrn Dr. Ilisch (Landesmuseum für Kunst- und Kulturgeschichte (KuK), Münster) hat eine systematische Untersuchung von stempelgleichen Prägungen noch nicht stattgefunden.

[89] Eine exaktere Bestimmung konnte aufgrund des Zerstörungsgrades nicht vorgenommen werden. Die 1. Münzbestimmung wurde von Prof. Berghaus durchgeführt.

[90] An dieser Stelle möchte ich Herrn Dr. Ilisch ganz herzlich danken für die geduldige Beantwortung der Fragen und der nochmaligen Untersuchung der Münzen, die original im KuK-Museum in Münster archiviert sind.

[91] Informationen aus H.-G. Stephan 1979, 179-218.

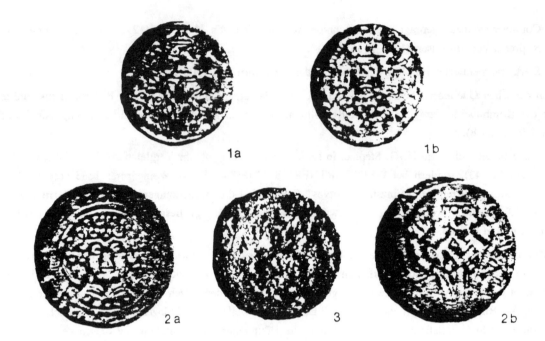

Abb. 37: HÖXTER - Marktstraße 3

(1a+b) Hälbling eines Denars (Pfennig) unter Bischof Simon und den Brakeler Edelherren geprägt (1247-1277); (2a+b) Denar des Abtes Heinrich von Corvey als Vergleichsstück zu 3; (3) Schlecht erhaltenes Original des Denars, der ursprünglich dem Abt Heinrich von Corvey zugesprochen wurde; nach erneuter Prüfung jetzt Abt Ruprecht von Horhusen (1306-1336), M 2:1 (H.-G. Stephan 1981b, Taf. 22)

Steine, Keramikscherben, eine Münze und Teile von Lehm- und Kiesböden. Der untere Teil war dagegen fundreicher: 3-4 verbrannte und zerbrochene Münzen, Glas- und Metallgegenstände[92] und vor allem Keramik. Eine Profilabbildung, in der die stratigraphischen Verhältnisse gezeigt werden, ist nicht publiziert worden.

Bei allen Münzen handelt es sich um Hohlpfennige, die einen Mitra tragenden Kopf zeigen. Die Bestimmung nahm Prof. Berghaus aus Münster vor und datierte sie, auch aufgrund eines Vergleichsfundes, in die Zeit 1250 und 1270. (Die Münzen sind nicht abgebildet.)

Die Keramik bestand zu 70% aus grautoniger Irdenware: Kugeltöpfe, Kannen und Krüge, die auf der Drehscheibe gefertigt wurden. Es sind kaum ungeriefte Gefäße dabei (Abb. 38):[93]

---

[92] Diese Objekte waren vom Brand stark beschädigt. Sie sollen hier nicht näher betrachtet werden.

[93] Die Kennziffern der Warenarten sind aus der Dissertation von H.-G. Stephan (1978) übernommen.

Kap. III - Altstadtgrabungen

Grautonige Irdenware	(400)
Einfache, graue Ware gröberer Machart	(450)
Einfache, rot gemantelte graue Ware	(457)
Einfache, graue Ware besserer Machart	(470)
Sammelgruppe verzierter, grautoniger Keramik	(450 /470)
Rauhwandige, metallisch glänzende, graue Ware	(475)
Einfache, schwarz engobierte, graue Ware	(460)
Einfache, graue, grünlich gefleckte Ware	(440)
Feine, graue Ware jüngerer Machart	(481)
- helltonige, weißlichgraue + blaugrau-gepunktete Ware	(481)
- helltonige, metallisch glänzende Ware	(481)
- helltonige, gelb + rötlich durchscheinende, graue Ware	(481)
- klingend hartgebrannte, graue Ware	(490)
Gelbtonige, unglasierte Irdenware	(350-360)
- Variante mit kreidiger, weißlichgelber Oberfläche	
- Variante mit gelbem Tonkern und ockerfarbiger Oberfläche	
- Variante mit körniger Oberfläche und ockerfarbenem Tonkern	
- Variante mit sehr hartem Brand	
Bleiglasierte Irdenware	(800)
Zieglerware	(900)
Ältere Keramik	(100-300)
Frühes Steinzeug	(500)
Helltoniges Frühsteinzeug mit ungleichmäßiger in Flecken bräunlicher, grünlicher bis braunroter Glasur	(560)
Gelbtoniges Frühsteinzeug mit matter, braunroter Lehmglasur	(570)
Hellgrautoniges Frühsteinzeug mit gelber Mantelung und braunroter, matter Lehmglasur	(530)
Steinzeugartige gelbgrau gefleckte Ware	(590)

3.1.3. Uferstraße

In der Uferstraße[94] wurde u.a. ein Grubenhaus angeschnitten (Fdst. 6 b), das mit Brandschutt zugefüllt war (Schicht 1). In dieser Schicht wurde neben verbranntem Lehm, Steine, Glas, Keramik auch eine Münze gefunden. Die Münze wurde nach der Bestimmung von Prof. Berghaus (Münster) der Abtei Corvey[95] zugeschrieben und in die Zeit zwischen dem Ende des 11. - Anfang 12. Jhdt. datiert. Auf diese unterste Schicht folgten

---

[94] Literaturgrundlage ist die Magisterarbeit von H.-G. Stephan 1973, 33/34, es handelt sich um FO 67: Kanalisation der Uferstraße.

[95] Ludwig der Fromme verlieh der Abtei Corvey kurz nach ihrer Gründung um 833 das Markt- und Münzrecht (P. Berghaus / P. Ilisch 1974/85², 3). Das Benediktinerkloster lag etwa 6 km nordöstlich von Höxter (H.-G. Stephan 1973, 117).

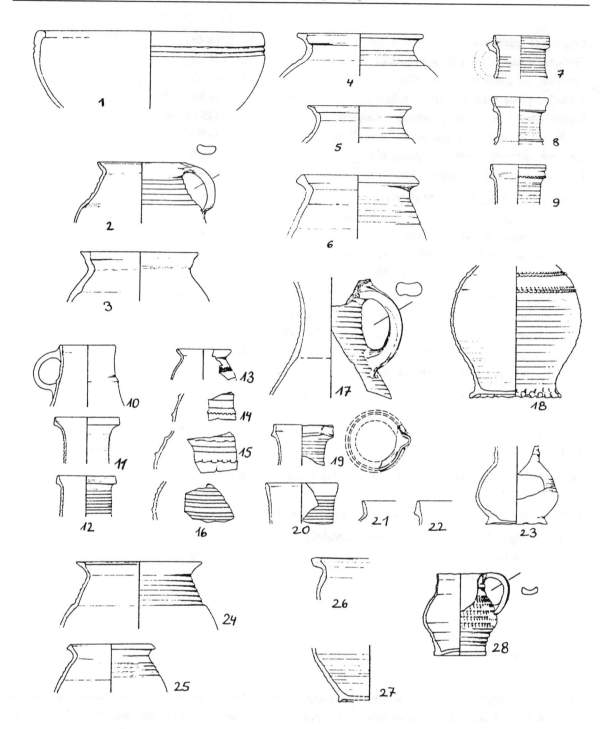

Abb. 38: HÖXTER - Weserstraße 1

1 einfache, graue Ware gröberer (450); 2+3 besserer Machart (470); 4-6 klingend hart gebrannte, graue Ware (490); 7-16, 18 manganviolettes und braunrotes, grautoniges Frühsteinzeug (550); 17, 19-23 helltoniges Frühsteinzeug mit hellbrauner, fleckiger Salzglasur in früher Siegburger Machart (510); 24-28 helltonige, gelb und rötlich durchscheinende graue Ware. M 1:4,2
(H.-G. Stephan 1979, 204 (1), 206 (2-6), 211 (28), 213 (24-27), 215 (17-23), 216 (7-16))

Kap. III - Altstadtgrabungen

mehrere Brand- und Lehmschichten eines Kellers (Abb. 39a). Eine weitere Münze wurde in der Brandschicht 4 gefunden mit einer hohen Konzentration von Keramikscherben.

Die Münze ist vom Typ Dbg 740,[96] ein halbierter Pfennig, und wird der Zeit 1070-1110 zugeschrieben. Eine dritte Münze fand sich in der letzten mittelalterlichen Schicht (12), die aber nicht näher bestimmt wurde.[97] Es gibt keine Abbildungen von den Münzen. Da es sich jeweils nur um Einzelmünzen handelt, die ohne weiteres auch aus jüngeren Schichten durchgefallen sein könnten, legt H.-G. Stephan besonderen Wert auf die Stratigraphie (Abb. 39a).[98] Verfasserin hat versucht, die Entwicklung der Straten über die Harris-Matrix sichtbar zu machen (Abb. 39b).

Es wurden insgesamt 15 Schichten freigelegt, von denen 4 Schichten sicher keramikführend waren und eine (Schicht 3) "eingetretene" Scherben enthielt.[99]

Bei der Übersetzung in die Matrix ergaben sich zunächst technische Schwierigkeiten. Text- und Abbildungsangaben stimmen nicht überein. Die Abbildung ist ohne Legende versehen, Hinweise auf die Abbildungen fehlen; die vollständige Inventarbeschreibung findet man erst in der Synchronisation zweier Textstellen; schließlich sind nur die mittelalterlichen Schichten abgebildet, die neuzeitlichen (13-15) fehlen. Bei der Profilzeichnung handelt es sich offenbar nur um einen Ausschnitt, da laut Text der Schnitt 6,60 m lang war und nur ca. 3,00 m abgebildet sind (Höhen- und Flächenmaße fehlen gänzlich). Erschwerend kam hinzu, daß es keinen Flächenplan der einzelnen Schnitte gibt.

Nachdem nun die Hürde dieser Identifikation genommen war, zeigte sich ganz deutlich, daß mit der Harris-Matrix bessere Ergebnisse am offenen Schnitt erzielt werden können. Gerade auch, weil die Profilskizze nur einen Ausschnitt repräsentiert, bleiben Fragen nach der Gleichzeitigkeit bzw. dem Nacheinander offen.

Mögliche Stratenbildung:

Da der gewachsene Boden (Schicht 0) bis zur Schicht 5 ansteht, sind die Schichten 9-10 vor 5 gebildet worden, eventuell auch die Schichten 1-3. Es läßt sich aus der Zeichnung nicht klären, ob

a) die Schicht 5 durch Schicht 4 zerstört wurde,

b) Schicht 5 eventuell der Ausgangshorizont für die Bildung der Schichten 1-3 war und

c) ob sich Schicht 5 parallel zu Schicht 4 oder später gebildet hat.

---

[96] Dbg 740 = Dannenberg Nr. 740.

[97] H.-G. Stephan läßt offen, warum die Münze nicht bestimmt wurde.

[98] Es gibt in allen Veröffentlichungen über Höxter nur 5 Abbildungen von Stratigraphien, die bis auf eine, keine absolut datierenden Materialien enthielt (Magisterarbeit H.-G. Stephan 1973, Taf. 20 + 21). Es handelt sich um die Stratigraphien der FO: 67/6b (Kanalisation Uferstraße), 60 (Heiligengeiststraße), 46 (Bahnhofstr. 20), 47 (Corveyer Allee), 40 (Grubestraße 3).

[99] Außer einem Kugeltopfgefäß (H.-G. Stephan 1973, Taf. 5) gibt es keine Abbildung der Keramik aus dieser Fundstelle.

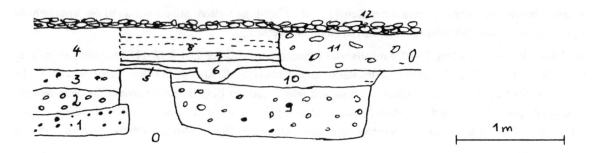

Abb. 39a: HÖXTER - Uferstraße
Fundort 67, Fdst. 6b - Ostprofil (H.-G. Stephan 1973, Taf. 21.2)

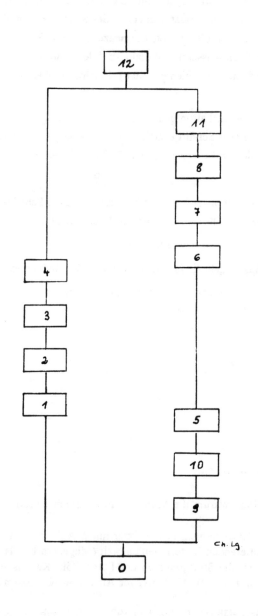

Abb. 39b: Umsetzung der Profilskizze in die Harris-Matrix

Im Falle a) bedeutet das, daß die Schichten 9 + 10 älter oder gleichzeitig mit den Schichten 1-3 sind[100] und Schicht 4 jünger als Schicht 5.

Im Falle b) bedeutet das, daß die Schichten 9 + 10 älter als die Schichten 1-3 sind und zur Zeit des Laufhorizontes 5 (Lehmboden) der "Keller" mit den Schichten 1-3 gebildet wurden. Parallel oder später konnten die Schichten 6 + 7 aufgetragen worden sein (2 + 6 sind Brandschichten, 3 + 7 sind Lehmböden).

Im Falle c) bedeutet das, daß die Schichten 1-3 + 9-10 älter als die Schichten 4 + 5 sind, ohne die Beziehung untereinander zu berücksichtigen.

Da die Beziehung der Schichten 1-3, 5, 9+10 untereinander nicht eindeutig aus der vorliegenden Skizze zu klären ist, wird hier schon eine Schwachstelle der Harris-Matrix sichtbar. Diese Fragen könnten 'problemlos' im Grabungsprofil geklärt werden. Eine zweite Schwachstelle ist die Darstellung der Schichtbeziehungen, eine mögliche Parallelität der Schichten ist nicht darstellbar.

Eindeutig sind die Beziehungen:

0 zu 1 zu 2 zu 3 zu 4 zu 12
0 zu 9 zu 10 zu 5 zu 6 zu 7 zu 8 zu 12
0 zu 9 zu 10 zu 11 zu 12

Sie sagen ein Nacheinander aus.

Nachdem die Möglichkeit erwogen wurde, daß die Schichten 1-3 und 6/7 parallel gebildet worden sein könnten, kann es auch durchaus sein, daß die Schichten 6-8 und 4 parallel aufgeschüttet wurden. Die scharfe Trennlinie zwischen 4 und 5-8 deutet auf eine bewußte Trennung; die Stratenbildung kann gleichzeitig, aber auch nacheinander erfolgt sein.

Es besteht ebenso die Möglichkeit, daß die Straten 1-4 genauso wie Schicht 11 nach Schicht 8, aber vor Schicht 12 gebildet wurden. Das würde allerdings nur einen Sinn ergeben, wenn das "Kellerfundament" mit 2 Brandschichtlagen und dem Lehmboden angelegt wurde und die Verfüllschicht 4 in relativ kurzer Zeit folgte, denn bei einem langen Benutzungszeitraum hätten sich sonst mehr Schichten über 8 ablagern müssen.

Konkreter werden die Aussagen wieder für die Schichten 11 und 12. Das Sollingsteinfundament 11 wurde nach der Schicht 8 angelegt, da dieses die Schicht 8 schneidet. Ob das Fundament 11 und die "Kellerzufüllung" 4 zeitlich nacheinanderliegen oder gleich, kann wieder nur spekuliert werden. Auf jeden Fall wurde die letzte abgebildete Kulturschicht 12 nach den Schichten 4 + 11 aufplaniert.

Vergegenwärtigen wir uns noch einmal die Fundlage der Münzen (Schicht 1 und Schicht 4). Nach der Bestimmung der Prägezeit kamen sie im gleichen Zeitraum vor. Die Tatsache, daß es sich um Einzelfunde handelt und die mögliche Parallelität der Schichten 1+5, 2+6, 3+7, 4+8 bzw. 1-4 nach 8, sprechen eher für ein Durchrutschen der Münze aus einer jüngeren Schicht in die Schicht 1 oder, folgt man der Münzdatierung, sind die Schichten in sehr kurzer Zeit gebildet worden.

---

[100] Es wäre auch denkbar, daß die Schichten 9 + 10 nach 1-3 angelegt wurden; das hieße, daß nach dem "Kellerbau" eine Grube ausgehoben und verfüllt wurde. Der Ausdruck "Keller" steht in Anführungszeichen, weil Verfasserin die Interpretation des Ausgräbers übernommen hat.

Kap. III - Altstadtgrabungen

Inventar- und Schichtbeschreibung (H.-G. Stephan 1973, 34/55-56), Abb. 39a:

Schichten 13-15:	Neuzeitlich, nicht abgebildet und ohne Inventarbeschreibung.
Schicht 12:	Mittelalterliche Kulturschicht mit einer unbestimmten Münze, Keramik: Blaugraue Irdenware mit körniger Oberfläche
Schicht 11:	Fundament aus Sollingsteinen, kein Inventar
Schicht 10:	Brandschicht, anscheinend fundleer
Schicht 9:	Lehmboden, kein Inventar
Schicht 8:	Brandschicht, soll Sch. 6+7 stören, zeigt die Skizze nicht, Keramik: 1 Kugeltopfscherbe älterer Machart Scherben zweier Gefäße ziegelroter Ware Scherbe ockerfarbener, rauhwandiger Drehscheibenware 1 Scherbe feiner blaugrauer Ware 2 Scherben einfacher blaugrauer Ware 2 Scherben steinzeugartig hartgebrannt, Pingsdorfer Art
Schicht 7:	Lehmboden, kein Inventar
Schicht 6:	Brandschicht, Keramik: Einige Kugeltopfscherben älterer Machart
Schicht 5:	Lehmboden, kein Inventar
Schicht 4:	Brandschuttzufüllung, mit halber Münze (1070-1110), Keramik: Starke Konzentration, überwiegend Kugeltopfscherben älterer Machart, dünnwandig, "pickelige" Oberfläche, schwarz-dunkelbraun, z.T. schwach-rundlich umbiegende abgestrichene Ränder, z.T. mit Hohlkehlung. Kurz umbiegende profilierte Ränder rottoniger Töpfchen. 3 Scherben sorgfältig der geglätteten älteren und roten Kugeltopfware sowie der rauhwandigen Drehscheibenware 1 Scherbe der blaugrauen Ware Scherben eines Topfes der metallisch-glänzenden Irdenware 1 Gefäß der feinen helltonigen blaugrauen Irdenware
Schicht 3:	Lehmboden - darin "eingetretene" Keramik: Kugeltopfscherben älterer Machart 1 Scherbe steinzeugartig hartgebrannter Ware, Pingsdorfer Art 2 Scherben relativ schwach gebrannt, gröber gemagert und rauhwandig
Schicht 2:	2 Brandschichten des "Kellerfundamentes", kein Inventar

Kap. III - Altstadtgrabungen

Schicht 1: Branddurchwirkte Kulturschicht,
Inventar: Verbrannter Fachwerklehm, Steine, Glas, Münze (11.- 12. Jhdt.) und
Keramik: 17 Kugeltopfscherben älterer Machart, dünnwandig und rauh, Sandsteinmagerung, grau, dunkelbraun, schwarz, ockerfarbend, rotbraun poliert
5 Scherben ziegelroter Ware mit z.T. glattem, leicht umbiegenden Rand
7 Scherben rauhwandiger Drehscheibenkeramik
2-3 Scherben blaugrauer Kugeltopfware

Schicht 0: Anstehender Boden

3.2. Bewertung der chronologischen Grundlagen

Die Münzen der Marktstraße 3 waren zusammen mit dem anderen Inventar und der Kellerwand starkem Brand ausgesetzt. Daher gewinnt die Annahme an Gewicht, daß die Münzen nicht aus einer ortsfremden Brandschicht stammen, d.h. aus anderem Brandschutt, der als Verfüllung in diese "Kellerschicht" hineingetragen wurde.[101]

Die Schicht wird nach dem ältesten Prägedatum der jüngsten Münze (1272)[102] als Terminus post quem für die Beifunde datiert. Nach den neueren Untersuchungen bedeutet diese jedoch **1306**.

Nach dieser Befundsituation gehört der oben erwähnte Keramikkomplex in das 14. Jhdt. ohne nähere Differenzierung für die einzelnen Warenarten.[103]

Ein Terminus post / ante quem sollte als absolutdatierend immer mit Vorsicht betrachtet werden, da der Charakter relativ-datierend ist. Ein Ereignis hat zwar vor oder nach einem bestimmten (und damit absolut-datiertem) Zeitpunkt stattgefunden, dieser Zeitpunkt selbst kann aber nicht auf das Ereignis direkt übertragen werden; es können wenigstens noch Jahrzehnte dazwischen liegen.

Von den 3 Münzen aus der Marktstraße haben nur zwei Aussagekraft (Corveyer Pfennig des Abtes Ruprecht 1306-1336 und der Hälbling des Bischofs Simon / Brakeler Edelherren 1247-1277). Diese Münzen datieren die in der Schicht enthaltenen Funde ohne nähere Differenzierung nach Keramiktypen nach 1306. Die dritte Münze ist dermaßen stark beschädigt, daß nur eine grobe Datierung möglich ist.

---

[101] Die Richtigkeit dieser Annahme kann nicht bis ins Letzte geklärt werden. Der Nachweis, daß in der näheren Umgebung dieses mittelalterlichen Hausbrandes in vorangegangener Zeit kein anderer Brand stattgefunden hatte, von dem die Münzen eventuell stammen könnten und über die Auffüllschicht in den vorliegenden Brandhorizont gelangten, würde die Annahme des geschlossenen Fundes bekräftigen.

[102] H.-G. Stephan gibt mit 1272 [korrigiert 1306] den frühest möglichen Termin der Münzniederlegung an, wahrscheinlicher ist aber eine längere Zeit nach dem ältesten Prägedatum der jüngsten Münze, vgl. Kap. II.4 - Die Münzdatierung.

[103] Eine für das 13. Jhdt. angenommene Datierung des Siegburger Steinzeugs aus Höxter, aufgrund des ältesten Prägedatums der 3 Münzen (1272) ist nicht gegeben, siehe Korrektur. Da die Münzdatierung nur einen winzigen Einblick in die Laufzeit der Keramikherstellung gewährt, ist nicht auszuschließen, daß der Beginn des Steinzeugs auch früher liegen könnte, bewiesen ist es jedoch über obigen Befund nicht!

Aufgrund der Münzen aus der Weserstraße 1 sieht H.-G. Stephan zunächst eine Zufüllung der Schicht um 1270, und möchte zusätzlich eine historische Überlieferung von 1271 auf diesen Befund beziehen, weil auf den Nachbargrundstücken (Uferstr.[104] / Kilianikirchplatz und Rathausplatz) ebenfalls Brandschichten und identisches Keramikmaterial gefunden wurden, wohlwissend, daß ein historisch überlieferter Brand (in diesem Falle die Brandschatzung des Paderborner Bischofs Simon) kaum in den archäologischen Befunden wiederzuerkennen ist.

Gerade in Höxter gab es einen guten Baugrund (Auelehm und Kiessande), der zu reger Bautätigkeit auf gleichen Parzellen anregte. Damit wurden ältere Fundamente immer wieder zerstört oder vermischt. Größere Brände hat es in mittelalterlichen Städten oft gegeben, da die Häuser überwiegend aus leicht brennbarem Material bestanden und die Bebauung recht eng war (H.-G. Stephan 1973, 45).

H.-G. Stephan datiert die Keramik in das 13. Jhdt., wobei er für die gerieften Kugeltöpfe den Beginn um 1200 wählt. Er begründet dieses mit den Funden auf der Wildburg (1162), die keine geriefte Ware hat, aber das Münzschatzgefäß[105] von Bokel bei Bremerhaven (O. Meier 1932) eine geriefte Kanne bildet und dieser Fund über die Schlußmünze um 1220 datiert wird. Ein weiterer auswärtiger Vergleichsfund stammt aus Lübeck. In der holzausgesteiften Grube des Heilig-Geist-Hospitals wurde überwiegend geriefte Keramik freigelegt, die Grube ist dendrochronologisch auf 1235 $\pm$ 5 Jahre[106] datiert (H.-G. Stephan 1979, 200).

Solange diese weitläufigen Funde die Höxteraner Datierung stützen müssen, sollte mit Vorsicht argumentiert werden. Es mögen ohne weiteres lokale Eigenarten dafür sprechen, daß es auf der Wildburg keine geriefte Ware gab, weil die Burgbewohner andere Gewohnheiten gehabt haben könnten als die Städter.

Für das Steinzeug sucht H.-G. Stephan Vergleichsmaterial in der Siegburger Aulgasse (H.-G. Stephan 1979, 200), die jedoch absolut-chronologisch nicht gesichert ist, vgl. Kap. VI.5 - Siegburg.

Da es sich um eine dickere Brandschuttschicht handelt, muß sie nicht am Ort gebildet worden sein. Sie kann auch von anderer Stelle stammen und als Planierungsmaterial fungiert haben. Aus dem oberen Bereich der Kulturschicht stammt eine Münze ähnlich denen im unteren Bereich. Eine Durchmischung des Materials kann nicht ausgeschlossen werden. Die Bestimmung der Hohlpfennige erweist sich in der Regel als schwierig, da sie v.a. im 13. / 14. Jhdt. schlecht bzw. stumm geprägt sind, und eine vermeintlich lange Umlaufzeit besitzen, infolge der Variationslosigkeit in der Prägung (mündlich G. Hatz).

Für die Einbindung in eine absolute Keramikchronologie sollte ein sicherer Befund angestrebt werden.

Und schließlich sollen die Befunde aus der Uferstraße ausgewertet werden. Die Stratigraphie und die Münzen beweisen letztendlich, daß keine größeren Datierungszeiträume erfaßt werden konnten und für die Datierung des keramischen Inventars nicht dienlich sind.

---

[104] Die Münzen, die hier gefunden wurden, sind älter (1070-1110), außerdem sind mehrere Brandschichten identifiziert worden.

[105] Auftretende Schwierigkeiten bei der Datierung der Münzschatzgefäße, vgl. Kap. II.4 - Die Münzdatierung.

[106] Der Bau der holzausgesteiften Grube soll nach dem Dendrodatum um 1235 $\pm$ 5 Jahre entstanden sein. Es folgte der Steinbau des Hl. Geist-Hospitals für die Zeit 1286-1302 (keine Angaben über diesen Zeitansatz). In der Grube konnten Straten identifiziert werden mit verschiedenartiger Keramik: Blauschwarze geriefte Kugeltöpfe, Grapen, Kannen, Krüge und Schüsseln, verteilt auf die Schichten IIa-IVc (I war fundleer). Die Grube enthält nach P. Hartmann somit Keramik aus der Zeit 1235-1300 (offensichtlich durch Dendrodatum und Nachfolgebau datiert). Die Straten IIa-IVc werden jedoch typologisch durch die Keramik datiert (P. Hartmann 1976, 174-176).

Die Keramikfunde der Schichten 1, 3, 4, 6, 8 und 12 sind relativ homogen; sie erwecken jedoch den Eindruck einer leichten quantitaven Verschiebung (von 1 zu 12) zu Ungunsten der Kugeltöpfe älterer Machart. Alle anderen Warenarten kommen in so kleinen Mengen vor, daß eine statistisch-chronologische Auswertung nicht angebracht erscheint, und dementsprechend auch keine detaillierten chronologischen Aussagen getroffen werden sollten.

Der Befund läßt sich bezüglich der Datierung durch Münzen und Schichtabfolgen nicht zweifelsfrei klären, darum sollte dieser Befund als nicht absolut datiert eingestuft werden. So hängt die gesamte absolute Keramikdatierung Höxters an den **beiden** bisher veröffentlichten Münzen aus der Marktstraße 3!

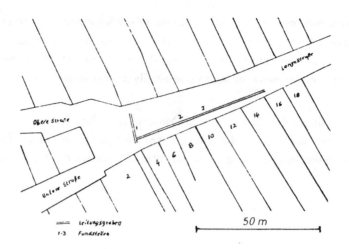

Abb. 40a: ADELEBSEN, Ldkrs. Göttingen - Lageplan, Lange Straße
(E. Schröder 1985, 62, Abb. 1)

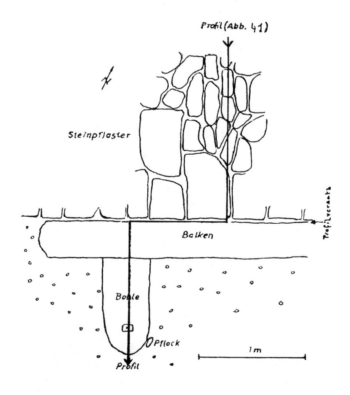

Abb. 40b: ADELEBSEN, Ldkrs. Göttingen - Mittelalterliches Straßenpflaster (Aufsicht)
(E. Schröder 1985, 63, Abb. 2)

IV. ANWENDUNGSBEISPIELE - WÜSTUNGEN

1. Adelebsen

Adelebsen ist ein kleiner Ort etwa 10 km nordwestlich von Göttingen. Bei Wasserleitungsverlegungen in der Langen Straße wurde 1984 ein mittelalterliches Straßenpflaster entdeckt und randlich angeschnitten (Abb. 40a+b). Bei weiteren Erdbauarbeiten bis 1989 fand sich u.a. eine hölzerne Wasserleitung, die dendrochronologisch auf 1266 datiert wurde (K. Grote / E. Schröder 1989, 205), die hier jedoch nicht weiter untersucht wird, da sie nicht im Zusammenhang mit Keramikfunden stand.

Anders steht es mit dem bereits erwähnten Straßenpflaster, das teilweise auf eine hölzerne Substruktion gesetzt war. Keramikscherben[107] fanden sich sowohl auf dem Pflaster als auch zwischen der Pflasterung und dem Unterbau (E. Schröder 1985, 64).

1.1. Der dendrochronologische Befund

Das Straßenpflaster zeigte eine gleichmäßige Setzung und war randlich durch eine dreieckige Bohle (Eiche) abgestützt. Unter dem Pflaster verlief ein langer Balken (Eiche), in dem Pflöcke eingesetzt waren, die wiederum die dreieckige randliche Bohle vor einem Wegrutschen bewahrte, Abb. 41.

Diese einheitliche Konstruktion trat aber nur an dieser (1. Stelle) und an einem 12 m entfernten Fundort (2. Stelle) auf. Eine solche Substruktion wurde nicht auf der gesamten Länge der Straße festgestellt (E. Schröder 1985, 68). Möglicherweise war nur hier der Untergrund besonders feucht.

Die Bohle	der 1. Stelle auf 1237,	
der Balken (ohne Waldkante)	der 1. Stelle auf 1210	± ca. 20 Jahre,
der Balken (ohne Waldkante)	der 2. Stelle auf 1214[108]	± ca. 20 Jahre datiert.

Die Balken weisen keine weiteren zu einer Vorgängerverbauung gehörenden Bearbeitungsspuren auf. Es sind auch keine Reste ehemaliger Bohlwege als Vorläufer zu diesem Pflaster festgestellt worden (E. Schröder 1985, 68).

1.2. Bewertung der chronologischen Grundlagen

Für die Keramik auf dem Pflaster bedeutet das dendrochronologische Datum: Terminus post quem. Jedoch ist nicht bekannt, wie lange die Straße Laufhorizont gewesen ist. Die Begrenzung des Benutzungszeitraumes ist nur einseitig gegeben.

---

[107] Außer den Keramikscherben wurden auch noch andere Abfallreste (Leder, Knochen, Holz) ausgegraben.

[108] Dendrologisch gehören beide Balken zum selben Baum, vgl. E. Schröder 1985, 68.

Historische Hinweise über ein Straßenpflaster in Adelebsen gibt es erst um 1270. Bei der Keramik auf dem Straßenpflaster handelt es sich um:

> Wenige Scherben der hellen grautonigen Irdenware, sporadisch auftretendes "braunpockiges" Protosteinzeug und um graue Siegburger Ware (E. Schröder 1985, 67).

Diese Keramik wurde nach der allgemein bekannten Keramikchronologie eingeordnet und darüber die Bestätigung des dendrochronologischen Alters vermerkt.

Differenzen gibt es mit der chronologischen Einordnung der dünnen Abfallschicht zwischen der Pflasterung und der hölzernen Konstruktion. Es konnte während der Grabung nicht mehr rekonstruiert werden, ob diese Funde von der Oberfläche des Pflaster stammten und durchgerutscht waren, oder ob sie als 'Unterlager' zwischen den Baustoffen Holz und Stein dienen sollten.

Von der chronologischen Seite betrachtet, hätte sich ein exakter Zeitpunkt für das Bestehen dieser Keramikwarenarten ergeben, allerdings ohne die gesamte Laufzeit / Produktionszeit dabei zu erfassen. Es ist aber zweifelhaft, ob die Keramikscherben der hellen grau- und gelbtonigen Irdenware eine exakte Typenbestimmung zugelassen hätten. Eine nähere Beschreibung oder Abbildung der Keramik ist nicht veröffentlicht.

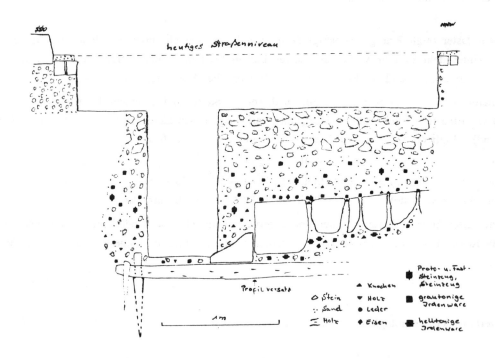

Abb. 41: ADELEBSEN, Ldkrs. Göttingen
Lange Straße 8, mittelalterliches Straßenpflaster (synoptisches Profil), s.a. Abb. 40
(E. Schröder 1985, 65, Abb. 3)

Kap. IV - Wüstungen

2. Bernshausen

Bernshausen gehört auch zu den wenigen Grabungsprojekten Südniedersachsens, bei denen in den letzten 10 Jahren eine ^{14}C-Untersuchung durchgeführt werden konnte. Es handelt sich um eine mehrphasige Anlage, die aus unterschiedlichen Burgbereichen besteht:

Bereich I: Curtis (Haupthof eines adeligen, grundherrschaftlichen Wirtschaftsverbandes - K. Grote 1986a, 1) mit nachfolgender Niederungsburg (Kern- und Hochmotte) nordwestlich der Curtis.

Bereich II: Siedlungsgelände, das südlich an die Curtis anschloß.

Bereich III: "Fluchtburg" ganz im Süden der beiden o.g. Bereiche (K. Grote 1988a, 63).

Diese 3 Bereiche liegen auf einer Lößzunge am Ostufer des Seeburger Sees im unteren Eichsfeld, Ldkrs. Göttingen (Abb. 42).

Historische Urkunden weisen daraufhin, daß in oder bei Bernshausen herrschaftliche Anlagen bestanden haben müssen, s.w.u.

Im Fundgut konnten weder Münzen noch dendrochronologisches Material geborgen werden. Stratigraphisch ließen sich zwei Bauphasen der Burganlage III (K. Grote 1988a, 62-84) und 6 Besiedlungsphasen der Motte (K. Grote 1986b, 226/227) nachweisen.

Da seit 1979/80 die Fläche ackerbaulich genutzt wurde, traten Störungen im oberen Bereich der jüngeren Burgphase auf. Dadurch wurde auch das Fundmaterial relativ weitläufig verstreut, vgl. Abb. 42 (K. Grote 1985a, 91).

Da nur von der Burganlage III ^{14}C-Daten vorliegen, wird ausschließlich dieser Bereich im folgenden betrachtet, und die absolute Datierung des keramischen Materials aus den physikalisch datierten Fundschichten überprüft.

2.1. Die Radiokarbon-Befunde

2.1.1. Die ^{14}C-Datierungen des Seeburger Sees

Bei der Untersuchung der Entstehungs- und Entwicklungsgeschichte des Seeburger Sees (H. Streif, 1970) konnte festgestellt werden, daß es unterschiedliche Ausdehnungsphasen des Sees infolge von Salzauslaugungen gegeben hat. Ein damit verbundener Seespiegelanstieg hatte die Überschwemmung der Niederungsgebiete zur Folge. Um eine zeitliche Einstufung des Vorganges zu erhalten, wurden aus dem südlich gelegenen überfluteten Bruchwald (Ho1) und dem Niedermoortorf (C3) ^{14}C-Proben genommen (H. Streif 1970, 67).

Bei der Probe Ho1 handelt es sich um einen noch im Seeboden verwurzelten Erlenstamm von ca. 20 cm Dicke, aus dessen Kern die Probe stammt.[109]

Das Alter der Probe (Ho1) lag um 1125 ± 95 BP ≙ 775-1015 cal. AD.

Das Alter der Probe (C3) lag um 1365 ± 75 BP ≙ 604- 765 cal. AD.[110]

---

[109]   Freundliche Mitteilung von Herrn Dr. Streif.

[110]   Die Kalibration der Daten erfolgte durch Herrn Prof. Geyh.

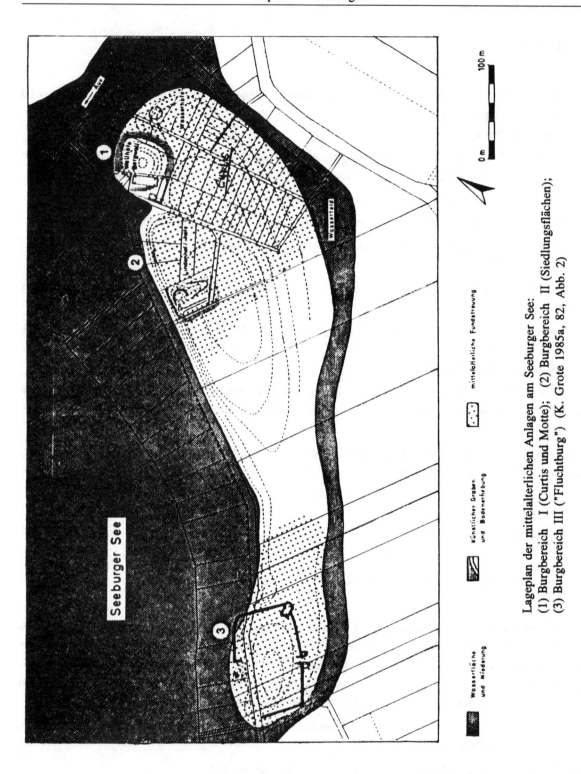

Abb. 42: BERNSHAUSEN, Ldkrs. Göttingen

Kap. IV - Wüstungen

2.1.2. Die ^{14}C-Datierungen der archäologischen Anlage

Die Basisschicht (Schicht 7) des Spitzgrabens (Bau I) enthielt neben Keramik auch organisches Material wie Pflanzen- und Tierreste sowie Holz, das der Isotopenuntersuchung unterzogen wurde. Verfüllt wurde er wahrscheinlich etappenweise, worauf die Sohlgrabenerneuerung (Schicht 3) hinweist (K. Grote 1985a, 98), vgl. Abb. 43.

Die gewonnenen Ergebnisse zeigten jedoch klar, daß es sich um sekundäre Einlagerungen handelte und für eine Schichtdatierung unbrauchbar waren (K. Grote 1985a, 98).[111]

Aus diesem Grunde wurden noch einmal zwei Proben aus einer höher gelegenen Schicht des Grabens genommen, die einwandfrei ungestört von Einschwemmungen war, und zwar aus dem Torbereich der älteren Befestigung. Hier verlief der Graben flacher und enthielt in seiner untersten Lage eine starke Brand- und Kulturschicht. Nach Ansprache im Grabungsbefund soll die Brandschicht "sicher autochthon" (an Ort und Stelle) gebildet worden sein (^{14}C-Antrag vom 24.10.1984).

Aus dieser Schicht wurde auch Holzkohle zur ^{14}C-Untersuchung nach Hannover geschickt, es handelt sich um folgende Proben:

Hv 13275 (Fdnr. 831) Hk, T: 0.8-1.0 m = **615-675 n. Chr.** (19.10.84).

Hv 13968 (Fdnr. 849) Hk, T: 0.9-1.0 m = **690-980 n. Chr.** (20.10.85).

In der Schicht fanden sich weichtonige, überwiegend ziegelfarbene, hand- und drehscheibengefertigte Keramikscherben (Abb. 44).

Über diesen Teil des verfüllten Grabens gibt es keine publizierte Profilabbildung,[112] sondern lediglich über den östlichen Teil des Grabenverlaufs (Abb. 43) sowie Pläne der einzelnen Bauphasen (diese ohne Schnittnumerierungen und Profillagen), Abb. 45 + 46.

2.2. Bewertung der chronologischen Grundlagen

Die limnologischen ^{14}C-Daten des 7.- 11. Jhdts. gelten als Terminus post quem für den Seespiegelanstieg, wobei die Transgression von W nach O verlief.[113]

Mit dem Seespiegelanstieg bildete sich die im Osten gelegene Lößzunge als vorgelagerte Insel heraus, wodurch die östliche Aueniederung[114] flußartigen Charakter erhielt, Abb. 42.

---

[111] Aus Schicht 8 (Abb. 43) wurde ein bearbeitetes Holzbrett (Hv 12160) und aus der Schicht 7 ein Ast (Hv 12161) untersucht: Hv 12160 (Fdnr. 90), Tiefe 2.30 m = 465 ± 90 n. Chr. Hv 12161 (Fdnr. 91), Tiefe 1.90 m = 215 ± 230 v. Chr.
Diese Angaben stammen aus dem Kommentar zum ^{14}C-Antrag vom 23.12.1983; vgl. auch K. Grote 1985a, 98.

[112] Herr K. Grote überließ mir freundlicherweise eine Kopie des unveröffentlichten Profils.

[113] Vgl. Anm. 109.

[114] Die Aue selbst durchfließt von Südwesten nach Nordosten den Seeburger See.

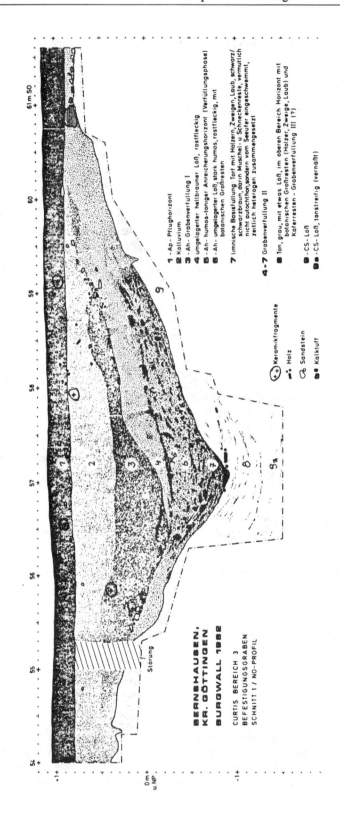

Abb. 43: BERNSHAUSEN, Ldkrs. Göttingen

Kap. IV - Wüstungen

Ganz im Südwesten dieser Lößzunge wurde eine zweiphasige Burganlage errichtet, die in ihrer ersten Bauperiode einer Holz-Erde-Konstruktion mit einem östlich vorgelagerten Spitzgraben (im Westen durch den See geschützt) entsprach. Die 2. Periode zeichnete sich durch einen Steinbau mit Eckbastionen über dem zugeschütteten Spitzgraben aus.

Wann die 1. Burg angelegt wurde, läßt sich aufgrund der historischen Quellen nicht exakt ermitteln. K. Grote versteht ihren Bau als "Fluchtburg" für die Bewohner der Curtis-Anlage, da sie wehrhaften Charakter zeigt, aber offensichtlich kaum Innenbesiedlung aufweist.

Die Curtis wird laut urkundlicher Erwähnung 1013 durch König Heinrich II. an das Bistum Paderborn verschenkt. Aus einer weit früheren Schenkungsurkunde (zwischen 836 und 845) geht hervor, daß es in "Bernhardeshusun" (Bernshausen?) Besitzungen gegeben hat, die die "Dame Albe" dem Kloster Corvey übereignete. Die Dame Albe wird dem Geschlecht der Immedinger zugeordnet, das in Bernshausen ansässig war. Die Besitzungen werden auf die dort vorgefundenen herrschaftlichen Anlagen bezogen (K. Grote 1985a, 1).

Es sind bisher keine Urkunden bekannt, die den Bau der gesamten Anlage nennen.

Die Überflutung der westlichen Seite der Burganlage I hängt sicherlich mit dem Seespiegelanstieg zusammen. Der ca. 400 Jahre umfassende Zeitraum, in dem die Seeausdehnung stattgefunden haben kann, ermöglicht aber nur eine grobe Datierung, die für mittelalterliche Aktivitäten nur vage zeitliche Anhaltspunkte bietet.

Die unkalibrierten ^{14}C-Daten aus dem Seeburger See (600-800 n. Chr.) veranlaßten K. Grote sicherlich zu der Überlegung, weitere Transgressionen zu einer späteren Zeit anzunehmen, weil nach der bisher üblichen Datierungsmethode der Keramik die Funde aus dem überfluteten Spitzgraben eher in das 10. Jhdt. weisen würden. Allerdings wird es schwierig sein, die Transgressionsschicht des Sees mit einer entsprechenden Schicht aus dem Graben gleichzusetzen, da die Sedimentationen in diesen unterschiedlichen Milieus verschiedenartig ablaufen.

Auch bei den Proben aus der Brandschicht im Torbereich der älteren Anlage ist die Schwankungsbreite der Datierung (7.- 10. Jhdt.) erheblich. Das bedeutet für die darin enthaltene Keramik eine zu grobe Zeitstellung, die die erhoffte exakte Zeitmarkierung nicht zuläßt.

Methodisch unzulässig erscheint es Verfasserin, daß die Daten der Brandschicht im Torbereich (Hv 13275) und der Einschwemmschicht im östlichen Teil des Spitzgrabens (Hv 12160) zu einem Mittelwert (615-675 n. Chr.) zusammengefaßt wurden, obwohl bisher nicht bewiesen ist, daß diese beiden Schichten dem gleichen Horizont angehörten. Es gibt weder ein durchgehendes Planum noch ein Profil über diesen Abschnitt (mündlich K. Grote).[115]

Für einen solchen sensiblen Kulturanzeiger, wie ihn die Keramik darstellt, 'reagiert' die Radiokarbonmethode als einzig benutzte Datierungsquelle zu unempfindlich. Deshalb wurde in Bernshausen neben einer "Anzahl ^{14}C-Daten" auch "...das Schema der südniedersächsischen früh- und hochmittelalterlichen Keramik-Chronologie" (K. Grote 1988a, 74) als Datierungshilfsmittel eingesetzt, ebenso bauhistorisch chronologische Aussagen.[116]

Schließlich soll nicht unerwähnt bleiben, daß vor den beiden Burgphasen eine noch ältere Besiedlung bestanden haben muß. Das geht aus den Gruben, Pfostenverfärbungen und der Art der Keramik hervor, die z.T. im Burginneren und z.T. unter dem Torbereich gefunden wurden (K. Grote 1985a, 92). Zeitlich wurden sie über den Vergleich einer passenden Epoche zugeschrieben.

---

[115] Das Zusammenfassen der Proben zu einem Mittelwert ist nachlesbar im Kommentar zum ^{14}C-Antrag vom 18.7.85.

[116] Die Schlußdatierung der Anlage setzt K. Grote um 1200 (Keramiktyp.) und die Bauweise / -art des Zangentores steht für die Zeit zwischen 800-1000 (K. Grote 1985a, 94).

Die im gesamten Burgkomplex I-III oberflächlich verstreuten, aufgesammelten und kartierten Keramikscherben wurden hier nicht näher betrachtet, weil sie stratigraphisch nicht eingebunden sind. Ebenfalls wurde die Keramik aus dem Bereich der Motte (I) nicht bearbeitet, weil sie nicht über absolut-chronologische Methoden datiert worden ist.[117]

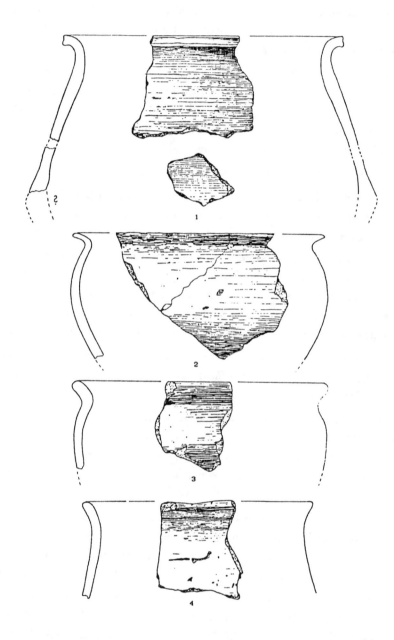

Abb. 44: BERNSHAUSEN, Ldkrs. Göttingen
  Keramik aus dem Bereich III, d.h. aus der Brand- und Kulturschicht des Befestigungsgrabens (1. Bauphase) vor dem Tor, vgl. Abb. 45:

---

[117] Eine ausführliche auswertende Publikation über die Bernshausener Grabung ist für die nächste Zukunft geplant (mündl. K. Grote).

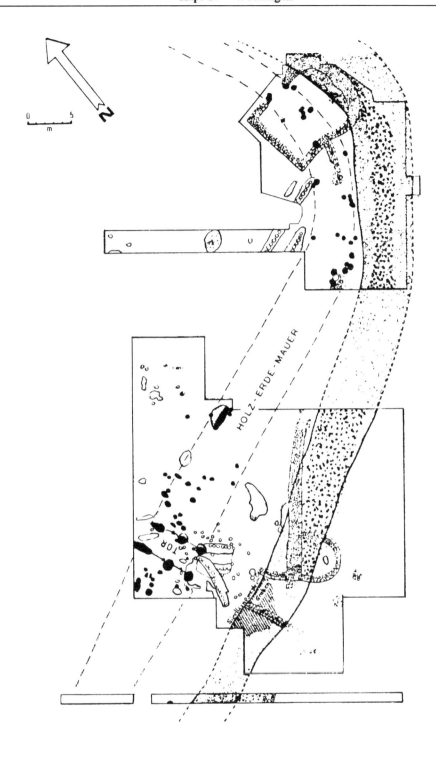

Abb. 45: BERNSHAUSEN, Ldkrs. Göttingen - Burgbereich III
hervorgehoben: 1. Bauphase (Holz-Erde-Mauer mit vorgelagertem Spitzgraben)
(K. Grote 1985a, 95, Abb. 9)

Kap. IV - Wüstungen

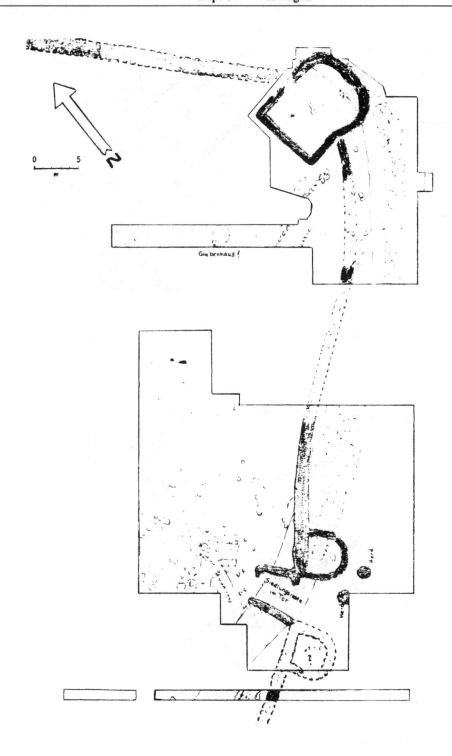

Abb. 46: BERNSHAUSEN, Ldkrs. Göttingen - Burgbereich III
hervorgehoben: 2. Bauphase (Steinmauer mit Eckbastionen) (K. Grote 1985a, 99, Abb. 12)

Abb. 47: DÜNA, Lkrs. Osterode. — Keramikfunde des Bachbettprofils (GS 1)

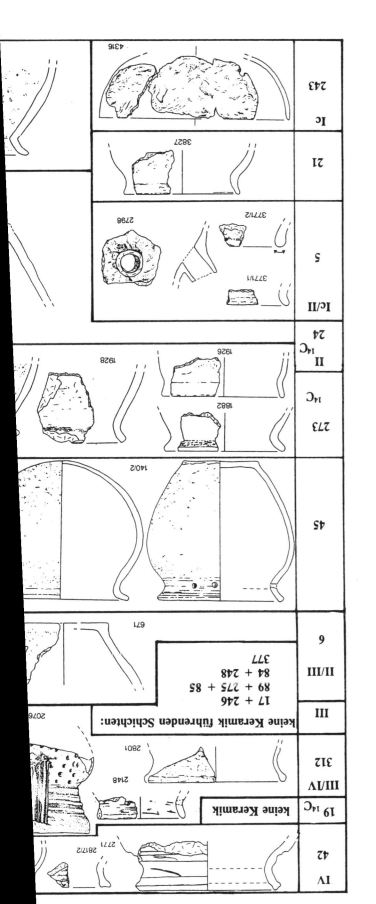
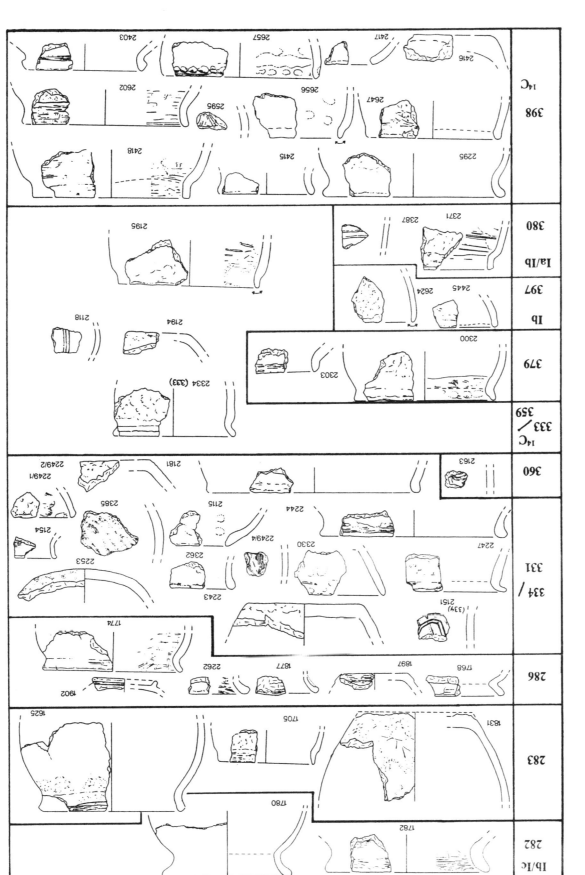
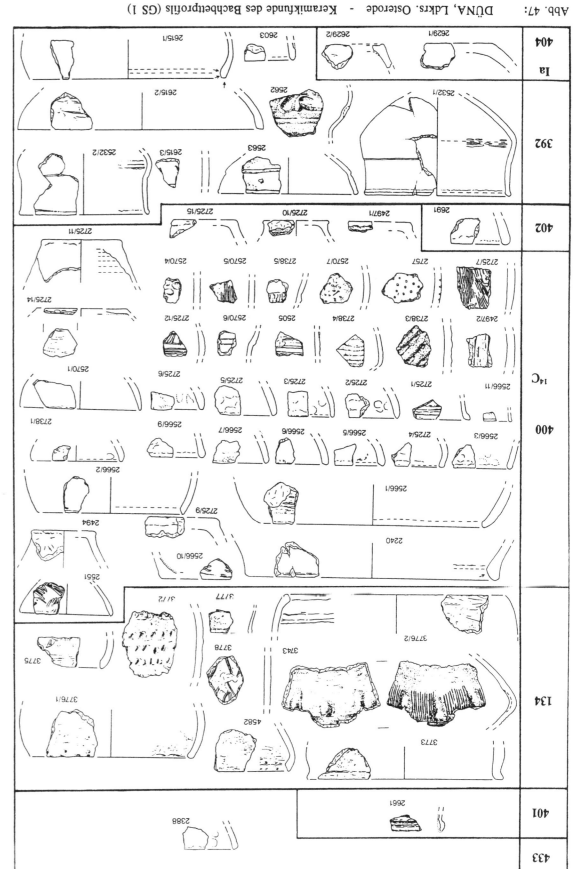

im Harz gelegen, gilt als mittelalterlicher Herrensitz an einer heute aufge-
1981-1985 systematisch ausgegraben wurde.
n Düna wurden exemplarisch naturwissenschaftliche Methoden u.a. für
rung eingesetzt (L. Klappauf 1985, 222).
n feuchten Untergrund (ehemaliger Zusammenlauf mehrerer Bacharme, die
ächlichen Nutzung als Wiese begünstigten die Konservierung der Befunde
Klappauf 1986, 46).
urden die Radiokarbon- und die Thermolumineszenz-Methode sowie die
Weitere Hinweise lieferten die historischen, numismatischen Quellen und die
bnisse für die absolute Keramikchronologie liefern, soll im folgenden

uppen 1-9 (Ränder, Boden- und verzierte Wandscherben, selten Gefäßtypen)
e 1990, 31).
Schalen, Kümpfe, Standbodengefäße und Kugeltöpfe (Abb. 47). In der
pen graublauer Ware auch frühes Steinzeug und Duinger Ware (L. Klappauf
r Keramik wird demnächst in einer Dissertation folgen (F. Both 1993).

rabungsschnitt I (GS I), der das Bachbett und den mittelalterlichen Herrensitz
49). Mehrere Schwemm- und Siedlungsschichten konnten bis zum Anstehen-
aufgeschlossen werden. Die Straten zeigen eine mehrmalige Aufschüttung /
d damit verbundene Verlegung der Bachläufe sowie mehrere Siedlungs- bzw.
Linke 1990, 2).[118] Es wurde nach natürlichen Schichten gegraben (F. Linke

n 5 Phasen rekonstruiert (L. Klappauf 1986, 48), vgl. Abb. 50 + 51:
izont des Herrensitzes
bäudeanbau (vermutl. Küche) aus Stein
des älteren Steingebäudes, Verlegung des Baches und Bau einer Wasserleitung
s Steingebäudes und Aufschüttung des Bachbetts
iedlung mit 3 Hofstellen (Holzbauphase)

berließ Verfasserin dankenswerterweise eine Kopie des bis dahin noch unver-
tprofils.

ng von L. Klappauf, 1986 (S. 48) gilt der Zerstörungshorizont noch als Phase
ublikation von 1990 gehören diese Schichten zur Phase IV, vgl. L. Klappauf /
. 57.

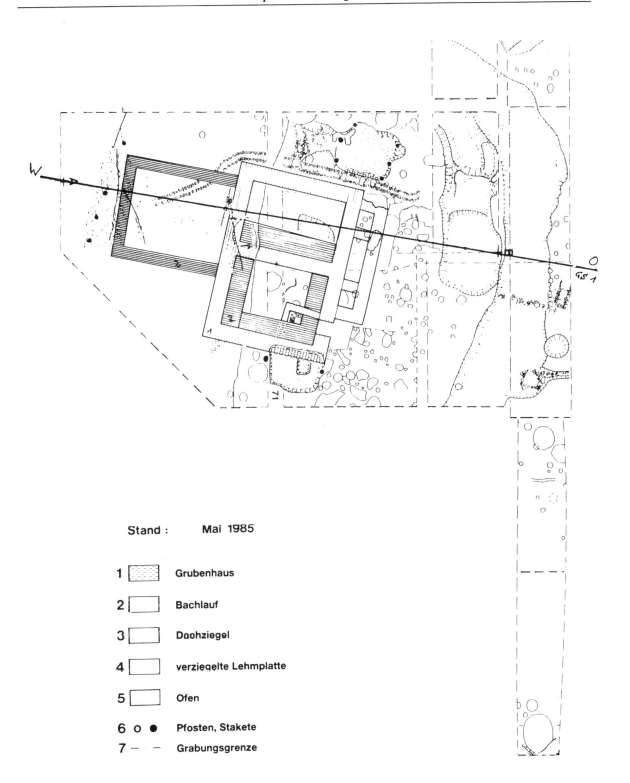

Abb. 48: DÜNA, Ldkrs. Osterode - Lage des Bachbettprofils (GS 1) im Grabungsplan (Ausschnitt) (L. Klappauf 1986, 49, Abb. 6)

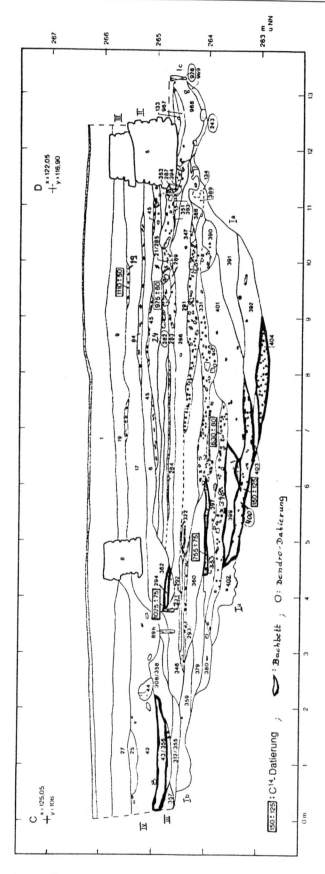

Abb. 49: DÜNA, Ldkrs. Osterode

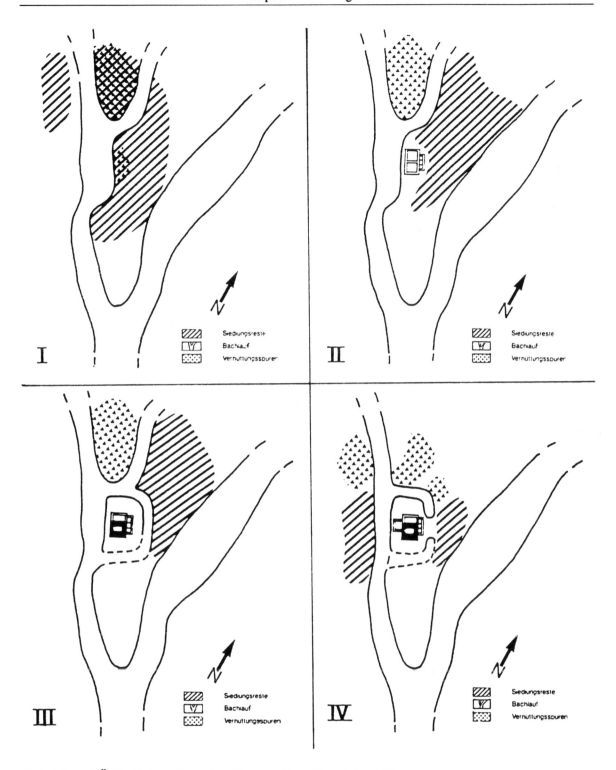

Abb. 50: DÜNA, Ldkrs. Osterode - Topographie während der 4 Phasen
Phase I: Lage der 3 Hofstellen auf der Halbinsel und dem westlichen Plateau
Phase II: Errichtung des Steingebäudes und Konzentration der Siedlung
Phase III: Erneuerung des Steingebäudes und Anlage eines Grabens im Osten
Phase IV: Errichtung eines Küchenanbaus, Erneuerung des Grabens und Dezentralisierung der Siedlung
(L. Klappauf 1986, 50, Abb. 2a-5a)

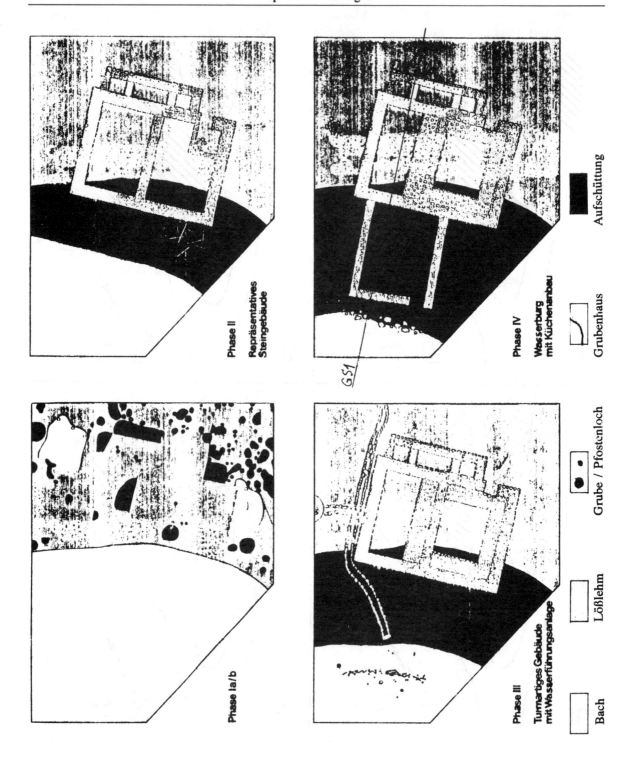

Abb. 51: DÜNA, Ldkrs. Osterode - Bau- bzw. Siedlungsphasen I-IV
Besiedlung der Phase I auf der späteren Insel
Besiedlung der Phase II auf der späteren Insel
Besiedlung der Phase III auf der zu diesem Zeitpunkt angelegten Insel
Besiedlung der Phase IV auf der Insel
(L. Klappauf 1986, 50, Abb. 2b-5b)

Folgende Schichten waren ehemalige Bachbetten (L. Klappauf / F. Linke 1990, Katalog S. 3-18):

(Phase V)	=	43
Phase IV	=	357
Phase III	=	294
Phase Ib	=	333
Phase Ia	=	399, 400, 404

Folgende Schichten zeigten Keramikfunde (vgl. Katalog 3-18):

(Phase V)	:	42, 43
Phase IV	:	312
Phase III	:	355
Phase III/II	:	6
Phase II	:	24, 45, 273
Phase II/Ic	:	5
Phase Ic	:	21, 243, 363, 968
Phase Ic/Ib	:	282
Phase Ib	:	283, 286, 293, 295, 331, 333, 334, 347, 359, 360, 379, 397, 441
Phase Ib/Ia	:	380
Phase Ia	:	134, 391, 392, 398, 399, 400, 401, 402, 404, 433

Keramik aus den einzelnen Schichten des Bachbettes (GS 1), vgl. Abb. 47

3.2. Die historischen Quellen

Die bisher bekannten historischen Nachrichten aus dieser Zeit sind, wie überall üblich, sehr spärlich. Es gibt eine Schenkungsurkunde des Jakobiklosters / Osterode aus dem Jahre 1286, aus der hervorgeht, daß 4 $^1/_2$ Hufen[120] Land plus Zubehör aus "Dunede" an das Kloster von mehreren Ministerialadeligen geschenkt wird.

Weitere Erwähnungen finden sich in Urkunden von 1329. Die Gebrüder Johann und Jordan von Dunede hatten Güter in Düna zum Lehen erhalten, aus denen sie Abgaben an das Kloster in Osterode entrichten mußten. In den Lehensurkunden von 1336 ändert sich der Name Dünas in "Donde" und 1372 in "Dunde".

Da nach 1372 offensichtlich keine weiteren Urkunden über Düna ausgestellt wurden, erwägt L. Klappauf, den Beginn der Wüstwerdung für das ausgehende 14. Jhdt. annehmen zu können. Erst um 1596 taucht "Dunede" in den Schriftstücken (Lehnsbrief von Herzog Heinrich Julius von Braunschweig-Wolfenbüttel an die Familie von Minningerode) wieder auf (L. Klappauf 1986, 13).

3.3. Die Radiokarbon-Befunde

Aus 6 unterschiedlichen Schichten des Bachbettprofils (GS1) wurden aus Holz bwz. Holzkohle ^{14}C-Proben entnommen, die M.A. Geyh in Hannover untersuchte.

---

[120] 1 Hufe entspricht ca. 17 ha (Universal-Lexikon Lingen, o.J.).

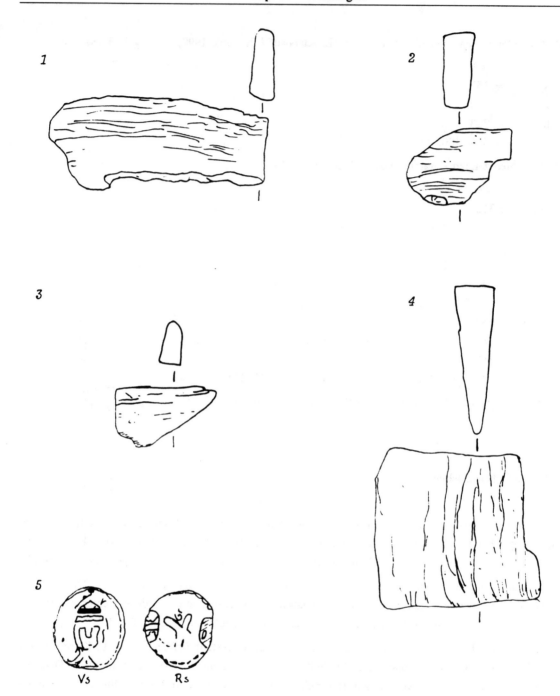

Abb. 52: DÜNA, Ldkrs. Osterode - Absolut-datierte Holzfunde (M 1:3) / Schmuckmünze
1: ^{14}C datiert, Schicht 333/2158 2: ^{14}C datiert, Schicht 398/2644
3: ^{14}C datiert, Schicht 400/2565,2 4: dendrochronologisch datiert, Schicht 400/2718
(L. Klappauf / F. Linke 1990, Abb. 37 (3+4), 39 (2), 40 (1))
5: Schmuckmünze aus Schnitt 83/84 unter Schicht 2978 (Originalgröße) (F. Berger 1988, 21)
Alle Holzfunde stammen aus dem Schnitt GS 1 (Bachbett)

Dies sind die Proben und Schichten[121] - (HK = Holzkohle, Hz = Holz):

Hv 13414	Schicht 19	Fdnr. 810	HK = 840 ± 50	≙ 1160-1260 cal. AD[122]	Phase IV
Hv 13410	Schicht 273	Fdnr. 1921	Hz = 925 ± 75	≙ 1005-1215 cal. AD	Phase II
Hv 13411	Schicht 24	Fdnr. 1130	Hz = 975 ± 60	≙ 995-1155 cal. AD	Phase II
Hv 13415	Schicht 333	Fdnr. 2158	Hz = 755 ± 75	≙ 690- 975 cal. AD	Phase Ib
Hv 13412	Schicht 398	Fdnr. 2644	Hz = 630 ± 80	≙ 645- 755 cal. AD	Phase Ia
(Hv 13413	Schicht 400	Fdnr. 2530	Hz = 1165 ± 75	≙ 1165-1260 cal. AD)	Phase Ia

Die Probe Hv 13413 entsprach mit 1100-1250, cal. AD 1165-1260 (Phase Ia!) nicht dem erwarteten Alter, daher wurde aus dieser Schicht eine weitere Probe eingesendet: Hv 14179 Schicht 400 Fdnr. 2565 Hz = 150 ± 125 ≙ 70-390 cal. AD.[123]

Die von L. Klappauf / F. Linke 1990 auf Seite 54 veröffentlichten Daten entsprechen den konventionellen Datierungen. Die kalibrierten Daten wurden nachträglich von Verfasserin bei Herrn Prof. Geyh erfragt (vgl. Anm. 122).

Die Radiokarbonproben (vgl. Katalog S. 3-18; in Klammern sind die entsprechenden Phasen angegeben) wurden entnommen aus:

Schicht 19 = (IV)	HK, aus verbranntem Bretterfußboden des Küchenanbaus.
Schicht 273 = (II)	Hz, Stakettenrest eines Faschinenwerks - noch im Boden steckend.
Schicht 24 = (II)	Hz, aus der Planierschicht, über das Holz gab es keine nähere Information, welcher Art noch woher es stammt.
Schicht 333 = (Ib)	Hz, Brett mit unbekannter Funktion im ehemaligen Bachbett. Es kann eingeschwemmt sein (Abb. 52.1).
Schicht 398 = (Ia)	Hz, Fragment mit unbekannter Funktion aus ehemaliger Siedlungsoberfläche (Abb. 52.2).
Schicht 400 = (Ia)	Hz, bearbeitetes Stück Holz unbekannter Funktion im alten Bachbett (Abb. 52.3 + 4).

3.4. Die dendrochronologischen Befunde

Da der Untergrund sehr feucht ist, konnte sich das organische Material auch entsprechend gut erhalten. Es wurde 15 Hölzer zur dendrologischen und dendrochronologischen Bestimmung eingereicht (Göttinger Labor: A. Delorme / H.-H. Leuschner). Das Ergebnis zeigt: 8 Eichen, 6 Buchen und 1 Esche.

Allerdings konnte das Material chronologisch nicht ausgewertet werden, da die meisten Eichenhölzer unter 100 Ringe stark waren und es bisher nur eine Leine-Oker-Regionalchronologie gibt von 300 v. Chr. - 930 n. Chr., in die die Kurven obiger Eichenhölzer nicht einpaßbar waren. Die Hölzer wären wahrscheinlich datierbar, wenn sie mit einer speziellen Harzregionalchronologie verglichen werden könnten. Selbst das 148 Ringe tragende Holzstück (Fdnr. 970) war extrem feinringig, so daß auch hier keine Auswertung stattfand.

---

[121] Die Daten sind dem ^{14}C-Antrag vom 5.12.1985 entnommen.

[122] Kalibrierte Daten schriftlich mitgeteilt am 8.9.92 durch Herrn Prof. Geyh.

[123] Information aus dem ^{14}C-Antrag vom 29.5.1986, Datierung über schriftliche Mitteilung vom 8.9.92 (M.A. Geyh).

Bei den Buchenhölzern handelte es sich überwiegend um Spaltbohlen ohne Waldkante. Die Buche bildet weder jährliche Wachstumsringe noch zeigt sie Farbunterschiede zwischen dem Kern- und Splintholz, so daß die Rekonstruktion einer fehlenden Waldkante nicht möglich ist.

Die Hölzer (Buche / Eiche) wurden untereinander relativ chronologisch bestimmt ohne Einbindung in eine absolute Chronologie (H.-H. Leuschner 1990, 57/58).

Die Holzproben stammen u.a. aus den Schichten des Bachprofils (H.-H. Leuschner 1990, 57):

    Phase   ?: 2181[124]   (Eiche, Fdnr. 7241)
    Phase   Ic: 243; 928   (Buche, Fdnr. 931; Fdnr. 4578d-e / Eiche, Fdnr. 933)
    Phase   Ic/Ib: 282   (Buche, Fdnr. 1766)
    Phase   Ia: 400   (Eiche, Fdnr. 2493 + 2718)

Das Eschenholz wurde nicht weiter vorgestellt.

Die Hölzer des Befundes 243/928 gehören zu einem verschalten (?) Holzkasten unbekannter Funktion. Das Buchen- (931) und Eichenholz (933) stammen aus dem Rahmen des Holzkastens, während das restliche Holz (4578 d-e) die noch erhaltenen Nord-, Ost- und Südseiten der Kastenkonstruktion bildete. Von der Westseite war nur noch Holzkohle erhalten (L. Klappauf + F. Linke 1990, 5 + 18). Diese "holzausgesteifte Grube" wurde vom ersten Steingebäude überbaut. Sie war vollständig zusedimentiert und enthielt nur wenige Artefakte (Holzschalenreste und etwas Keramik). Nach den Sedimenten hat diese Grube immer unter Wasser gestanden (St. Koerfer 1990, 113).

Der Fund 1766 wird nicht näher erläutert, er stammt aus der Planierschicht 282.

Es bleiben die Eichenfunde 2493 und 2718. Beide stammen aus dem mit viel Siedlungsabfall aufgefüllten altem Bachbett (Schicht 400). 2493 wird nicht weiter beschrieben; bei 2718 handelt es sich um eine einseitig verjüngte Spaltbohle, vgl. Abb. 52.4 (L. Klappauf / F. Linke 1990, 16).

3.5. Der Thermolumineszenz-Befund

Düna gehört zu den ganz wenigen Grabungen Niedersachsens[125], auf denen die Thermolumineszenz-Methode Anwendung fand.

Jedoch erwies sich die Bestimmung der Parameter zur Berechnung der Thermolumineszenz als nicht möglich. Mehrere unglückliche Umstände führten zu einer Kontamination der Keramikscherben (längere Zeit der UV-Strahlung ausgesetzt und möglicherweise unsachgemäße Lagerung). Außerdem wurde aus der Umgebung der Fundstelle keine Messung der natürlichen Radioaktivität vorgenommen (notwendig für die Vergleichsmessung),[126] vgl. Kap. II.3 - Die TL-Methode.

Somit konnten auch über diese Methode keine absoluten Daten für die Keramikchronologie gewonnen werden.

---

[124] Aus der Profilabbildung geht nicht hervor, wo der Schnitt 58 liegt, zu dem die Schicht 2181 gehört, vgl. L. Klappauf / F. Linke 1990, 5. Es gibt außerdem keinen Hinweis auf eine Phasenzugehörigkeit dieser Schicht in o.g. Literatur.

[125] Eine weitere Grabung ist Drochtersen-Ritsch bei Stade, vgl. H. Ziegert 1992, Drochtersen-Ritsch, zur frühgeschichtlichen Besiedlung in Südkehdingen.

[126] Mündliche Mitteilung von H. Huppertz.

3.6. Der Münzbefund

Die numismatischen Funde umfassen eine Münze aus der Schlemmschicht eines Brunnens, die nicht mehr zur Schichtdatierung herangezogen werden kann[127] und eine bronzene Schmuckmünze (Größe ⌀ 20 mm; 2,73 gr). Sie wurde in der Brandschicht des ältesten Steingebäudes gefunden - Schnitt 83/84, Schicht 2978 - (Phase II/III) (F. Berger 1988, 20).

Die Datierung der Münze basiert auf dem typologischen Vergleich der Krone, die der auf der Vorderseite abgebildete Kopf trägt. Auf der Rückseite ist ein Nadelhalter angebracht und ein sogenanntes "Andreaskreuz", Abb. 52.5.

Ähnliche Kronen finden sich auf Vergleichsstücken aus Goslar und Erfurt[128] und werden Heinrich III. (1039-1056) zugeschrieben (F. Berger 1988, 21).[129]

Diese schwer nachvollziehbare Zuordnung und die Tatsache, daß es sich um eine Schmuckmünze[130] handelt, schränkt die Aussagekraft bzgl. ihrer Niederlegungszeit erheblich ein. Galt sie als Erbstück, verlängert sich die Umlaufzeit vermutlich um 1-2 Generationen.

Es ist zwar richtig, daß auch Schmuckmünzen nach zeitgenössischen Vorbildern hergestellt werden und die Zeitspanne nach der eigentlichen Prägezeit relativ gering gehalten wird. Allerdings ist die Zuordnung nicht immer einfach, da die Abbildungen in einem freien künstlerischen Stil gefertigt sein können (mündlich G. Hatz). Es drängt sich der Verdacht auf, daß für diese Münze eine zeitliche Vorgabe über die schichtbezogenen Keramik gegeben wurde.[131] Zu einer absoluten Datierung wurde dieser Fund bisher jedoch nicht herangezogen.

---

[127] Mündliche Mitteilung von L. Klappauf.

[128] P. Berghaus 1983, Die Darstellung der deutschen Kaiser und Könige im Münzbild 800-1190, in: P.E. Schramm, Die deutschen Kaiser und Könige in Bildern ihrer Zeit 751-1190, 143 Nr. 25 + 29, Taf. 154.24 + 27, München.

[129] Die Kronenabbildung auf dem Original aus Düna (Verfasserin hat das Original nur als Abbildung gesehen) ist in keinem Fall mit den Kronen der Vergleichsstücke identisch. Die Krone Heinrich III. trägt seitlich Pendilien (Gehänge) - Goslarer Typ, die der Abgebildete auf o.g. Münze offensichtlich nicht trägt (B. Kluge 1991, Taf. 21.121). Ein anderes charakteristisches Merkmal Heinrichs ist der Bart, der kaum bzw. nicht auf der Münze von Düna zu erkennen ist. Auf dem Duisburg / Dortmunder Typ wird Heinrich III. ohne Pendilien, aber mit Doppelkrone dargestellt (B. Kluge 1991, Taf. 22.130 + 23.133). Möglicherweise sind diese Merkmale auf dem Originalstück besser zu erkennen, Zeichnung und Photographie zeigen sie jedoch nicht.

[130] Ausgangsprodukt war nicht eine Münze, die später zu einem Schmuckstück umgearbeitet wurde (mündlich G. Hatz).

[131] Der zeitliche Rahmen der Phasen und damit der Straten wurde im wesentlichen über die vergleichsdatierte Keramik definiert: Phase IV = 1100-1300 / Phase III = 1000-1100 / Phase II = 800-1000 / Phase I = 300-800, vgl. L. Klappauf 1983a, 266/267; 1983b, 135; 1986, 48-54.

3.7. Bewertung der chronologischen Grundlagen

Die ^{14}C-Proben aus den Schichten 19 und 273 lassen für ihre Bildung und der in ihnen enthaltenen Funden eine Geschlossenheit zu, bei der die Übertragung der Datierung zulässig erscheint.

Der Zeitraum des Brandes (Schicht 19) wird zwar nicht datiert, aber ungefähr der des Dielenauslegens und damit höchstwahrscheinlich der Zeitraum des Annexbaus, sofern die Bretter bald nach ihrer Abholzung verbaut wurden.[132]

Aus der Schicht 19 liegen keine Keramikfunde vor. Sie datiert die darunterliegenden Schichten als **Terminus ante quem**.

Das ^{14}C-Alter des Stakettenholzes 273 datiert etwa den Bau der Faschine. Da das Holz nur einen geringen Durchmesser aufweist, brauchen wahrscheinlich nur wenige Jahre hinzugerechnet werden; immer voraussetzend, daß das Holz nicht lange gelagert wurde.

Das Faschinenwerk (273) (z.T. zweilagig) sollte den alten Bachlauf 362/294 befestigen. Aus welchem Horizont die Staketten eingetieft wurden, läßt sich nicht mehr nachvollziehen. Die Staketten lagen stratigraphisch auf der Schicht 286. Eine genaue Fundtrennung der beiden Schichten war nicht mehr möglich (L. Klappauf / F. Linke 1990, 6). Bachlauf und Faschine haben zwar über eine gewisse Dauer gleichzeitig bestanden, bevor über beide die Planierschicht 6 gebracht wurde, vgl. Abb. 49, seit wann aber der Bachlauf in dieser Position verlief, läßt sich absolut-chronologisch nicht aussagen. Die Radiokarbondatierung steht für alle nachfolgenden jüngeren Schichten als **Terminus post quem** bzw. für alle älteren als **ante quem**.

Die ^{14}C-Daten aus den anderen Befunden sind weit weniger sicher, da sie aus alten Bachläufen stammen, in denen die z.T. undefinierbaren Holzreste eingeschwemmt oder aus späterem Auffüllungsmaterial abgelagert sein könnten.

Über die Niederlegungszeit dieser Holzreste läßt sich kaum etwas aussagen. Welche Funktion die Holzstücke hatten, kann nicht mehr rekonstruiert und darum eine Benutzungsdauer nicht kalkuliert werden. Aus diesen Überlegungen heraus sind m. E. diese Befunde (Schichten 24, 333, 398, 400) für eine Schichtdatierung wenig geeignet.

Die ^{14}C-Daten haben eine Zeitspanne von rund 150 Jahren, die für eine mittelalterliche Keramikchronologie viel zu grob ist. Die einzelnen Daten 'decken' sich zwar mit dem stratigraphischen Befund, aber schon die fehldatierte Probe Hv 13413 zeigt erstens, wie groß die Schwankungsbreite der Datierung sein kann und zweitens, daß nur eine Probe aus den Befunden nicht repräsentativ ist. L. Klappauf stellte in einer Tabelle (L. Klappauf / F. Linke 1990, Abb. 59) die ^{14}C-datierten Schichten den keramik-datierten gegenüber. Die Diskrepanz ist unübersehbar; die Zeitspannen beider Methoden sind zu groß:

---

[132] Die zum "Küchenbau" gehörende Planierschicht 17 enthält außer 3 Schlackenresten keine weiteren Funde, die für eine längere Benutzung als Laufhorizont sprechen. Daher gewinnt die Annahme hohe Wahrscheinlichkeit, daß der Dielenboden gleichzeitig mit dem gesamten Anbau eingebracht wurde.

Phase	Keramikdatierung	¹⁴C-Datierung[133]
IV	Ende 13. Jhdt.	12. - 13. Jhdt. cal. AD (11. - 12. Jhdt.)
III	Beginn 11. Jhdt.	- - -
II	9. - 11. Jhdt.	10. - 13. Jhdt. cal. AD (10. - 12. Jhdt.)
Ib + c	7. - 10. Jhdt.	7. - 10. Jhdt. cal. AD (7. - 9. Jhdt.)
Ia	1. - 10. Jhdt.	1. - 8. Jhdt. cal. AD (1. - 8. Jhdt.)

Für die Keramikdatierung kann kein ¹⁴C-Datum genommen werden, da in der Schicht 19 keine Keramik vorkommt, in Schicht 24 das Holzstück als nicht absolut-datierender Beifund definiert werden darf, genausowenig wie die Hölzer aus den Schichten 333, 398 und 400. Die Funde aus der Schicht 273 lassen sich nicht von denen der darunterliegenden trennen (L. Klappauf / F. Linke 1990, 6).

Die absoluten Daten der Schichten 19 + 273 stehen als Terminus post / ante quem für die dazu in Beziehung stehende Schichtabfolge. Es konnten ebenfalls keine absoluten Daten aus der dendrochronologischen und der Thermolumineszenz-Untersuchung für die Keramikdatierung gewonnen werden. Die Proben wurden selten aus der gleichen Schicht[134] genommen. Das erhoffte Ineinandergreifen der chronologischen Daten über die 3 naturwissenschaftlichen Methoden hat sich nicht erfüllt.

Sicherlich würde eine größere Probenmenge, ein engeres zeitliches Netz spannen. Über die verschiedenen Methoden könnten Kontrollen der Ergebnisse eingebaut werden. Zunächst bleibt dies wohl eine Frage der Finanzierung sowie des Aufwandes für die Untersuchungsmethode. Ob dieser Aufwand für eine Keramikchronologie gerechtfertigt ist, soll in der zusammenfassenden Schlußbetrachtung erörtert werden.

Die historische Datierung gibt Hinweise auf eine Siedlungsaktivität im 13. / 14. Jhdt., ohne jedoch den Beginn oder das Wüstwerden Dünas exakter zu fassen. Die Keramik wird darüber nicht datiert, weil die Nennungen allein keine Schichten und damit keine Funde datieren.

So ergeben sich für Düna keine absoluten Chronologieansatzpunkte, die für die mittelalterliche Keramik von Bedeutung sind. Es bleiben die relativ-chronologischen Keramikabfolgen, die die Stratigraphie sichtbar macht. Eine direkte Datierung der Keramik erfolgte immer über den typologischen Vergleich der näheren Umgebung Niedersachsens, Thüringens und Nordhessens (L. Klappauf / F. Linke 1990, 42ff). Die Typologie ist immer noch ein unbefriedigendes Arbeitsinstrumentarium, das aufgrund folgender Aussage keines Kommentares bedarf:

"...wobei natürlich zu berücksichtigen ist, daß die zeitliche Einordnung nicht nur frühmittelalterlicher Keramik generell noch ziemlich ungewiß ist." (L. Klappauf 1983b, 135).

Bisher wurden nur Vorberichte veröffentlicht, größere Auswertungen sollen folgen.

---

[133] Die Keramikdatierung erfaßt mehrere Schichten, während die ¹⁴C-Datierung nur eine Schicht bestimmt!

[134] Nur aus der Schicht 400 wurden sowohl ¹⁴C- als auch Dendroproben genommen.

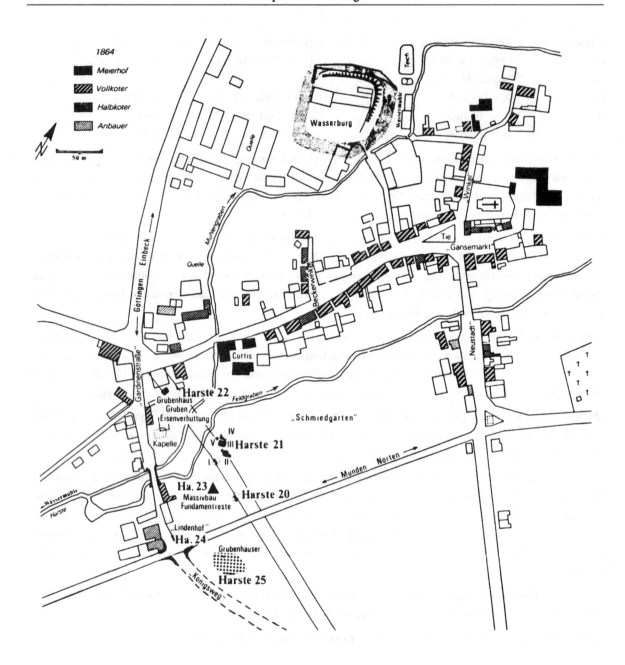

Abb. 53: HARSTE, Ldkrs. Göttingen - Ortsplan mit Lage der archäologischen Fundstellen (K. Grote 1991, 174, Abb. 1)

Kap. IV - Wüstungen

4. Harste

1984/85 bot sich für die Denkmalpflege des Kreises Göttingen die Gelegenheit, vor dem Bau der neuen Autotrasse (Ortsumgehung von Harste), Feldforschungen zu betreiben und Grabungen durchzuführen.

Im Südwesten der heutigen Siedlung konnten mehrere Grubenhäuser und Gruben unter einer 40 cm starken Humusschicht freigelegt werden. Sie waren zum größten Teil frei von neuzeitlichen Störungen, da das Gelände ehemals als Acker bzw. Wiese genutzt wurde (K. Grote 1991, 174).

Der Fundstelle Harste 21 wurde mit ihren Grubenhäusern / Grube (I-V) besondere Aufmerksamkeit entgegen gebracht, da diese, bis auf Haus I, alle eine Brandschicht aufwiesen, aus der ^{14}C-Proben entnommen werden konnten (Abb. 53).

Die Fundstellen Harste 20, 22 und 25 sind ebenfalls Grubenhäuser bzw. Gruben, jedoch ohne Brandschicht und relativ unauffällig im Befund. Die Verfüllungen enthielten u.a. Keramikmaterial, das typologisch datiert wurde, da keine absolut datierenden Beifunde enthalten waren.

Bei der Fundstelle Harste 23 handelt es sich um einen massiven Mauerzug, der noch nicht weiter untersucht werden konnte.

In der Fundstelle Harste 24 wird eine Geländebegehung im ehemaligen Bereich des "Lindenhofes" beschrieben. Das Keramikmaterial aus Harste 23 + 24 stammt aus Oberflächenbegehungen (K. Grote 1991, 185).

Historische Überlieferungen über Harste sind relativ gering. Der Name HERISTI wird im 10. + 11. Jhdt. genannt und auf Harste bezogen (K. Grote 1991, 208). Münzen und dendrodatierfähiges Material gab es nicht im Fundgut.

4.1. Die Radiokarbon-Befunde

Die Datierung des Untersuchungskomplexes stützt sich sowohl auf die ^{14}C-Daten als auch auf das keramische Material (s.w.u.). Die o.g. 4 Holzkohleproben aus Fundstelle 21 ergaben folgendes Ergebnis:

GH = Grubenhaus, Gr. = Grube, T = Fundtiefe, Fnr. = Fundnummer

1. Hv 13969 Fnr. 11 GH II   T: 0.90-1.00 m = 135 - 535 n. Chr.
2. Hv 13970 Fnr. 34 GH III T: 0.60-0.75 m = 645 - 875 n. Chr.
3. Hv 13971 Fnr. 91 GH IV   T: 0.85-0.95 m = 1160 - 1385 n. Chr.
4. Hv 13972 Fnr. 19 Gr. V   T: 0.55-0.60 m = 565 - 795 n. Chr.

Die Datierungen sind dendrochronologisch korrigiert. Die Proben sind einwandfrei und nicht kontaminiert (M.A. Geyh, Kommentar zum ^{14}C-Antrag vom 2.12.84).

Die Grubenhäuser / Grube liegen eng beieinander, überschneiden sich untereinander nur in einem Fall. Das Westprofil des Hauses III zeigt eine geringfügige Überlappung der NW-Ecke mit der SW-Ecke des Hauses IV (Abb. 54). Das unterstreicht die ^{14}C-Datierung.

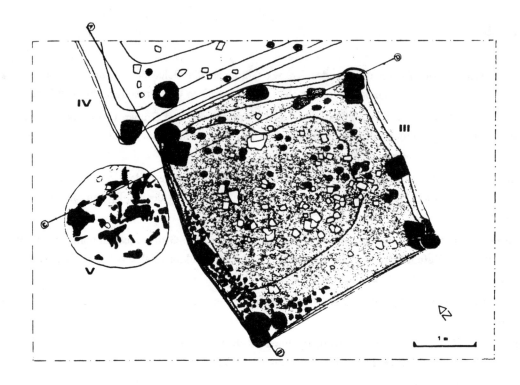

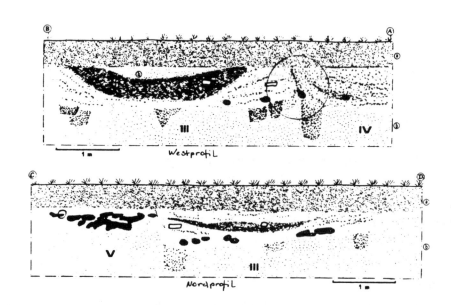

Abb. 54: HARSTE, Ldkrs. Göttingen - Fdst. 21
Grubenhaus III und Grube V sowie der SW-Teil des Grubenhauses IV - Planumskizze darunter Profilskizzen der gleichen Bereiche (K. Grote 1991, 181, Abb. 5 (Planum) und Abb. 6 (Profil))

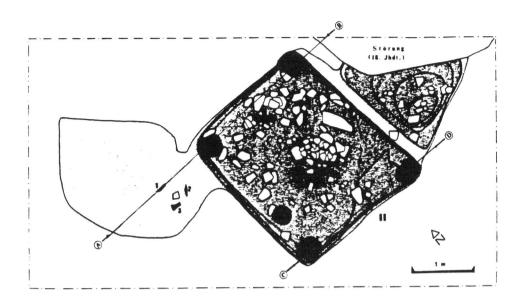

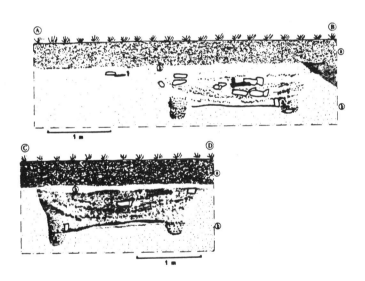

Abb. 55: HARSTE, Ldkrs. Göttingen - Fdst. 21 - Planum- und Profilskizze des Grubenhauses II
(K. Grote 1991, 177, Abb. 3 (Planum), 178, Abb. 4 (Profil))

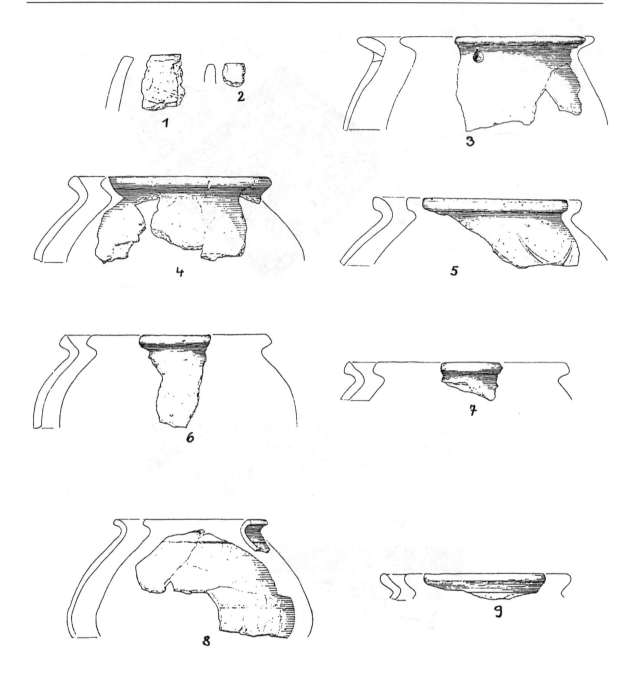

Abb. 56: HARSTE, Ldkrs. Göttingen - Fdst. 21 - Keramikreste aus dem Grubenhaus II
handgeformte Keramik: 1-2 Kumpfreste, 3-4 Kugeltopfreste
drehscheibengefertigte Keramik: 5-9 rauhwandige Kugeltöpfe, M 1:2,8
(K. Grote 1991, 196 / 197 + 199 / 200, Abb. 14.1+2 (1+2) / 15.1+3-4 (3,6+7) +
16.1+2 (4+5) / 17.1+3 (8+9))

Kap. IV - Wüstungen

4.1.1. Grubenhaus II: 135-535 n. Chr.[135]

Es handelt sich um ein 2.70 x 2.40 m großes Grubenhaus mit 4-5 Pfosten (Abb. 55) mit je einem "Muldenannex" im Nordwesten und Osten der Anlage. Nach Abtrag der 40 cm starken Humusschicht war das Grubenhaus etwa 60 cm in den ehemaligen Laufhorizont eingetieft. Nach Südosten wurde ein leichtes Ansteigen des Fußbodens beobachtet. Im Zentrum befand sich eine 70 x 80 cm große Feuerstelle. Die Brandschicht durchzog den gesamten Hausbereich.

Funde der Brandschicht waren neben Tierknochen, Schnecken und Pflanzenresten, verschiedene Metallobjekte, Schleifsteine, verbrannter Hüttenlehm mit Flechtwandabdrücken und Keramik (K. Grote 1991, 178). Die Brandschichtfunde aller Grubenhäuser verteilten sich jeweils über den gesamten Bodenbereich. Es wurde in keinem Fall eine Konzentration verbrannten Hausrates beobachtet. Die Fundstreuung glich eher einer gleichmäßigen Verteilung durch Einebnung des abgebrannten Hauses, um eine plane Ebene für den "Wieder- / Neuaufbau" zu gewinnen (mündlich K. Grote).

Bei der Keramik handelt es sich um rauhwandige Drehscheibenware, d.h. es sind handgefertigte Kugeltöpfe mit scheibengedrehten Rändern (kantig-fazettiert / nach innen gekehlt); sie sind kalkgemagert, hell- bis schwarzbraun. Im Inventar fanden sich nur 2 Scherben der Kumpfkeramik (Abb. 56). Kein Gefäß konnte vollständig rekonstruiert werden. Dieses gilt für den gesamten Grabungsbereich (K. Grote 1991, 194).

Die ^{14}C-Datierung der Grubenhauskeramik korrespondiert nicht mit der keramischen Vergleichsdatierung der näheren Umgebung:

Bernshausen 7./8. Jhdt.[136], Harste Grubenhaus III 7. - 9. Jhdt. (s.w.u.), Gardelshausen[137] und Mechelmeshusen[138] 10./11. Jhdt., allgemein im Weserbergland frühes 12. Jhdt.

So datiert K. Grote das Auflassen des Grubenhauses II aufgrund der Zusammensetzung des Materials - kaum Kumpfkeramik, aber überwiegend drehscheibengefertigte Kugeltöpfe - in das 10./11. Jhdt. (K. Grote 1991, 201). Die ^{14}C-Daten bleiben unberücksichtigt.

Auch über den typologischen Vergleich ist es bisher kaum gelungen, die Laufzeit dieser Warenart näher einzugrenzen (7. - 12. Jhdt.). Sie ist als Kochgeschirr optimal und scheinbar 'zeitlos'.

Möglicherweise wird hier eine Frühphase der rauhwandigen Drehscheibenkeramik angezeigt. Beachtet werden muß allerdings, daß das ^{14}C-Alter auf gar keinen Fall den Zeitpunkt des Brandes und damit das Auflassen des Gebäudes datiert.

Geht man davon aus, daß das Radiokarbondatum etwa den Bau des Hauses datiert (2. - 6. Jhdt.), die Keramik typologisch ins 7. - 12. Jhdt. plaziert wird, gibt es aus der Erbauungszeit keine Funde (?) oder es handelt sich um zweitverwendetes Holz; dieser Umstand kann bei einer Holzkohlenprobe nicht mehr geprüft werden. Die Diskrepanz zwischen der absoluten und relativen Datierungsmethode zeigt sich hier ganz offensichtlich und die damit verbundenen Interpretationsschwierigkeiten.

---

[135] Angegeben sind auch im folgenden immer die ^{14}C-Daten.

[136] Sehr grobe und unsichere Radiokarbondatierung, vgl. Kap. IV.2- Bernshausen.

[137] Vergleichsdatiert, vgl. F. Wulf 1988, 362ff.

[138] Die Wüstung ist über die Keramik datiert, vgl. K. Grote 1988b, 285 und S. Spiong (MA 1991, 4) - es liegen keine absolut-datierenden Materialien vor.

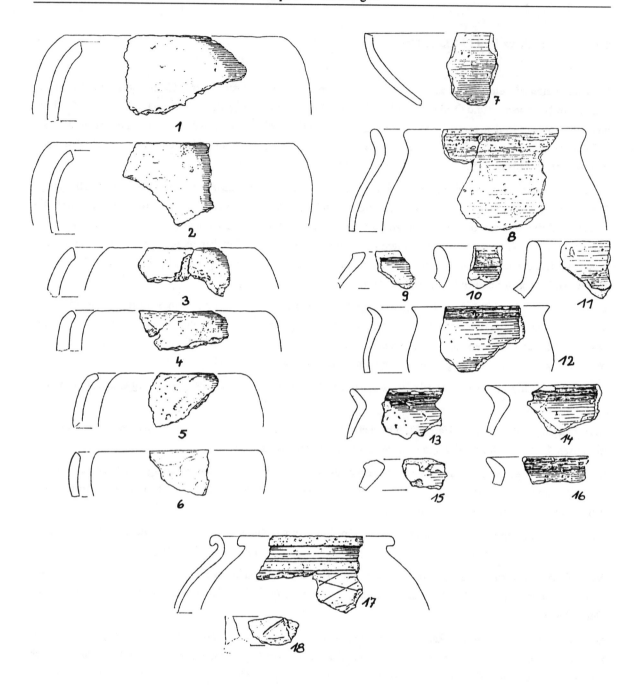

Abb. 57: HARSTE, Ldkrs. Göttingen - Fdst. 21 - Keramikreste aus dem Grubenhaus III
handgefertigte Kümpfe: 1-6, Schalen: 7, Kugeltöpfe: 8-16, Drehscheibenware: 17-18, M 1:2,8
(K. Grote 1991, 189, Abb. 9.1-6 (1-6) + 192, Abb. 11.1,3-11 (7-16) + 193,
Abb. 12.11+12 (17-18))

Das Vertrauen in die (typologische) Vergleichsdatierung zeigt sich hier deutlich, aber leider fehlen noch sehr viele absolut-datierte Grabungskomplexe, um dieses 'Vertrauen' zu rechtfertigen.

Eine rein technisch-lineare Entwicklungsreihe der Keramik darf nicht zugrunde gelegt werden, da sonst kein Raum bleibt, um Rückschritte oder Stagnationen zu erkennen.

4.1.2. Grubenhaus III: 645-875 n. Chr.

Es ist größer als das Grubenhaus II. Die Maße sind 3.30 / 3.60 x 3.00 / 3.70 m. Auch hier war das Haus ca. 60 cm in den ehemaligen Laufhorizont eingetieft. Im OSO-Teil stieg der Fußboden bis zu 30 cm an. Die 7 Hauptpfosten wurden durch weitere verstärkt oder ausgetauscht (Abb. 54). Ein 20 cm breiter Streifen entlang der West- und z.T. der Südwand zeigten Reste einer Flechtwand. Es gab keine Herdstelle, und aufgrund verbrannter, diagonal über das Hausinnere verstreuter Webgewichte wird es auch als Webstuhlhaus interpretiert (K. Grote 1991, 181). In diesem Haus gab es ebenfalls eine Brandschicht. In ihr fanden sich Reste des Hüttenlehms, Knochenkämme, Flintgeräte, Eisennieten, Tierknochen und botanisches Material sowie Keramik.

Knapp $^2/_3$ des keramischen Materials bestand aus Kümpfen, den Rest bildeten handgefertigte Kugeltöpfe mit wenigen auf der Drehscheibe hergestellten Rändern (Abb. 57).

Auch hier verläßt sich K. Grote nicht allein auf die ^{14}C-Datierung, sondern führt Vergleichsfunde aus Göttingen / Hospitalstraße (nicht absolut datiert), Düna (keine absoluten Daten für die Keramik), Bernshausen (unsicheres und grobes ^{14}C-Datum), Silbeck b. Einbeck und Diemarden bei Göttingen (nicht absolut datiert) an (K. Grote 1991, 191). Die Auflassung des Grubenhauses setzt K. Grote aufgrund des keramischen Materials in das frühe 9. Jhdt. Dieses Datum ist nicht absolut-chronologisch belegt. Die ^{14}C-Probe datiert auf keinen Fall den Hausbrand, vgl. w.o.

4.1.3. Grube V: 565-795 n. Chr.

Die Grube liegt im NW des Grubenhauses III (Abb. 54). Sie hat einen Durchmesser von 1.60 m und ist flacher erhalten (40 cm).

Die Grube war gefüllt mit sehr viel Hüttenlehm, Tierknochen (v.a. Kieferresten und einem Ur-Schädel), aber auch mit Keramik.

Es wurden zu 100% Kümpfe mit überwiegend Steingrusmagerung gefunden, die handgefertigt und oxidierend gebrannt waren. Die Keramik ähnelt stark der des Grubenhauses III (Abb. 58).

Welche große Bandbreite die typologische Datierung hat, zeigt sich besonders an diesem Komplex:

> "Die vorgefundenen keramischen Gefäßscherben (...) zeigen zwar hinsichtlich Material + Warenart eine Nähe zum Keramikbestand des frühen 9. Jhdts. aus Grubenhaus III, dennoch ergibt die Analyse der erkennbaren Gefäß- und Verzierungsformen ein höheres vorkarolingisches Alter"
> (K. Grote 1991, 184).

Da die ^{14}C-Datierung auch in die "vorkarolingische Zeit" datiert, wird die Keramik der MEROWINGERZEIT zugeschrieben und damit absolut-chronologisch abgesichert.

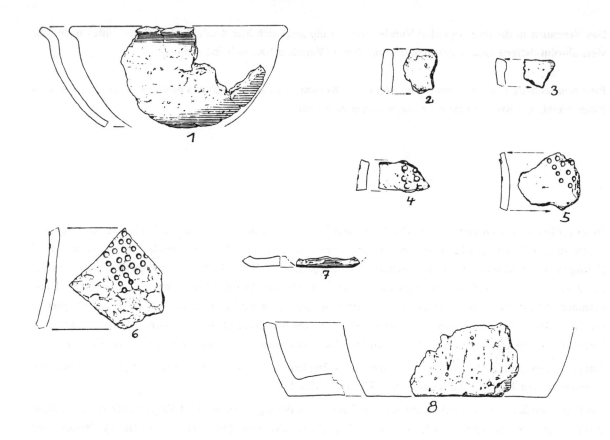

Abb. 58: HARSTE, Ldkrs. Göttingen - Fdst. 21 - Keramikreste aus der Grube V
handgefertigte Kumpf- und Schalenkeramik, M 1:2,8 (K. Grote 1991, 184, Abb. 7)

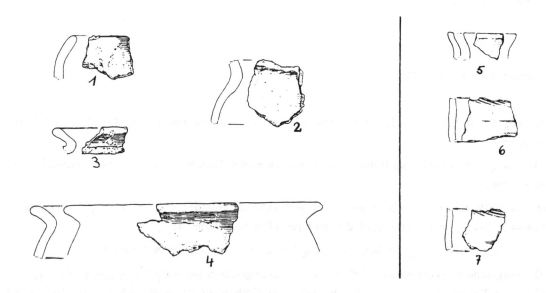

Abb. 59: HARSTE, Ldkrs. Göttingen - Fdst. 21 - Keramikreste aus dem Grubenhaus IV
handgefertigte Keramik: 1-4, Drehscheibenware: 5-7, M 1:2,8
(K. Grote 1991, 202, Abb. 18.2-8(1-7))

S. Spiong postuliert für die relativ-chronologische Datierung der Keramik, nicht einzelne Partien zu vergleichen, sondern "sämtliche chronologisch auswertbaren Merkmale sowohl der qualitativen als auch der quantitativen Elemente" (S. Spiong 1991, 75) einzubeziehen, um eine präzisere zeitliche Einordnung zu erhalten.

Das Heranziehen der Radiokarbondaten nur für den Fall, daß sie in das vorgegebene Chronologieschema passen, läßt an der Seriösität der Methodenbenutzung zweifeln. Bei dieser Datierungspraxis entsteht der Eindruck, was nicht paßt, wird passend gemacht! Aus dieser Sicht wäre eine absolute Keramikchronologie unbedingt erforderlich.

Stratigraphisch gibt es keine Überschneidungen zwischen Grube V und Grubenhaus III. Sie können einige Zeit parallel bestanden haben, das läßt sich aber nicht eindeutig klären.

Da die Brandschicht in der Grube nicht vorort entstand, sondern als Brandschutt hineingelangte (mündlich K. Grote), kann das absolute Datum noch nicht einmal als T.p.q. gewertet werden. Es datiert weder die Grube noch die darin enthaltenen Funde.

4.1.4. Grubenhaus IV: 1160-1385 n. Chr.

Nördlich des Grubenhauses III liegt das Grubenhaus IV, das bisher nur zu einem Viertel ausgegraben wurde (Abb. 54). In diesem untersuchten Viertel fanden sich wieder verbrannter Hüttenlehm, Flint, Tierknochen, Speisereste und vor allem Keramik der handgemachten Kumpf- und Kugeltopfware sowie rauhwandige Drehscheibentöpfe, Abb. 59 (K. Grote 1991, 183).

Nach der Planumskizze liegen Haus III und IV scharf nebeneinander ohne Überschneidung, das Westprofil A-B von Haus III zeigt aber eine leichte Überschneidung im Bereich des SW-Pfostens (Haus IV) über der NW-Ecke (Haus III)[139].

K. Grote schaut auch hier auf den typologischen Charakter der Keramik und möchte sie dem 9./10. Jhdt. zuordnen. Diese Datierung ließe sich vorzüglich in die bereits erstellte Chronologie der beiden anderen Grubenhäuser / Grube einpassen und eine durchgehende Besiedlung vom 8.- 10. Jhdt. anzeigen (K. Grote 1986b, 222). Die Radiokarbonbestimmung weicht davon stark ab.

Zu bedenken ist, daß dieses Grubenhaus erst zu einem Viertel untersucht wurde und wahrscheinlich auch erst einen geringen Teil des gesamten Keramikspektrums zeigt. Nach vollständiger Untersuchung des Befundes wäre eine prozentuale Verschiebung zugunsten der Drehscheibenkeramik durchaus möglich.

Solange der Befund noch nicht vollständig angesprochen werden kann, sollten auch keine Aussagen zur Datierung gemacht werden.

---

[139] Nachträglich mündliche Bestätigung von Herrn K. Grote M.A.

Nachstehend ist eine statistische Verteilung der Keramik in den Grubenhäusern / Grube, bezogen auf die Scherbensummenzahlen 543 für Haus II, 319 für Haus III, 89 für Haus IV und 40 für die Grube aufgelistet:[140]

GH II: 135-535 n. Chr.	1% Kümpfe	+ **99% Kugeltöpfe**	
	77% **Kalkgrus-**, 16% Sand-	+ 7% Steingrusmagerung	
	63% **Drehscheibenware**	+ 37% handgefertigt	
	61% **oxidierend** gebrannt	+ 39% reduzierend gebrannt	
GH III: 645-875 n. Chr.	61% **Kümpfe**	+ 39% Kugeltöpfe	
	13% Kalkgrus-, 3% Sand-	+ **84% Steingrusmagerung**	
	3% Drehscheibenware	+ **97% handgefertigt**	
	89% **oxidierend** gebrannt	+ 11% reduzieruend gebrannt	
GH IV: 1160-1385 n. Chr.	4% Kümpfe	+ **96% Kugeltöpfe**	
	74% **Kalkgrus-**, 14% Sand-	+ 12% Steingrusmagerung	
	18% Drehscheibenware	+ **82% handgefertigt**	
	79% **oxidierend** gebrannt	+ 21% reduzierend gebrannt	
Gr. V: 565-795 n. Chr.	100% **Kümpfe**		
	37% Kalkgrus-, 5% Sand-	+ **58% Steingrusmagerung**	
	1% Drehscheibenware	+ **99% handgefertigt**	
	90% **oxidierend** gebrannt	+ 10% reduzierend gebrannt	

4.2. Bewertung der chronologischen Grundlagen

Bei der statistischen Auflistung der Keramikarten nach ihrer technologischen Herstellung spiegelt sich die starke Diskrepanz in ihrer möglichen chronologischen Entwicklung und der ^{14}C-Daten, besonders in den Grubenhäuser (GH) II und III wider: GH II scheibengedrehte Kugeltöpfe gegenüber GH III handgefertigte Kumpfkeramik, während die absoluten Daten eine umgekehrte Reihenfolge erwarten lassen müßten.

Andererseits führt H.-G. Stephan (1978, 16) aus, daß die kaiserzeitlichen Kümpfe schwer von den frühmittelalterlichen zu unterscheiden seien. Weitere Befunde können hier klären helfen, ob tatsächlich eine Diskrepanz zwischen den typologischen und den absoluten Datierungen besteht.

Bisher ist die zeitliche Eingrenzung der handgemachten Kümpfe / Kugeltöpfe und der frühen Drehscheibenware noch nicht hinreichend ausgelotet worden.

Die ^{14}C-Daten von Harste zeigen im Bereich 21 eine Besiedlung vom 2.- 14. Jhdt. Eine Kontamination der Proben lag nicht vor. Sie wurden auch dendrochronologisch korrigiert und stammen aus überwiegend geschlossenen Befunden. Dennoch sind die chronologischen Aussagen für die Keramik viel zu grobmaschig und bringen nicht die erhoffte zeitliche Spezifizierung.

Daß die ^{14}C-Proben von der typologischen Datierung erheblich abweichen, mag mehrere Ursachen haben. Zum einen gibt es noch keine absolut gesicherte Keramikchronologie. Die Bewohner der Grubenhäuser haben vielleicht nur sehr langsam den keramiktechnologischen Fortschritt in ihre Produktion aufgenommen. Und zum

---

[140] Mündliche Mitteilung K. Grote.

anderen liegt es daran, daß die Radiokarbondaten, nicht die Keramik direkt datieren, sondern als weitfassender Terminus ante / post quem zu betrachten sind.

Auch hier zeigt es sich, daß eine absolut-datierende Methode nicht ausreicht, um für andere Funde der gleichen Schicht eine gesicherte Datierung zu geben. Einschränkend wirken sich die kaum vorhandenen Überschneidungen im stratigraphischen Befund aus (Ausnahme: die Häuser III/IV).

V. ANWENDUNGSBEISPIEL - BURGEN

1. Klusberg

Der Klusberg liegt bei Volksen / Einbeck, Krs. Northeim nördlich des Zusammenflußes der Leine und Ilme. Auf dem Hochplateau des Klusbergs, auch "Roter Stein" genannt, wurde 1980 bei einer Gebietsbefliegung eine viereckige Befestigungsanlage entdeckt, die dann schließlich 1987 geschnitten wurde (H.-W. Heine 1988, 397).

Im Nordwestteil der ca. 2,2 ha großen Anlage (Innenfläche 150 x 150 m, K. Grote 1985b, 202) wurde vom Burginneren über die Wall-Graben-Konstruktion ein ca. 30 m langer und 4 m breiter bzw. ab Grabenansatz 2 m breiter Grabungsschnitt gelegt (Abb. 60).

Das Grabungsprofil ergab einen abgetragenen Wall mit noch erhaltenem hölzernen Unterbau, vorgelagerter Berme und einen z.T. mit Sandsteinplatten verfüllten Graben, zwischen denen einige wenige grautonige Keramikscherben und Holzkohle lagen. Die Steinplatten mögen eine besondere Art der Wallbefestigung dargestellt haben (H.-W. Heine 1988, 402).

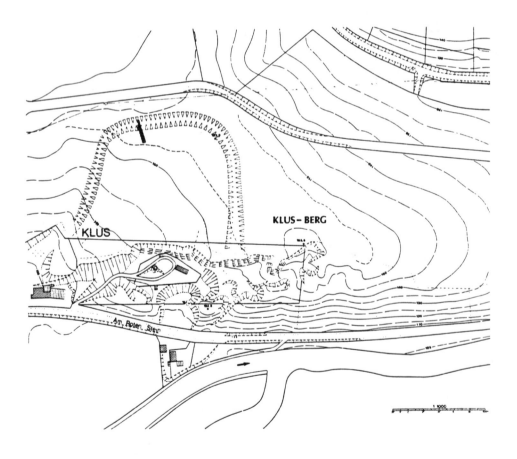

Abb. 60: BURG KLUSBERG, Ldkrs. Northeim
Plan mit Eintragung der gesicherten Wall- und Grabenreste der Burg auf dem Rotenstein. Schwarze Fläche: Grabung 1987 (H.-W. Heine 1988, 399, Abb. 2)

1983 bohrte K. Grote die Ostflanke der Burg auf einer Länge von 30 m im 1 m Abstand ab und fand einen 4-5 m breiten sehr geraden wallartigen Steinstreifen, in dem auch 2 grautonige Randscherben lagen. Ein ähnlicher Streifen zeigte sich bei der Begehung des Innenraumes, der diesen in nahezu zwei gleichgroße Hälften von West nach Ost teilte.

Außerdem wurde in der Nordostecke eine Holzkohlenmeilerstelle lokalisiert. Einige Scherben der grautonigen weichen, handgefertigten und rauhwandigen, kalkgemagerten Irdenware fanden sich dort in Streulage (K. Grote 1985b, 204).[141]

Historische Nennungen über die Anlage gibt es direkt nicht. 1366 wird in einer Urkunde[142] von der "Borch an dem Rodenstene" gesprochen, die möglicherweise auf die Klusberger "Burg" bezogen werden könnte. Eine dendrochronologische Untersuchung ergab sich nicht. Münzfunde waren auch nicht im Befund enthalten. Es konnten jedoch 2 ^{14}C-Proben genommen werden.

1.1. Der Radiokarbonbefund

1. Hv 13138 (Fdnr. 68) Holzkohle datiert 910 ± 70 Jahre
2. Hv 13139 (Fdnr. 64) Holzkohle datiert 650 ± 50 Jahre.

Der dendrochronologisch korrigierte Zeitansatz entspricht einem mittleren ^{14}C-Alter von 1035-1255 n. Chr. (M.A. Geyh, Kommentar vom 21.5.88 zum ^{14}C-Antrag vom 2.11.87).

Die Holzkohlenproben wurden aus der Steinversturzschicht des Grabenprofils genommen. Ihre Datierung bezog H.-W. Heine, wie schon vorher die durch die Keramik gewonnene Datierung, auf die Zerstörung der Burganlage (H.-W. Heine 1988, 403 und ^{14}C-Antrag vom 2.11.87).

1.2. Bewertung der chronologischen Grundlagen

Woher die Holzkohle stammt, bleibt offen. Es wird auch nicht ins Kalkül gezogen, daß die Holzkohle möglicherweise aus der nordöstlich gelegene Meilerstelle stammen, und bei späterer Egalisierung des Baukomplexes Teile der Holzkohle in den Graben gelangt sein könnten. Diese Art Verfüllung kann sicherlich nicht als geschlossen gelten. Die Holzkohle datiert nicht die Befunde, auch nicht als T.p.q., die Zerstörung / Aufgabe der Anlage bzw. die keramischen Befunde. Die Aufgabe kann lange vor der Verfüllung gelegen haben, Abb. 61. Wenn die Holzkohle zur Meilerstelle gehören sollte, datiert sie einen Zeitpunkt des Bestehens dieses Meilers.

Die dürftigen, bisher bekannten, historischen Schriftquellen können zu Datierungszwecken unter der Prämisse der Keramikdatierung nicht herangezogen werden. Auch die ^{14}C-Daten stehen 'auf schwachen Füßen' und sind dafür nicht einsetzbar.

---

[141] Weitere Funde des Klusberges und seiner Umgebung stammen aus vorgeschichtlichen Zeiten und wurden bei Begehungen aufgelesen.

[142] Urkundenbuch Goslar 5 Nr. 48: Domherr Heinrich König von Goslar beurkundet den Verkauf einer Word oberhalb der Klus zwischen Heinrich Weverling und Hans Masch (H.-W. Heine 1988, 403).

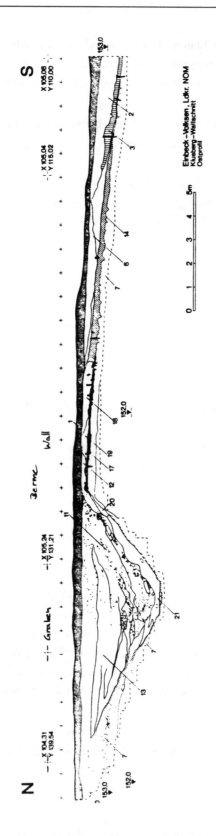

Profil durch Graben und Wall von West (Grabung 1987):
(1) Pflughorizont; (13, 20, 21) Grabenverfüllungen; (11) Steinversturz; (17) Holzlage / Knüppelschicht unter dem Wall; (6, 19) Wallkörper; (3, 12) Wallabschwemmungen; (14) alter Horizont; (7) natürlicher Untergrund (H.-W. Heine 1988, 401, Abb. 4)

Abb. 61: BURG KLUSBERG, Ldkrs. Northeim

VI. ANWENDUNGSBEISPIELE - TÖPFEREIEN

1. Bengerode

1.1. Die chronologischen Grundlagen

Neben Coppengrave ist Bengerode bei Fredelsloh (Krs. Northeim) das nächst größere Töpfereizentrum, das bisher in Südniedersachsen bekannt geworden ist. 1966 von W. Janssen zum erstenmal untersucht, folgte 10 Jahre später eine weitere Ausgrabung unter der Mitarbeit von K. Grote. In älterer Literatur gilt Bengerode als absolut datierter Töpfereiort, aufgrunddessen andere Siedlungsorte in diese Chronologie eingehängt wurden, so z.B. Königshagen (W. Janssen 1970, 112) und Braunschweig (H. Rötting 1985, 106). Wie sicher Bengerode datiert ist, zeigen die nächsten Ausführungen.

Dendrochronologische und Radiokarbondaten konnten vom Ausgrabungsort nicht gewonnen werden. 3 Münzen sind bei den Untersuchungen in Bengerode geborgen worden, auf die sich wahrscheinlich die absolute Datierung stützt. Sie fanden sich in sekundärer Lage, und sind damit nicht für die Datierung heranziehbar. Leider wurde Bengerode von Raubgräbern heimgesucht (K. Grote 1976, 295), durch die aussagelose Abfallhalden entstanden. Die Münzen, alle aus dem 14. Jhdt. zeigen nur, daß Bengerode in dieser Zeit belebt war. Schriftquellen sind nur spärlich vorhanden. In zwei Schenkungsurkunden (1138 + 1332) sowie in einem Gerichtsurteil von 1306 wird der Ort genannt. Siedlungsbeginn bzw. Siedlungsende sind nicht überliefert. Lediglich eine kleine Aktennotiz des Amtes Moringen weist daraufhin, daß Bengerode 1589 schon wüst gewesen sein könnte (K. Grote 1976, 250).

Es gab Abfallgruben, deren Inhalt aus ganzen oder bruchstückhaften Gefäßen, Ton- und Holzkohleresten bestanden. Sie wurden aber nicht weiter ausgewertet. Es liegt kein stratigraphischer Befund vor. K. Grote versuchte bei der Untersuchung eine Horizontalstratigraphie zu erstellen und die Typenentwicklung von Südost nach Nordwest verlaufen zu lassen (Abb. 62). Wieweit das jedoch zeitlich oder doch nur organisatorisch seitens der Töpferwerkstätten bedingt war, bleibt offen. Die Fundstelle 5 liegt zentral und enthält das gesamte Typenspektrum der Keramik, sie gilt als einziger geschlossener Fund (K. Grote 1976, 271).

Der Töpfereibezirk besteht aus 19 Fundstellen auf einer Fläche von 400 x 100 m. Der Südosten sowie Bereiche des Nordwesten sind rezent gestört. Da die übrigen Flächen als Äcker und Wiesen genutzt wurden, werden sicherlich auch dort oberflächliche Störungen entstanden sein. Über das ganze Areal war ein dünner Scherbenteppich ausgebreitet (K. Grote 1976, 253). Der Wert der Horizontalstratigraphie sinkt erheblich durch ackerbauliche Interventionen, dennoch wurden 52 Keramiktypen und 3 Produktionsphasen herausgearbeitet:

Produktionsphase A (Typen 1-30) umfaßt das FRÜHSTEINZEUG,

Produktionsphase B (Typen 1-18) umfaßt die blaugraue IRDENWARE,

Produktionsphase C (Typen 1- 4) umfaßt die graue geriefte IRDENWARE.

Letztere gilt als Übergangsware zwischen A und B, d.h. sie ist klingend hart gebrannt, aber noch nicht versintert (K. Grote 1976, 258), siehe Abb. 63.

An ausgewählten Fundstellen veranschaulicht K. Grote die aus den 3 (4?) Produktionsphasen entstammenden Typen (vgl. Abb. 64). Die Horizontalstratigraphie (Abb. 62) orientiert sich an dem sich verändernden Quantitätsverhältnis zwischen der Irdenware und dem Steinzeug (vgl. Abb. 64). Der o.g. Scherbenteppich erschwert sicherlich auch die objektive Auszählung. Aus den 52 Typen wählte er 19 heraus,[143] die er als Grundlage für die Bengeroder Keramikdatierung nimmt (Tab. 6, S. 123). Töpfereibeginn und -ende konnten über die absoluten Datierungsmethoden **nicht** ermittelt werden. Die Keramikdatierung basiert auf Vergleichsstücken anderer Fundorte der näheren und v.a. der weiteren Umgebung. Es wurden nur wenige Keramikgefäße aus dem südniedersächsischen Raum zum Vergleich herangezogen. Die Blickrichtung geht weit häufiger nach Nordrhein-Westfalen und darüber hinaus, sogar nach Südlimburg (Niederlande).

Je größer der Vergleichsraum ist, desto gröber und allgemeiner wird die Datierung, (Ausnahme: Importkeramik). Es kann nicht davon ausgegangen werden, daß sich die Keramikherstellungstechnik weit auseinanderliegender Orte zur selben Zeit geändert hat (vgl. dazu auch H. Ziegert 1988, 655-670). Die Beeinflussung untereinander hat sicherlich stattgefunden, doch gibt es dafür keine zeitliche Norm. Wie schnell sich eine Töpferwerkstatt auf Neuerungen einstellen konnte, hing ebenso vom Bedarf und Geschmack des Endverbrauchers ab, wie von der Benutzbarkeit bzw. Zweckmäßigkeit des Geschirrs (W. Seidenspinner 1986/87, 21/22).

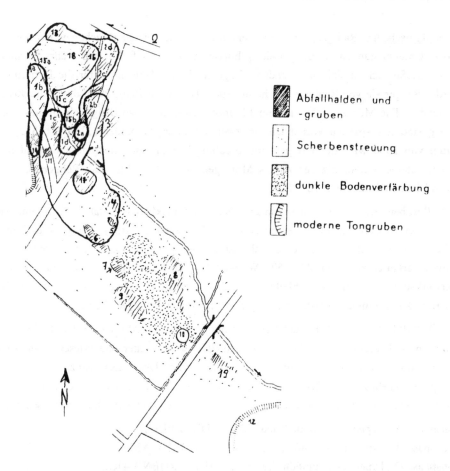

Abb. 62: BENGERODE, Ldkrs. Northeim
        Horizontalstratigraphie - Entwicklung von Südost nach Nordwest (K. Grote 1976, 252, Abb. 1a)

---

[143] Für das Steinzeug (A) sind es die Typen 1, 4+5, 7+8, 11-13, 15, 19, 24 (11 von 30).
Für die Irdenware (B) sind es die Typen 1+2, 4+5, 10, 14, 16 (7 von 18), und für die Übergangsware (C) nur Typ 1 (1 von 4).

Tabelle 6

TYP	VERGLEICHSSTÜCK AUS
A_1	Königshagen (Nds.), Hannover (Nds.), Oepitz (Thür.), Husterknupp (NRW), Siegburger Aulg. (NRW), Schinveld-Südlimburg (NL), allg. Steinzeug,
A_4	Schwalm (Hessen), Südlimburg (NL),
A_5	Hannover (Nds), Siegburg (NRW),
A_7	Siegburg (NRW), allg. Steinzeug,
A_8	Siegburg (NRW), allg. Steinzeug,
A_{11}	Trier - St. Simeon (Rh.-Pf.), Südlimburg (NL),
A_{12}	allg. Steinzeug,
A_{13}	Hannover (Nds.), Mägdesprung Krs. Zerbst (Sachs.-Anh.), Thüringen und Sachsen allg. Siegburg (NRW),
A_{15}	Hannover (Nds.), Mägdesprung Krs. Zerbst (Sachs.-Anh.), Thüringen und Sachsen allg. Siegburg (NRW),
A_{19}	Südlimburg (NL),
A_{24}	Südniedersachsen und Südhessen allg., Südlimburg (NL),
B_1	Duingen (Nds.), Hannover (Nds.), Niederhessen allg., Siegburg (NRW), Kilns-Salisbury (GB),
B_2	Niederhessen allg., Steuden (Sachs.-Anh.),
B_4	Duingen (Nds.), Hannover (Nds.), Sangershausen (Thür.), Niederhessen allg., Siegburg (NRW), Kilns-Salisbury (GB),
B_5	Duingen (Nds.), Hannover (Nds.), Niederhessen allg., Siegburg (NRW), Kilns-Salisbury (GB),
B_{10}	Duingen (Nds.), Hannover (Nds.), Niederhessen allg., Siegburg (NRW), Kilns-Salisbury (GB),
B_{14}	Duingen (Nds.), Hannover (Nds.), Niederhessen allg., Siegburg (NRW), Kilns-Salisbury (GB),
B_{16}	Süddeutschland allg.,
C_1	Oldendorp b. Einbeck (Nds.), Gottsbüren (Hessen), Bg. Sensenstein (Hessen).

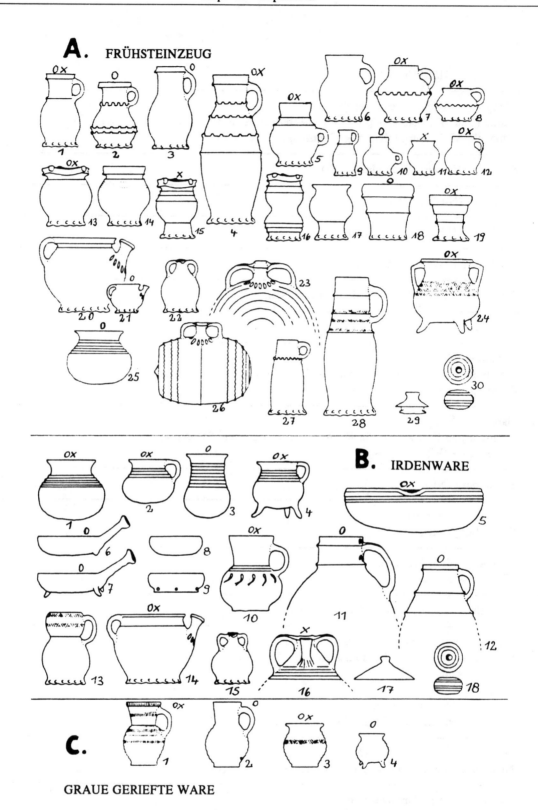

Abb. 63: BENGERODE, Ldkrs. Northeim - Typenspektrum der Keramik - (M 1:10)
  X = zur Vergleichsdatierung herangezogen
  O = für Abb. 64 ausgewählte Typen (K. Grote 1976, 255/256, Abb. 2/3)

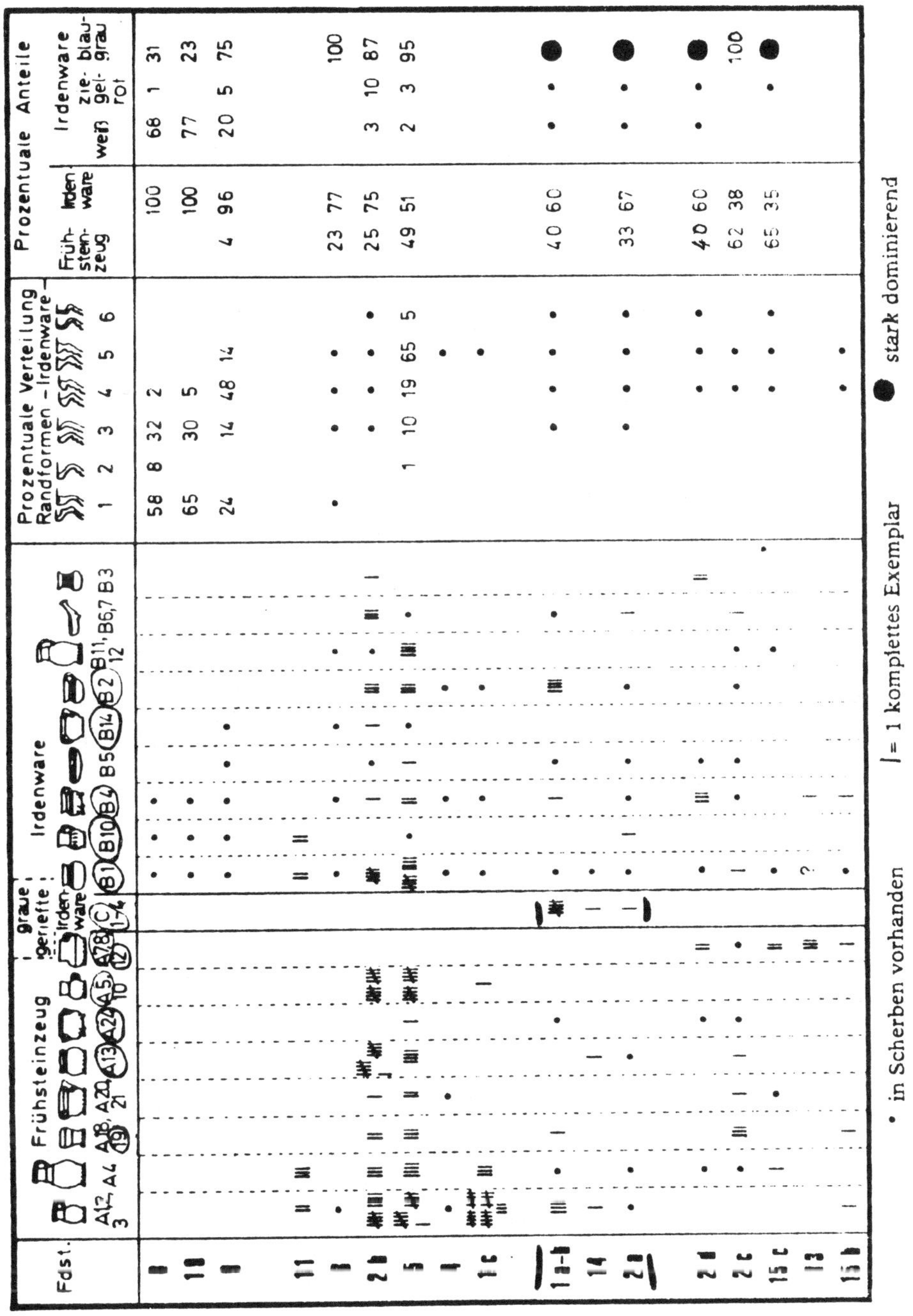

Übersichtstabelle ausgewählter Fundstellen und ihrer Inventare
C = zur Vergleichsdatierung herangezogen, vgl. Text (Kap. VI.1) (K. Grote 1976, 257, Abb. 4)

Abb. 64: BENGERODE, Ldkrs. Northeim

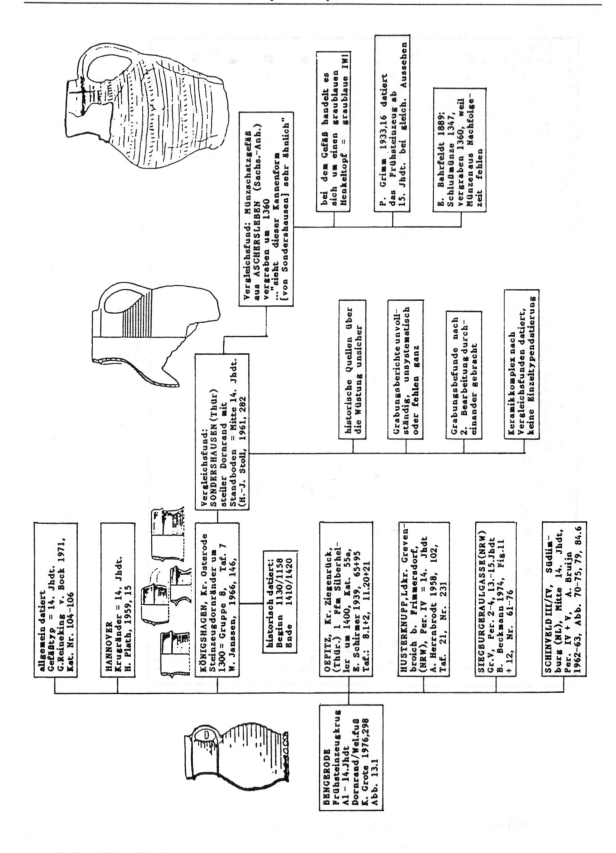

Abb. 65: BENGERODE, Ldkrs. Northeim - Beispiel der Vergleichsdatierung

Kap. VI - Töpfereien

Die Datierungsgrundlagen o.g. Orte sollen hier im einzelnen nicht näher erklärt werden; für Südniedersachsen finden sie sich z.T. in weiteren Kapiteln dieser Arbeit wieder.

Es wird wiederum nur ein Beispiel herausgegriffen, sozusagen die Fortsetzung des Braunschweiger Beispiels. Stellvertretend für alle anderen Typen soll dieser Typ bis zur 'Basisdatierung' zurückverfolgt werden:

Typ A_1: Krug mit Wellenfuß und Bandhenkel, schwach gekehlter Dornrand, Gefäßoberfläche vollständig gerillt, auf der Schulter plastische Leisten, Höhe 16 cm, Gefäßfarbe nicht beschrieben, Frühsteinzeug,[144] datiert 14. Jhdt.

Der Krug A_1 wurde von K. Grote in das 14. Jhdt. datiert, aufgrund der aufgeführten Vergleichskeramik, vgl. Abb. 65:

Die ALLGEMEINE DATIERUNG (G. Reineking von Bock, 1971) soll hier eher bekräftigend wirken.

HANNOVER konnte bis heute nicht absolut datiert werden,[145] d.h. die hannoverschen Krugränder des 14. Jhdts. sind über den Vergleich mit anderen Gefäßen datiert worden.

Gründung und Wüstwerdung KÖNIGSHAGENS (Niedersachsen) sind, wie bereits in einem gesonderten Kapitel erwähnt, historisch datiert. Das bedeutet für die Keramik einen Terminus ad, jedoch ohne exaktere Periodisierung.

In OEPITZ (Thüringen) liegt eine einzelne Silbermünze aus dem 15. Jhdt. vor. Sie lag neben der Keramik, die zum Vergleich herangezogen wurde, in einem Kellergewölbe, das unterhalb eines Schutthügels auf dem Gelände einer Leimsiederei (E. Schirmer 1939, 95) gefunden wurde. Die Aussagekraft einer einzelnen Münze bezüglich anderer Funde ist doch relativ gering, zumal ein Schutthügel, aus nicht näher bestimmbarer Zeit, den Keller abdeckte und das Durchfallen von Schuttfunden (z.B. die Münze) nicht auszuschließen ist.

Die Siedlung HUSTERKNUPP zwischen Morken und Frimmersdorf (Nordrhein-Westfalen) gilt als chronologischer Grundpfeiler der rheinischen Keramik des 10. - 13. Jhdts. und ist archäologisch nachweislich in 7 Bauperioden eingeteilt, die z.T. über die Dendrochronologie und die Schriftquellen erfaßt wurden (A. Heege 1992, 42). Die Gründung der Anlage (Periode I - Flachsiedlung) konnte dendrochronologisch auf 964 ± 8 Jahre datiert werden (E. Hollstein 1980, 68). Die Anlage der Periode III - die Hochmotte - wurde vermutlich zwischen 1192 und 1244 aufgegeben, wegen Zerstörung durch einen Rachefeldzug des Kölner Erzbischofs Bruno III gegen Graf Lothar von Hochstaden (Annahme). Die Periode IV - das Suburbanum - bestand in der Zeit zwischen 1244-1318. 1244 gab Erzbischof Konrad von Hochstaden den Auftrag zum Neubau einer Befestigung, ausweislich der Urkunden Mitte des 13. Jhdts. (A. Herrnbrodt 1958, 5/6); außerdem wird von kriegerischen Auseinandersetzungen um 1318 berichtet, die zur Zerstörung und endgültigen Aufgabe der Motte geführt haben sollen (A. Herrnbrodt 1958, 110).

---

[144] Das Bengeroder Frühsteinzeug beschreibt K. Grote (1976, 253) wie folgt:

Oberflächenfarbe	: Hellgrau bis dunkelgrau, rotbraun bis dunkelbraun, selten ziegelrot.
Oberfläche	: Mattrauh bis feinkörnig
Scherbenfarbe	: Hellgrau bis dunkelgrau, z.T. ziegelrot, auch mit grauem Kern
Lehmglasur	: Unregelmäßig aufgetragen, Oberfläche erscheint nach Brand geflammt bis fleckig.
Salzglasur	: Selten, nur bei den Typen A_{6-8}
Verzierungen	: Plastische Drehrillen, Leisten, Fingerkuppeneindrücke, Kerben und Rollstempel. Flacher Standboden oder Wellenfuß parallel hergestellt.
Formen	: Siehe Abb. 63.
Brand	: Klingend hart, wasserundurchlässig, z.T. schon versintert.

[145] Vgl. die Dissertation von A. Büscher, 1992.

Weitere chronologische Anhaltspunkte werden begründet mit der technisch und typologischen Weiterentwicklung eines Reiterspoms des 13. Jhdts. und dem Fehlen kultureller Hinterlassenschaften des 15. Jhdts.

Die 7 Bauperioden konnten allerdings in sich nicht absolut-chronologisch gegliedert werden. Weiterhin ist zu beachten, daß Laufhorizonte und Aufhöhungsschichten von Motten nicht unbedingt auch geschlossene Befunde darstellen (A. Heege 1992, 42).

Die Vergleichskeramik zum Bengeroder Krug stammt aus der Periode IV, die historisch 1244-1318 datiert wurde (Aufruf zum Bau und die Bauausführung müssen nicht zur selben Zeit stattgefunden haben). Der Krug (Nr. 231) vom Husterknupp zählt A. Herrnbrodt zur gerieften Ware. Laut seiner Beschreibung paßt er typologisch zum Bengeroder Frühsteinzeug und gilt als Einzelfund aus dieser Periode (Bau IV wurde ebenfalls zerstört). Stratigraphisch liegt die Schicht zwischen der Brand- und Zerstörungsschicht der Motte III und der rezenten Oberfläche (A. Herrnbrodt 1958, 100/102). Ein geschlossener Befund scheint hier nicht vorzuliegen und da während der Periode III geriefte Ware dieser Art auch schon vorkam (A. Herrnbrodt 1958, 103), ist nicht mit Sicherheit zu belegen, ob der Krug nicht auch bei der Einebnung der Fläche für Bau IV aus der darunterliegenden Schicht herausgerissen wurde.

Die SIEGBURGER AULGASSE konnte bisher nur relativ chronologisch datiert werden, die von B. Beckmann festgesetzten Perioden sind willkürlich in Anlehnung an andere ungenannte Vergleichsfunde datiert worden, vgl. Kap. VI.5 - Siegburg.

SCHINVELD / Südlimburg (NL), war ein Töpfereibetrieb, dessen Abwurfhalden A.V. Bruijn in 7 relativ-chronologische Stufen einteilte. Schinveld selbst konnte nicht absolut datiert werden. Es bedurfte Vergleichsfunde aus Nieuwenhagen / Südlimburg (^{14}C-Datum: 1080-1220), Burg Valkenburg/ Südlimburg (historisch datierter Brandhorizont, von J.G. Hurst angezweifelt), verschiedener Münzschatzgefäße u.a. aus Trier - St. Irminen sowie anderer Vergleichsorte aus dem In- und Ausland (A. Heege 1992, 19f).

1.2. Bewertung der chronologischen Grundlagen

Rekapitulieren wir noch einmal: Bengerode konnte aus sich heraus nicht absolut-datiert werden, deswegen wurde Vergleichsmaterial herangezogen. Dieses wiederum ist recht grob ausgesucht.

Der nächstliegende Vergleichsort ist Königshagen, der seine Keramik auch über Vergleichsstücke datieren mußte. Durch die historischen Quellen ist die Keramik für den Zeitraum zwischen dem 12.- 15. Jhdt. zu allgemein datiert.

Bei dem für den Bengeroder Krug herangezogenen Königshagener Vergleichsstück handelt es sich nicht um eine Merkmalskombination des gesamten Gefäßes, sondern nur um den Dornrand, speziell an Steinzeugkrügen. W. Janssen findet Vergleichbares u.a. in SONDERSHAUSEN (Thüringen), wobei wiederum nur der Dornrand von Interesse ist.

Historische Quellen über Sondershausen / Stockhausen sind sehr unsicher, so daß auch hier eine Vergleichsdatierung bevorzugt wurde. Der Töpfereibezirk wurde zwar 1903-13 / 1951 gegraben, es existieren aber kaum Unterlagen darüber oder sie sind unbrauchbar. Auch das einstige Inventar wurde bei einer Nachbearbeitung durcheinandergebracht, so daß Sondershausen nicht mehr auswertbar ist (H.-J. Stoll 1961, 282ff).

Der Sondershausener Dornrand findet sein Pendant in ASCHERSLEBEN (Sachsen-Anhalt) in einem Münzschatzgefäß.

Dieses Gefäß wurde beim Bau eines Wohnhauses entdeckt und gehoben, eine archäologische Untersuchung

Kap. VI - Töpfereien

erfolgte nicht. Der Münzschatzfund ist numismatisch ausgewertet worden. Über 11.500 Münzen enthielt er, überwiegend brandenburgische Denare und zu einem Viertel Prager Groschen. E. Bahrfeldt gibt die Vergrabungszeit um 1360 an, da die Schlußmünze aus der Regierungszeit Balthasar von Meissen (1349-1406)[146] stammt. Vom nachfolgenden Marktgrafen Otto VIII. (1365-1373) waren keine Münzen vorhanden. Der T.p.q. ist somit 1349 - als frühest möglicher Vergrabungszeitpunkt.

Die älteste von E. Bahrfeldt untersuchte Münze des Gefäßes stammt aus der Regierungszeit Barnim I., des Herzogtums Pommern (1220-1278), d.h. die Münzen repräsentieren über 120 Jahre Münzgeschichte. In welcher Zeit nun dieser Hort angelegt wurde, läßt sich nicht ermitteln, genausowenig, ob das Gefäß von Beginn der Hortungszeit dazu benutzt wurde.

Es handelt sich um ein graublaues Henkelgefäß mit Standboden und Dornrand. P. Grimm zählt es noch zur Irdenware und läßt "sein" Frühsteinzeug mit denselben Formen erst im 15. Jhdt. beginnen (P. Grimm 1933, 16). Nach rein literarischer Sachlage wird hier ein Gefäß der Irdenware zum Vergleich eines Frühsteinzeuggefäßes herangezogen.

Auch an diesem Beispiel wird deutlich, daß eine einzige absolut-datierende Quelle einfach zu wenig Aussagekraft hat, und daß es v.a. sinnvoll ist, die Vergleichsdatierungen bis zum Ursprung zurückzuverfolgen.

In Abb. 66 wird noch einmal der oben beschriebene Vergleichsweg zur Basisdatierung durch den 'Zitatendschungel' aufgezeigt:

K. Grote zitiert für das Vergleichsstück des Bengeroder Kruges A_1 die Literatur von W. Janssen, 1966 (Abb. 66). Janssen sucht seinerseits Vergleichsstücke und findet sie u.a. bei H.-J. Stoll, 1961. Janssen weist aber schon daraufhin, daß dieses Gefäß auch bei E. Schirmer bzw. P. Grimm besprochen wird. H.-J. Stolls Datierung bezieht sich auf das Münzschatzgefäß aus Aschersleben, über das neben W. Hävernick 1941, die schon erwähnten Herren E. Schirmer 1939 und P. Grimm 1933 berichteten.

Bei W. Hävernick findet sich nicht mehr als ein Hinweis darüber, daß die Münzen des Gefäßes für den Vergleich in den Berliner Münzblättern von 1889, Sp. 929 nachzuschlagen, weitere Informationen über das Gefäß bei E. Schirmer nachzulesen seien. E. Schirmer hat zwar dieses Münzschatzgefäß in seinen Katalog der "deutschen Irdenware des 11.- 15. Jhdts. im engeren Mitteldeutschland" mit Abbildung aufgenommen, über die Fundumstände und die Datierung berichtet er jedoch nicht. Auch bei P. Grimm kann nichts über die Fundumstände in Erfahrung gebracht werden. Er benutzt u.a. das Gefäß für die absolut-chronologische Absicherung seiner Keramkperioden des Harzgebietes.

Erst die Berliner Münzblätter und eine Fundmeldung der Numismatischen Kommission erwähnen die Umstände der Fundbergung. Die Fundmeldung zitiert neben weiterer numismatischer Literatur auch E. Schirmer.

K. Grote beruft sich letztendlich auf eine Literatur von 1890.

Bei der Überprüfung der Literatur wurde jeweils nur ein Literaturhinweis bis zum Ende der Datierungskette zurückverfolgt. Die 'Nebenhinweise' weiterer Vergleichsstücke blieben unberücksichtigt. Es ist sehr leicht hochzurechnen, wie lange es wohl dauern mag, bis alle Literaturhinweise hinreichend überprüft sein würden.

---

[146] Ein Teil der Münzen wurde kurz nach ihrer Entdeckung verschenkt bzw. eingeschmolzen (böhmische Groschen). E. Bahrfeldt versicherte zwar, daß er den größten Teil der verschenkten Münzen habe bearbeiten können, es bleibt dennoch fraglich, ob nicht doch Münzen des Markgrafen Otto VIII. dabeigewesen waren. Die Münze des Balthasar von Meissen war ebenfalls verschenkt, der Besitzer machte E. Bahrfeldt später darauf aufmerksam, daß sie zu dem Münzschatzfund gehörte (E. Bahrfeldt 1890, 54). Im Bahrfeldtschen Katalog wird sie aber nicht aufgeführt.

M. E. sind Abb. 65 + 66 anschauliche Bilder, wie 'verfilzt' die Vergleichsdatierungen mittlerweile geworden sind; die Gültigkeit ihrer Aussage ist w.o. entsprechend dargestellt worden.

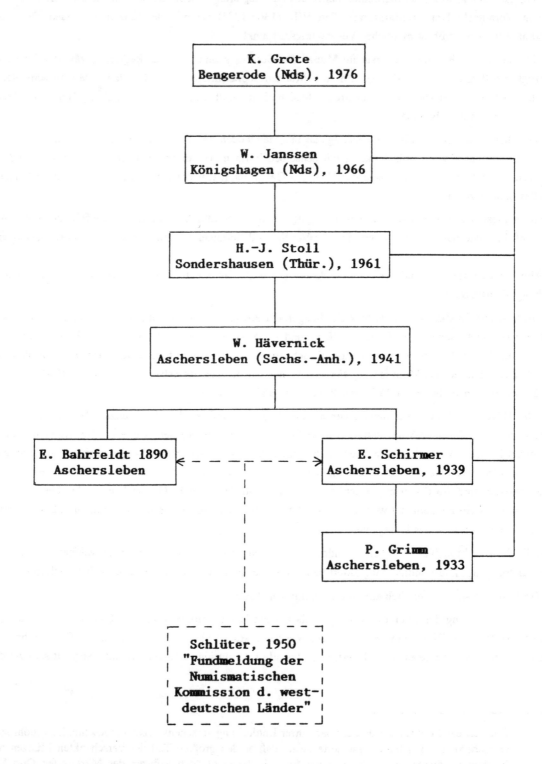

Abb. 66: BENGERODE, Ldkrs. Northeim
   Benötigte Literatur bis zur "Datierungsbasis":

Kap. VI - Töpfereien

2. Boffzen

2.1. Die chronologischen Grundlagen

In Boffzen wurde Mitte des Jahrhunderts bei Bauarbeiten eine mittelalterliche Töpferei angeschnitten, 3 km von Höxter bzw. 6 km südöstlich vom Kloster Corvey jenseits der Weser. Die Grenzen der mittelalterlichen Töpferei wurden bei den Feldbegehungen 1975 etwa nördlich des heutigen Ortes lokalisiert (H.-G. Stephan 1983, 395). Systematische Grabungen sind weder 1941, 1943, noch 1975 durchgeführt worden. Dementsprechend wurden auch nicht die Siedlungs- und Werkstattbereiche mit den Gruben, Öfen und 'Scherbenhügel' der Töpfer erfaßt.

Es wurden daher auch keine physikalischen Datierungsmethoden eingesetzt, es gab noch keine Münzfunde und etwaige historische Überlieferungen von Boffzen sind bislang nicht veröffentlicht worden.

1941 erging eine Fundmeldung an den zuständigen Kreisarchäologen, die besagte, daß bei Ausschachtungsarbeiten für eine Wasserleitung eines Gärtnereibetriebes sehr viele Scherben gefunden wurden. Als der Archäologe Curt Sauermilch eintraf, fand er schon eine Kiste Scherben, die aus dem Aushub des Grabens herausgesammelt waren. Die Arbeiter hatten ein Profil freigelegt, in dem 3 Fundstellen mit Keramik angeschnitten worden waren. Bei 2 Fundstellen handelte es sich um Scherbenhaufen mit Schlammablagerungen (keine Gruben).

Die 3. weiter östlich gelegene Fundstelle, zeigte einen auf der Mündung stehenden Kugeltopf mit vielen, z.T. nur angebrannten Scherben im Umfeld. Der umliegende Boden war mit Holzkohlepartikeln durchsetzt. C. Sauermilch vermutete daher an dieser Stelle einen Feldbrandofen (C. Sauermilch 1942, 18).

Eine zweite Kiste mit Scherben ist aus eben genannter Fundstelle 3 geborgen worden. Es gab keine weiteren Untersuchungsmaßnahmen. Die geborgenen Scherben gehören überwiegend zu schlichten Kugeltöpfen älterer Machart (oxidierend gebrannt; weich; rundlich ausbiegender, innen gekehlter und waagerecht abgestrichener Rand; das Oberteil auf der Drehscheibe, das Unterteil handgefertigt). Ebenso wurden Grapenfüße, Ausgußtüllen und Bandhenkel von Kannen gefunden.

C. Sauermilch datierte diese Keramik aufgrund typologischer Erwägungen in die Zeit zwischen dem 11.- 14. Jhdt.:

- Vom einfachen Lippenrand zu den reich profilierten Rändern
- Von einfachen Schulterlinien zu "schönen" Furchen.

Seine Begründung, die früheste Form um 1000 n. Chr. und die späteste um 1300 n. Chr. anzusetzen, ist subjektiv argumentiert: "...weil der dreifüßige Grapen vom 13. Jhdt. an erst wahrgenommen wird" (C. Sauermilch 1942, 19).

Auch wenn die wenigen Grapenfüße typologisch früh eingeordnet worden sind, warten möglicherweise weitere auf ihre Freilegung, die eventuell ein anderes typologisches Bild ergeben, da nur das Wasserleitungsprofil aufgenommen und nicht der gesamte Töpfereibezirk erfaßt wurde.

C. Sauermilch schränkt allerdings auch ein, daß "eine zeitliche Festlegung nicht immer einwandfrei möglich ist" (1942, 18) und verweist auf 2 Standardwerke der Herren Erwin Schirmer 1939[147] und Ernst Grohne 1940,[148] die die Grundlagen der Keramikdatierung des damaligen Forschungsstandes widerspiegeln.

Interessant ist auch C. Sauermilchs Bemerkung, daß die Farbe der Gefäße nicht zur Datierung herangezogen werden kann, da sie von der Brennweise abhängig ist. Gerade aber dieses Phänomen hat Eingang in die neuere Forschung der mittelalterlichen Keramikdatierung gefunden. Denn Farbe und Qualität der Irdenwaren bis hin zum Steinzeug änderten sich durch die Weiterentwicklung der Brennweise. Dieses ist in der Tat ein chronologisches Indiz, wenngleich es noch nicht absolut-chronologisch gesichert ist.

War bis hier die chronologische Grundlage die Typologie, versuchte H.-G. Stephan, die Funde von Boffzen, einschließlich seiner durch Oberflächenbegehung geborgener Keramikscherben von 1975, über absolut datierte Vergleichsfunde der näheren Umgebung zu bestimmen[149]:

- Einfache Randpartie: 2. Hälfte 11. - Mitte 12. Jhdt.

Begründung: * Höxter allgemein
   * Wildburg 1160/1162 gegründet, enthielt diese Warenart nicht

Die münzdatierten Befunde von Höxter (Weserstraße + Marktstraße) gehören in die Zeit nach Mitte des 13. Jhdts.; nach den Abbildungen kommen einfache Ränder u.a. in der Marktstraße vor (H.-G. Stephan 1981b, Abb 3.3), alle anderen Fundorte Höxters, die diese Ränder aufweisen, sind nicht absolut datiert.

- Sandsteinmagerung: 800 - 1150

Begründung: * Altstadt- und Wüstungsfunde aus dem Wesertal

H.-G. Stephan bezieht sich einerseits auf seine Magisterarbeit, andererseits auf seine Dissertation. Die Datierungsgrundlage der Wüstungen (Dissertation) bezieht sich auf die absolut-datierten Befunde von Höxter (Magisterarbeit) und in Höxter konnten die sandsteingemagerten Keramikfunde für diese Zeit nicht absolut datiert werden.

- Ziegelrote Ware (WA 320), vergleichbar mit grautoniger Irdenware: 2. Hälfte 12. - 1. Hälfte 13. Jhdt.

Begründung: * Höxter - Weserstr. 1

Die Weserstraße wird über die Münzen T.p. 1270 datiert. Die stratigraphische Lage der Münze ist indessen nicht gesichert, vgl. Kap. III.3 - Höxter.

- Grobe grautonige Irdenware (WA 450) "Herstellungsschwerpunkt":[150]
   Beginn um 1100 möglich, Hauptzeit 12.- 13. Jhdt.

---

[147]   E. Schirmer 1939, Die deutsche Irdenware des 11.- 15. Jahrhunderts im engeren Mitteldeutschland, Jena.

[148]   E. Grohne 1940, Tongefäße in Bremen seit dem Mittelalter
in: Jahresschrift des Focke-Museum, Bremen.

[149]   Folgende Ausführungen beziehen sich auf den Aufsatz von H.-G. Stephan 1983, 404-407.

[150]   Dieser "Schwerpunkt" bezieht sich auf die gesammelten Scherben, die mengenmäßig höher vertreten sind als alle anderen Warenarten.

Kap. VI - Töpfereien

Begründung:
    * um 1100 in Höxter, Uferstraße
    * Mitte 12. Jhdt. auf der Wildburg als Gebrauchskeramik vorhanden
    * um 1300 in Höxter nicht mehr üblich
    * verglichen mit Coppengrave
    * 12. - 1. Hälfte 13. Jhdt. in Corvey dominieren
    * allgemein untermauert durch die typologisch datierten Entwicklungsreihen der Verzierungsarten (Riefen, Stempeldekore).

In der Uferstraße wurden zwar 2 Münzen gefunden, die wahrscheinlich um 1070-1110 geprägt wurden, hingegen die Stratigraphie und der Einzelmünzencharakter eher auf einen nicht geschlossenen Befund hinweisen, so daß die Übertragung dieses 'absoluten' Datums bedenklich erscheint.

Ähnlich verhält es sich mit Coppengrave. Es ist erst 1985 systematisch gegraben worden - die Ergebnisse liegen noch nicht vor - und deswegen gilt Coppengrave als noch nicht absolut datiert. Die Vergleichsfunde sind Oberflächenfunde aus mehreren Feldbegehungen.

Für Corvey ist eine Überprüfung zur Zeit auch noch nicht möglich, da es sich bei der Literaturangabe um die ungedruckte Habilitationsschrift von Herrn Dr. Stephan handelt.

2.2. Bewertung der chronologischen Grundlagen

Das Auftreten der gerieften Kugeltöpfe, der Krug und die 2 Grapen der grautonigen Irdenware in Boffzen in die Zeit zwischen 1190 und 1210 zu setzen, ist eine nicht nachvollziehbare Festlegung, ebenso den Zeitpunkt der Töpfereiaufgabe 1200 zuzuschreiben; dieses ist durch nichts tatsächlich bewiesen. Selbst, wenn wegen allgemeiner Umstrukturierungen regionaler Töpfereien mehrere kleine Töpfereien im 13. Jhdt. zur Aufgabe gezwungen wurden, und Höxter dann seinen Haushaltsbedarf ab Mitte 13. Jhdt. aus anderen Töpfereien bezogen haben mag, ist dieser absolute Zeitpunkt nur eine Vermutung.

Ein Bestehen der Töpferei im 12. / 13. Jhdt. ist wahrscheinlich, da aber exakte Untersuchungen noch ausstehen, durch die die gesamte Herstellungszeit vielleicht erfaßt werden könnte, bleibt Boffzen zur Zeit noch undatiert. Da es sich um Oberflächenfunde handelt, bedeutet ein Fehlen einer bestimmten Warenart noch lange nicht die Nichtherstellung dieses Produktes, ebenso sind zeitliche Zuweisungen unzulässig, sofern keine stratigraphische Absicherung erfolgt ist, aus der die einzelnen Schüttungshorizonte abzulesen sind.

Bisher erfaßte Typen aus Boffzen, Krs. Holzminden siehe Abb. 67.

Abb. 67: BOFFZEN, Ldkrs. Holzminden
Bisher erfaßte Keramiktypen (H.-G. Stephan 1983, Abb. 3)

Kap. VI - Töpfereien

3. Coppengrave

3.1. Die chronologischen Grundlagen

Coppengrave gehört heute zur Nachbargemeinde Duingen, Krs. Hildesheim. In mittelalterlicher Zeit scheint es ein bedeutender Töpfereiort gewesen zu sein, der seine Produkte regional und überregional verhandelte. Intensivere Forschungen könnten den Nachweis erbringen, ob Coppengrave als Pendant zum Siegburger Zentrum bzgl. der Steinzeugherstellung verstanden werden kann.[151]

Die ehemalige Siedlung erstreckt sich über eine Fläche von 120 x 180 m und liegt auf einer Terrasse des Flusses Glene (heute unter Ackerland). Das heutige Coppengrave ist etwas nordöstlich verlagert, die Glene verläuft mitten durch den Ort.

Das mit Töpfereiabfällen versehene Ackerland wurde in den Jahren 1973-77 systematisch begangen und aufgenommen. Die bisherige Publikation über Coppengrave (H.-G. Stephan 1981) stellt die Funde aus den Feldbegehungen vor, darum kamen auch noch keine naturwissenschaftlichen Methoden zur absoluten Keramikdatierung zum Einsatz. Münzen gab es ebenfalls keine im Fundgut. Es bleiben die historischen Überlieferungen, die sich auf Coppengrave oder das Töpferhandwerk in diesem Gebiet beziehen.

Neue Grabungen haben ab 1985 stattgefunden, so bleiben die Auswertungen der letztjährlichen Grabungen abzuwarten, die 1993 publiziert werden sollen (mündliche H.-G. Stephan). Weitere Grabungen sind für die 90er Jahre geplant (H.-G. Stephan 1991, 243).

Einige wenige Schriftquellen konnte H.-G. Stephan für Coppengrave anführen, so die (Erst-) Erwähnung um 1400. Es geht um die Nennung von 8 Zinspflichtigen, denen dieser Siedlungsbereich zugeordnet wird. 1414 taucht in den historischen Berichten der Name "Dat Kobbengraf" auf, und 1470 möchte Herzog Wilhelm der Ältere, daß Coppengrave aus der Verpfändungsverordnung herausgehalten wird (H.-G. Stephan 1981a, 5).

Die nächsten historischen Quellen sprechen erst wieder um 1550. Sie nennen den Platz, an dem die Töpfereien gestanden haben "die alte Kapelle". Daher vermutet H.-G. Stephan, daß lange vorher (Mitte des 15. Jhdts.) der Töpfereiort aufgegeben oder verlegt wurde und, in noch unbekannter Zeit, eine Neugründung des heutigen Coppengraves stattgefunden habe (1981a, 27).

Der Vollständigkeit halber seien noch die Schriftquellen aus dem 17.- 19. Jhdt. genannt; es handelt sich um Briefe, Gildeakten und Namenslisten, in denen u.a. das Töpferhandwerk bestätigt wird. Aus den frühen Schriftquellen gehen weder Töpferhandwerk noch -handel hervor.

Für die frühe Keramikdatierung benutzte H.-G. Stephan diese historischen Quellen nicht, sondern bezog sich auf festdatierte Burgen und Orte der näheren Umgebung, die alle vor der 'Ersterwähnung' Coppengraves liegen (1981a, 50):

Höxter (Weserstr.1)	münzdatiert	1250/1270	
Glener Burg (Lippoldsburg)	Zerstörung	1311	(historisch)
Burg Hausfreden	Benutzungszeit	1344-1402	(historisch)
Burg Everstein / Holzm.	münzdatiert	1384, 1398	

---

[151] Das Coppengraver Steinzeug ist individueller gestaltet: Selten hellrot geflammt, dünne und stumpfere Glasur, wenig ausgeprägtere Wellenfüße, mehr engobierte Kannen und Vierpaßgefäße (H.-G. Stephan 1981a, 92).

3.2. Bewertung der chronologischen Grundlagen

Der Hypothese, daß Coppengrave einst aus dem nahegelegenen Velterdissen entstand, weil dort die Keramikherstellung im 9. / 10. Jhdt. einsetzte und im 13. / 14. Jhdt. abbrach (Datierungsbasis: Keramikbegutachtung nach Feldbegehung?), kann ohne exaktere Beweisgrundlage nicht entsprochen werden.

Da die Coppengravener Keramik sich kaum von den Fundkomplexen (Höxter und den Burgen Glene, Hausfreden, Everstein) unterscheidet, übernahm H.-G. Stephan ihre Datierungen und setzte den Töpfereibeginn in Coppengrave etwa in die Mitte des 13. Jhdts.

Die Töpfereiaufgabe datiert er in die Mitte des 15. Jhdts. durch das Fehlen bestimmter Keramiktypen (glasierte Irdenware = Schüsseln und Teller sowie Reliefkacheln der Frührenaissance), wie sie z.B. in Höxter gefunden wurden. Außerdem wird Mitte des 16. Jhdts. an der Stelle der ehemaligen Töpfereien eine Kirche erwähnt (vgl. w.o.).

Unbestreitbar können systematische Grabungen das gesamte Keramikspektrum aufzeigen, und die zur Zeit bestehenden 'Lücken' der glasierte Irdenware möglicherweise auffüllen.

Ebenso werden zukünftige Untersuchungen zeigen, ob die urkundlich erwähnte Kirche um 1550 relativ jung gewesen ist, oder ob sie schon längere Zeit gestanden hatte. Vermutlich gab es zur 1. Erwähnung des Ortes um 1400 schon keine Töpferei mehr. Die frühen Quellen schweigen darüber; in den späteren wird diesem Gewerbe mehr Raum gewidmet.

Die Datierung, die hier aufgestellt wurde, bezieht sich auf Oberflächenfunde mit externer Chronologie, die ihrerseits nicht die Lauf- bzw. Produktionszeit der Keramik vorort zu datieren vermag. Das Einhängen von unstratifizierten Oberflächenfunden in eine solche Keramikchronologie ist methodisch unzulässig. Es bleiben, wie bereits erwähnt, die neuen Untersuchungsergebnisse abzuwarten.

Die bisher in Coppengrave aufgenommenen Keramikarten zeigen die Abb. 68-71:[152]

Grautonige, unglasierte Irdenware	(400) - reduzierend gebrannt
Grautonige, braungefleckte, einfache Irdenware	(440)
Hellgrautonige, braungefleckte Irdenware	(440/81)
Einfache, grobe, grautonige Irdenware	(450)
Helltonige, grobe, grautonige Irdenware	(450/81)
Einfache, hartgebrannte, grautonige Irdenware	(470)
Einfache, hellgrautonige Irdenware	(470/81)
Helltonige, graue Irdenware, jüngerer Machart	(481)
Klingendhart gebrannte, grautonige Irdenware	(490), z.T. mit Außenglasur
Gelb- bis pinktonige, glasierte und unglasierte Irdenware	(600)

Feine dünnwandige, klingendhart gebrannte, unglasierte, gelbtonige Irdenware

Unglasierte, gelb- bis pinktonige Irdenware

Bleiglasierte, gelb- bis pinktonige Irdenware

---

[152] Klassifizierungsnummer der Warenarten, vgl. H.-G. Stephan, Dissertation, 1978.

Möglicke Varianten:
    Ziegelrote, unglasierte Irdenware
    Rot- und graugefleckte, unglasierte Irdenware
    Rot- und graugefleckte, glasierte Irdenware

Mittelalterliches Proto-, Fast- und (Voll-) Steinzeug	(500)
Helltoniges, bräunlich geflecktes Steinzeug	(520) Siegburg
Helltoniges, bräunlich geflecktes Fasteinzeug	(525) Siegburg
Grautoniges, rotes, grobkörniges Protosteinzeug	(530)
Grautoniges, rotes Faststeinzeug	(550)
Grautoniges, bräunlich glas. Faststeinzeug und Steinzeug	(560)
Hellgrautoniges, bräunlich geflecktes Faststeinzeug	(565)
Gelbtoniges, rotes Protosteinzeug	(570)

Abb. 68: COPPENGRAVE, Ldkrs. Hildesheim
Vorläufige Typentafel zur mittelalterlichen Keramikproduktion:
Gelbtonige, glasierte und unglasierte Irdenware (300) (H.-G. Stephan 1981, 35, Abb. 16)

Abb. 69: COPPENGRAVE, Ldkrs. Hildesheim
Vorläufige Typentafel zur mittelalterlichen Keramikproduktion: Grautonige Irdenware (400)
(H.-G. Stephan 1981, 32, Abb. 14)

Kap. VI - Töpfereien

Abb. 70: COPPENGRAVE, Ldkrs. Hildesheim
Vorläufige Typentafel zur mittelalterlichen Keramikproduktion: Rotes Faststeinzeug (550)
(H.-G. Stephan 1981, 38, Abb. 19)

Abb. 71: COPPENGRAVE, Ldkrs. Hildesheim
Vorläufige Typentafel zur mittelalterlichen Keramikproduktion:
Braunes Faststeinzeug und Steinzeug (560) (H.-G. Stephan 1981, 41, Abb. 21)

4. Königshagen

4.1. Die chronologischen Grundlagen

Der mittelalterliche Ort Königshagen, Krs. Osterode / Harz wurde 1961 + 62 von W. Janssen gegraben. ^{14}C- und dendrochronologische Untersuchungen sind nicht durchgeführt worden. Münzfunde gab es keine. Aus den historischen Quellen ist eine Besiedlung etwa für den Zeitraum des 12.- 15. Jhdts. zu rekonstruieren.

Um 1130 wurde im Zuge der Landbauphase auch die bis dahin unbesiedelte Fläche um Königshagen besiedelt. Es wurden u.a. mehrere Orte mit der Endung "-hagen" gegründet. Ob Königshagen dabei war, bleibt unerwähnt (W. Janssen 1966, 12).

1158 bekommt Heinrich der Löwe das Gebiet um Königshagen im Austausch gegen seine schwäbischen Besitzungen von Friedrich I. geschenkt. In dieser Schenkungsurkunde wird Königshagen namentlich erwähnt. W. Janssen folgerte, daß in dieser Zeit Königshagen schon bestanden haben muß, denn wäre unter Heinrich d.L. der Ort entstanden, hätte er sicherlich nicht einen Namen mit "König-" gewählt, da er selbst nur Herzog war. Das Wüstwerden, dem eine große Brandzerstörung vorausging (W. Janssen 1966, 28), rekonstruierte W. Janssen aus den überlieferten Fehdebriefen (1413 bzw. 1420), die in einem historischen Bericht des 17. Jhdts. erwähnt werden.

Ein Bestehen des Ortes für die Zeit post 1130 ante 1158 als Gründungsdatum und zwischen 1413 und 1420 als Aufgabedatum scheint schlüssig zu sein. Nach diesen Schriftquellen bestand Königshagen für ungefähr 290 Jahre. Dieses über die historischen Quellen ermittelte Datum bildet den äußeren chronologischen Rahmen für die Anlage und deren Befunde. Die innere Gliederung erfolgte über die typologische Periodisierung.

Nach dem Grabungsbefund soll Königshagen aus ca. 13 bis 16 Häusern bestanden haben, die sich außerhalb um eine befestigte Anlage mit zentralem Steinhaus, später die Kirche, locker gruppierten, vgl. Abb. 72 (W. Janssen 1966, 28). Das Gelände wurde allerdings durch ackerbauliche Maßnahmen gestört.[153] In allen Profilschnitten zeigte sich immer das gleiche Bild:

Unter einer Humusschicht von 10-20 cm Dicke lag eine Brandschicht (15-25 cm). Sie enthielt große Mengen Holzkohle, Hüttenlehm und verbranntes Holz, selten Keramik. Unter dieser Brandschicht folgte die eigentliche Kulturschicht (30 - 60 cm), die aber nicht stratifizierbar war. In Vertiefungen (Gruben, Keller und Befestigungsgraben) zeigte sie eine Mächtigkeit bis zu 1.60 m. Auch hier war sie gleichmäßig aufgeschüttet (W. Janssen 1966, 26). Die Funde sollen im unteren Bereich von der ehemaligen Oberfläche seitlich eingeschwemmt worden sein (E. Kühlhorn 1972, 56).

Die direkt unter der Humusschicht liegende ungestörte Brandschicht korrelierte W. Janssen mit den historisch überlieferten Fehden aus der Zeit um 1413/20, und interpretierte sie als Aufgabehorizont. Die nachfolgende Kulturschicht wird Terminus ante 1413/20 datiert.

Da eine Stratifizierung der Kulturschicht nicht gegeben war, ließ W. Janssen in künstlichen Horizonten (5 cm, 10 cm, 20 cm) graben. Das darin enthaltene Fundmaterial wurde typologisch gegliedert. Die Keramik wurde in 17 verschiedene Rand- und 6 unterschiedliche Bodentypen eingeteilt. Statistisch wurde die Fundstreuung der Keramiktypen pro Fundtiefe ausgewertet, vgl. Abb. 73.

---

[153] E. Kühlhorn bezweifelt die Angabe der Anwesen, da von ihnen nur 5, und diese auch nicht vollständig, ausgegraben wurden. Die anderen Häuser sind aufgrund der oberflächlichen Streulage von Hüttenlehm und Keramik vermutet worden (vgl. dazu E. Kühlhorn 1972, 51).

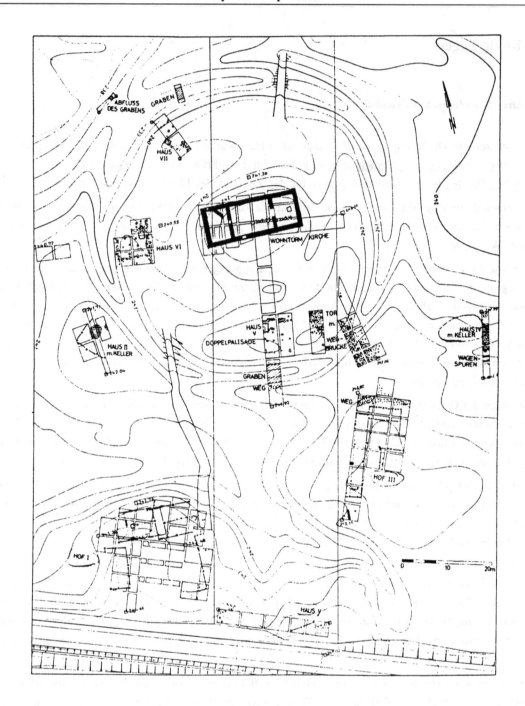

Abb. 72: KÖNIGSHAGEN, Ldkrs. Osterode - Übersichtsplan der Grabungsbefunde
(W. Janssen 1966, 15, Abb. 4)

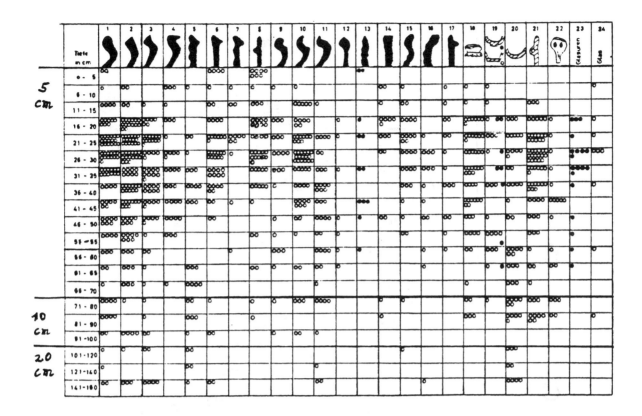

Abb. 73: KÖNIGSHAGEN, Ldkrs. Osterode
Tiefenverteilung der Keramikrandtypen 1-17 in der Kulturschicht (statistisches Mittel)
(W. Janssen 1966, 116, Abb. 10)

Aufgrund der sich verändernden Formen und Techniken hat W. Janssen 5 Perioden (A-E) herausgearbeitet, die als relative Chronologie des Typenspektrums von Königshagen betrachtet werden.

Die Keramiktypen wurde über den Vergleich datiert, die auch die willkürlich gesetzten Zeiträume von 50-60 Jahren der Perioden B, C und D bestätigen sollten (W. Janssen 1966, 49-95, 145-147 und 116, Abb. 10).[154]

---

[154] Die Vergleichsstücke ließen sich da aber nicht immer einpassen.

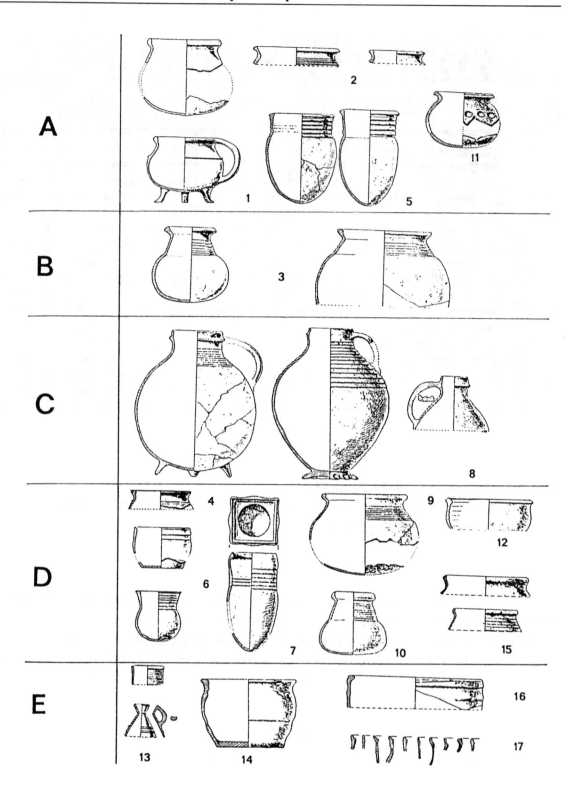

Abb. 74: KÖNIGSHAGEN, Ldkrs. Osterode
Keramik nach den Randgruppen 1-17 den Perioden A-E zugeordnet
Periode A = älteste, Periode E = jüngste,
(Keramiktypen entnommen a.d. Typentafeln 1-12 bei W. Janssen 1966)

Kap. VI - Töpfereien

Die Perioden,[155] **Abb. 74:**

A = Beginn ?

Vorhandensein der Gruppen 1, 5, 11 + event. 2:
Überwiegend Wölbtöpfe (Ofenkacheln); schwarze, schwarzbraune, braune, rotbraune, ziegelrote + weiße Irdenware; weicher Brand; grobes Material; wenige blaugraue, furchenbedeckte Kugeltöpfe; wenige Linsenböden

B = Beginn durch Gruppe 3:
Furchenverzierte Kugeltöpfe; keine schwarze / schwarzbraune Irdenware; wenige ziegelrote, überwiegend blaugraue Gefäße

C = Beginn durch Gruppe 8:
Kugeltöpfe, Krüge, Kannen, Grapen; blaugraue + ziegelrote Irdenware; hart gebrannt; feine Magerung; Planböden mit Wellenrand; Dornränder; Eindrücke, Stempel, Kerbverzierungen des Randes

D = Beginn ? Vergleichstypen fangen unterschiedlich an:
Vorhandensein der Gruppen 4, 6, 7, 9, 10, 12, 15; vielseitige Formen

E = Beginn durch Gruppe 13, es folgen die Gruppen 14, 16, 17:
Steinzeuge; weniger Kugeltöpfe der blaugrauen Irdenware, dafür qualitativ besser in Form, Brand und Material; Glasuren.

4.2. Bewertung der chronologischen Grundlagen

Außer den historischen Nachrichten gibt es keine absolut-datierenden Quellen für die Keramik und die anderen Funde in Königshagen. W. Janssen mußte also für die zeitliche 'Absicherung' seiner Perioden Vergleichsfunde heranziehen, die z.T. nach Münzschatzgefäßen datiert wurden (für die Gruppen 3 + 8 = Peine; für die Gruppe 10 = Sangershausen; für die Gruppe 11 = Gotha), deren Datierungsmöglichkeiten bzw. -ungenauigkeiten im Kapitel II.4 - Die Münzdatierung - erläutert werden. Alle anderen Fundorte, z.T. mehrere hundert Kilometer entfernt (Hamburg / Husterknupp), beziehen sich ebenfalls auf historische Nennungen (vgl. Kap. II.5 - hist. Quellen) oder auf andere typologische Vergleiche.

Durch die teilweise sekundäre Einschwemmung der Keramikscherben in die Kellerfundamente ist sogar die relative Chronologie anzuzweifeln. Die Königshagener Keramik kann nur ganz allgemein in das 12.- 15. Jhdt. datiert werden, ohne genauere Differenzierungen, weil eben die Kulturschicht nicht weiter stratifizierbar war und keine anderen absolut datierenden Befunde vorlagen. Fundkonzentrationen bestimmter Keramiken mögen zeitliche Tendenzen angeben. Alle Typen haben eine relativ lange Laufzeit, da sie in der Kulturschicht mehr oder weniger durchgehend beobachtet wurden.

---

[155] Die willkürlich gesetzten Zeitmarken, die über den Vergleich 'abgeglichen' wurden (W. Janssen 1966, 145-147), sind hier bewußt nicht wiedergegeben.

5. Siegburg

Vorbemerkung:

Mit Siegburg verbindet man das rheinischen Steinzeugproduktionszentrum schlechthin. Es liegt relativ günstig zu Köln, vgl. Abb. 1; diese Nähe bedeutete für Siegburg eine sehr gute Absatzchance in weite Teile Deutschlands, Europas und der Welt (G. Reineking-von-Bock, 1980).

Generell wird das Steinzeug immer erst mit dem aus Siegburg stammenden verglichen, obwohl es, zumindest für Niedersachsen auch einen 'einheimischen' Produzenten dafür geben könnte, nämlich die Töpfereien von Coppengrave (H.-G. Stephan, 1981).

Es erscheint Verfasserin daher wichtig, auch hier einen Exkurs vorzunehmen und einmal die chronologische Grundlage der Siegburger Aulgasse aus dem Rheinland darzulegen.

Der 60 x 30 m große und ca. 5 m hohe Scherbenhügel versprach seit langem ein lohnendes Ausgrabungsobjekt zu werden. Zwischen 1961-66 konnten erste systematische Grabungen in den Ost- (Schnitte A + B), Mittel- (Schnitt C) und Westteilen (Schnitt D) des Hügels erfolgen. Der gesamte Scherbenhügel ist bis heute nicht komplett ausgegraben worden. 2 Millionen Scherben und 8000 ganze Gefäße wurden allein für den bisher gegrabenen Teil geborgen. Dieses zeigt, mit welchem Umfang für den gesamten Hügel zu rechnen ist, und daß eine Aufarbeitung des Materials mehrerer Jahre bedarf.

Als 1975 der erste Band (Rheinische Ausgrabungen 16) zu diesem Komplex herauskam, wurden 2 weitere Bände (B. Beckmann 1975, 5 Anm. 13, 10 Anm. 26) versprochen, die aber bis heute nicht erschienen sind. Der Band 2 war für die Stratigraphie (relative Datierung) vorbehalten und Band 3 den Typentafeln.

5.1. Die chronologischen Grundlagen

In der Siegburger Aulgasse (im Mittelalter Vorstadtbezirk) wurde bis in das späte Mittelalter das Töpferhandwerk ausgeübt, das bezeugen schriftliche Quellen aus dem 14. und 16. Jhdt.[156] (B. Beckmann 1963, 469). ^{14}C- und Dendro-Daten sowie Münzdaten konnten aus dem Material noch nicht gewonnen werden.

Eine Periodisierung der Keramik erfolgte dennoch. Basis ist die Typologie, die sich in der Stratigraphie widerspiegeln soll.[157] Absolut-chronologisch wurde sie 'abgesichert' über Vergleichskeramik anderer Produktionsstätten. Wie Beckmann selbst bestätigt, gibt es für die Siegburger Aulgasse gar keine fest gesicherten absoluten Daten.

---

[156] 1322 wird ein Hof aus diesem Bereich "Dakaule" (rhein.: Tonkuhle) genannt und 1516 regeln Anordnungen eines Zunftbriefes den Verbleib von Fehlbränden, Ausschußware und Ofenschutt.

[157] Damit meint B. Beckmann die technisch-formale Entwicklung von der Irdenware zum Steinzeug (B. Beckmann 1975, 19).

Aus den Vergleichen mit anderer mittelalterlicher Keramik, die immer ungenannt blieb,[158] kam er zu dem Schluß, für Siegburg "...mit Vorbehalten folgende **absolute** Datierungen für die ersten 4 Produktionsperioden **vorzuschlagen**"[159] (B. Beckmann 1975, 19/20).

Die Perioden (B. Beckmann 1968, 16-18):

Periode I - Irdenware u.a. nach Pingsdorfer und Paffrather Art, helltonige bemalte und unbemalte Becher, Kugeltöpfe und Tüllengefäße

Periode II - ausschließlich Siegburger **Irdenware**, rote und dunkelbraune Becher, Kugeltöpfe und Krüge, ebenso Tüllengefäße, Kannen, Grapen und Ofenkacheln; Drehrillen und Rollstempelverzierungen

Periode III - erstes **Faststeinzeug** (starker Formenwandel), v.a. Becher und Krüge (Tafelgeschirr), sehr selten Kugeltöpfe, Grapen und Ofenkacheln; gelb und braun, z.T. mit gefleckter Aschenglasur

Periode IV - frühes Siegburger **Steinzeug**, Krüge, Becher, Tassen, scheibengedrehte Kugeltöpfe, Standbodengefäße und Hängeflaschen mit Glasuren, Engoben und z.T. Reliefverzierungen.

5.2. Bewertung der chronologischen Grundlagen

Die zur relativen Datierung herangezogene Stratigraphie ist nur unzureichend erklärt worden. Im wesentlichen wurde Bezug auf das N-S-Profil im Osten (1. Kampagne) genommen, in dem mehr oder weniger geordnete Scherbenpakete, unterbrochen durch Tonlagen und Ofenreste, angetroffen wurden. Es sind Schüttungshorizonte, die sich sowohl in die Breite wie Höhe ausdehnten (vgl. Abb. 75). Kartiert ist die Lage der Keramik mit bestimmter Scherbenfarbe, B. Beckmann läßt offen, ob er hiermit die stratigraphische Bestätigung der typologischen Entwicklung der Siegburger Keramik meint. Schon aus statischen Gründen müssen die verschiedenen Scherbenpakete gleichzeitig niedergelegt worden sein. Erst mit Erscheinen des 2. Bandes kann der Betrachtung der stratigraphischen Interpretation mehr Raum gegeben werden. B. Beckmanns Anregung, die Siegburger Aulgasse in einer Dissertation aufzuarbeiten, bleibt nach wie vor aktuell.

Siegburg kann nicht als absolut-datierter Töpfereikomplex gelten. Auch die bisher genannten mittelalterlichen Schriftquellen bieten nur geringe Zeitausschnitte über das Töpferhandwerk. Sie reichen nicht aus, um daraus eine längere Chronologie zu entwickeln.

---

[158] B. Beckmann verweist auf S. 19 Anm. 55 (Rhein. Ausgr. 16, 1975) bzgl. der absoluten Datierung auf eine ältere Literatur: "... die [1968 genannten] absoluten Daten sind von mir inzwischen durch erweiterte Kenntnis absolut-datierten Materials modifiziert worden, vgl. B. Beckmann 1974, 188."
1968 hat B. Beckmann ohne Begründung der Herleitung der absoluten Datierung die Perioden in einem absoluten Zeitraster vorgestellt (B. Beckmann 1968, 16ff). 1974 hat er nun dieses Zeitraster, ebenfalls ohne Begründung, von 1968 übernommen mit Hinweis auf die Literatur von 1968. Hier liegt ein eigenes "Zitatenkarussell" vor, das keinen Aufschluß über die tatsächlich absolut-datierten Vergleichsfunde gibt.

[159] Absolute Datierungen ergeben sich aus entsprechenden Befunden und Methoden, sie werden aber nie vorgeschlagen! Auch hier sollen nur die charakteristischen Keramiktypen, die die einzelnen Perioden bilden, ohne zeitliche Eingrenzungen vorgestellt werden.

Kap. VI - Töpfereien

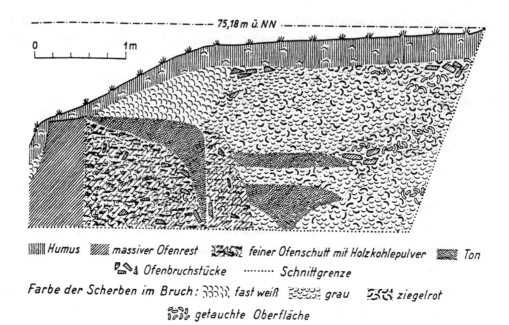

Abb. 75: SIEGBURG (NRW) - Scherbenhügel: Ostprofil von Schnitt A 1, M 1:100
(B. Beckmann 1975, 471, Abb. 1)

VII. ZUSAMMENFASSENDE ANALYSE O.G. BEISPIELE

Ausgangspunkt dieser Untersuchung war die Überprüfung und Zusammenstellung der nicht über den Vergleich datierten Ausgrabungsbefunde in Südniedersachsen für das 10. - 15. Jhdt.

Die systematische Suche nach Befunden mit o.g. Voraussetzungen erbrachte eine geringe 'Ausbeute', da der Einsatz gerade von physikalischen Datierungsmethoden erst seit geraumer Zeit zugenommen hat, aber auch viele Untersuchungen, aus den unterschiedlichsten Gründen, bis heute noch nicht veröffentlicht wurden.

Es gibt auch keine zentrale Katalogisierung derartiger Befunde nach Sachregistern, so daß ein schneller Zugriff möglich wäre. Wie eingangs erwähnt, wurde zumindest für die ^{14}C-datierten Ausgrabungen ein solcher Versuch unternommen, der aber in den Anfängen steckenblieb.

Gerade in Südniedersachsen wurde sehr viel Mühe aufgewendet, um die mittelalterliche Keramik präziser datieren zu können. Werden jedoch die 'tragenden Pfeiler' der absoluten Keramikchronologie analysiert, zeigt es sich, daß die absoluten Datierungen in kaum einem Fall auf die Keramik übertragbar waren. Die Keramik wurde, zumindest bei einwandfreier Stratigraphie und bei Befundgeschlossenheit, relativ datiert über diverse Termini ante / post quem. Doch die Toleranzbreite schwankte meist zwischen mehreren Jahrhunderten, und genau dieses wird von einer mittelalterlichen (absoluten) engen Keramikchronologie nicht erwartet.

Es hat sich ebenfalls gezeigt, daß der Einsatz der TL-Methode den Ansprüchen nicht gerecht wird. Es gibt noch zu viele unbekannte Parameter in den unterschiedlichen radioaktiven Zerfallsreihen, als daß die Methode sicher für die Beantwortung der genauen Keramikdatierung einsetzbar wäre.

Für die gewünschte Feindatierung, d.h. auf 25 Jahre oder noch weniger genau, wurde auch die Radiokarbonmethode überschätzt. Gerade für das Mittelalter liegen Störungen im ^{14}C-Haushalt vor, die immer noch nicht ganz geklärt werden konnten.

Da die Radiokarbonmethode die Keramik nicht direkt datiert, sondern indirekt über den geschlossenen Befund mit ^{14}C-datierbaren Objekten, treten hier weitere Schwierigkeiten auf. Bei den meisten Befunden handelt es sich um Brandschutt- oder Versturzschichten (Braunschweig, Harste, Klusberg) oder um Schwemmschichten (z.T. in Düna), die keinen geschlossenen Befund anzeigen und deren ursprüngliche Herkunft spekulativ bleibt.

Die Dendrochronologie datiert, bei guten Voraussetzungen, d.h. bei Vorhandensein der Waldkante jahrgenau. Die Möglichkeit, Keramik damit genauer zu datieren, ist wahrscheinlicher aufgrund der Präzision der Methode. Die überwiegende Mehrheit der Befundsituationen spricht aber eher dagegen. Holzausgesteifte Brunnen oder Kloaken, deren Bau ziemlich genau datiert werden kann (vorausgesetzt, es wurden neue Bretter für den Bau verwendet) liefern keine Daten zur Aufgabe dieser Einrichtungen und somit keinen Hinweis zur Benutzungsdauer. Diese Daten sagen auch nichts über die Produktions- und Laufzeit der in ihnen vorgefundenen Keramiken aus. Sie geben allenfalls einen 'strapazierfähigen' Terminus post quem an, und zwar daß die Keramik erst nach dem Bau hineingelangt sein kann. Selbst in dem Fall eines möglichen Brunnenopfers (Braunschweig Stgr. 55, St. 20) wird für die Keramik nur ein Augenblick ihrer Laufzeit festgehalten. Für eine absolute Keramikdatierung müßten viele solcher Augenblicke festgehalten werden, um dann die gesamte Produktions- bzw. Laufzeit (bestimmter Typen in bestimmten Regionen) zu erfassen.

Abfallgruben in Form von Kloaken haben zumeist auch den Nachteil, daß sowohl der Inhalt nicht mehr stratifizierbar ist, als auch durch mehrmalige Entsorgung die Funde aus verschiedenen Tiefen vermischt worden sein können. Die Befundgeschlossenheit geht damit verloren.

Natürlich ist die Benutzungszeit von Brunnen oder Kloaken zu ermitteln, aber nur über andere zeitspezifische Indizien, die für die Keramik einen dehnbaren T.a. / p.q. bedeuten, also relativ-chronologisch datieren.

Kap. VII - Zusammenfassung

Die keramischen Befunde, die über Münzen datiert wurden, haben in gleicher Weise gezeigt, daß die Übertragung der Datierung selten oder gar nicht möglich war. Gerade die mittelalterlichen Münzen können nicht immer absolut datiert werden, da bestimmte Prägungen nur über den typologischen Vergleich zeitlich einzuordnen sind (z.B. Nachahmungen oder anonyme Münzen).

Münzen gehören nicht zur Gruppe der großen und widerstandsfähigsten Objekte. Ihre Lage kann sehr leicht durch Erdbewegungen, natürlicher oder antropogener Art, verändert oder durch Brand und Feuchtigkeit nahezu zerstört werden. Darum ist hier eine gute Stratigraphie mit geschlossenen Befunden unerläßlich sowie die besondere Aufmerksamkeit des Ausgräbers erforderlich, um sie zu Datierungszwecken heranzuziehen. Können alle negativen Begleitumstände ausgeschlossen werden, und liegt ein 'idealer geschlossener Befund' vor, datieren die Münzen die Schicht mit den darin enthaltenen Funden (T.a. / p.q.).

Mit dem Prägedatum ist meistens auch die Umlaufzeit bekannt, innerhalb der die Münze in den Boden gelangt sein könnte. Je nach Fundart kann aber auch der Niederlegungszeitpunkt lange nach der Umlaufzeit möglich sein (Schmuckmünze, Totenobolus). Prägung und Umlauf der Münze zeigen keinen Zeitpunkt an, sondern dokumentieren einen bestimmten Zeitraum. Je nach Münzart kann dieser Zeitraum unterschiedlich groß sein. Das bedeutet für die Keramik schon einen gewissen Unsicherheitsfaktor in der absoluten Zeitgebung. Es wird also auch hier ein gewisser Zeitraum aus der Keramiklaufzeit dargestellt, wiederum ohne Anbindung an die Produktions- und Laufzeit.

Ähnlich verhält es sich mit Münzschatzgefäßen. Bei den Datierungen vieler Münzschatzgefäße wurde außer Acht gelassen, daß die Gefäße älter, aber auch jünger sein könnten und nicht immer zeitgleiche Gefäße zur Aufbewahrung benutzt wurden. Die Datierung sagt eher über den Münzschatz als über das Gefäß etwas aus. Darum sollten Münzschatzgefäße sehr viel sorgfältiger untersucht werden, bevor sie zur absoluten Datierung für andere Keramiken heranzuziehen sind.

Von den untersuchten Fundorten wurde Höxter ausschließlich über Münzen datiert. Es wurden 3 Münzbefunde aufgeführt, die die Basis für die Keramikchronologie des Weserberglandes (E. Ring 1990, 39) bzw. Südniedersachsens bilden. Die Überprüfung dieser Befunde war daher von eminenter Wichtigkeit. Es zeigte sich, daß die Befunde der Überprüfung nicht in jedem Fall standhielten, vgl. Kap. III.3 - Höxter. Nur die Marktstraße 3 zeigte eine Geschlossenheit, die die Übertragung der Münzdaten auf die schichtgleichen Befunde erlaubte.

So liegt die absolute Datierung zweier Münzen vor für den Keramikkomplex, bestehend aus grau- und gelbtoniger Irdenware, Proto- und Faststeinzeug und Steinzeug. Alle diese Keramikwarenarten haben ihren eigenen Produktionsbeginn bzw. ihr eigenes Produktionsende und eine bestimmte Laufzeit, die diese Datierung nur ausschnittsweise erfassen konnte: Sie zeigt einen bestimmten Keramikbestand des 14. Jhdts.

Als Basis einer absoluten Keramikchronologie reicht dieser eine Befund selbstverständlich nicht aus. Die Keramik kann aufgrund der Münzen allgemein in das 14. Jhdt. datiert werden. Es wäre falsch, im Umkehrschluß mit der Höxteraner Keramik vergleichbare Keramik anderer Fundorte datieren zu wollen. Die andere Keramik kann älter oder jünger sein; warum sollte sie ausgerechnet auch da nur das 14. Jhdt. repräsentieren. Die absolute Datierung kann nicht über den Vergleich erbracht, sondern muß über andere Methoden abgesichert werden.

Nach Auskunft von Herrn Dr. H.-G. Stephan gibt es mittlerweile "zahlreiche mittelalterliche Münzfunde" aus Höxter, die aber noch nicht publiziert sind (schriftlich 13.4.93).

Da die "südniedersächsische früh- und hochmittelalterliche Keramikchronologie" (vgl. Kap. IV.2 - Bernshausen) eben auf diesen Höxteraner Münzfunden basiert, könnte ihre Veröffentlichung zu einer stärkeren Position der 'bestehenden' Keramikchronologie führen.

Veränderungen in Technik und Aussehen sind zwar ein chronologisches Indiz, aber nur für eine relativ zeitliche Abfolge.

Wenn Orte, Burgen oder Töpfereien durch historische Quellen, Münzen oder andere Datierungsmethoden in ein gewisses Zeitraster gesetzt werden, wird zwar indirekt auch der vorgefundene Keramikbestand datiert, aber das berechtigt wiederum nicht, mit dieser relativ grobdatierten Keramik andere Fundkomplexe zu datieren, solange die wirkliche Produktions- und Laufzeit nicht bekannt ist.

In den historischen Überlieferungen werden Töpfereierzeugnisse kaum oder gar nicht genannt. Erschwerend kommt hinzu, daß aus dem 11. / 12. Jhdt. nur spärliche Aufzeichnungen vorliegen. Aus den historischen Zeugnissen ergibt sich nur ein dünnes zeitliches Gerüst. Selten dokumentieren diese Quellen einen tatsächlichen Siedlungsbeginn oder eine Siedlungsaufgabe, historische Ereignisse wie Stadtbrände sind kaum auf die Bodenfunde zu übertragen, da immer wieder Neu- oder Umbauten die ursprünglichen Bodenverhältnisse zerstörten.

Für das Problem der Keramikdatierung sind vor allem folgende Fragestellungen wichtig:

- **Was soll bei der Keramik datiert werden:**

    Der Herstellungs-, Gebrauchs- oder Deponierungszeitpunkt bzw. die Herstellungs- oder Verwendungsdauer? (H. Ziegert 1991, 42)

- **Was wird absolut datiert:**

    Fälldatum, Absterbezeitpunkt, Prägezeit, punktuelle historische Ereignisse?

- **Was bedeutet absolut datieren:**

    Welche Genauigkeit wird erwartet? (K. Frerichs 1989, 206/207)

Die Untersuchung hat dokumentiert, daß nur in einem Fall ein Zeitpunkt ermittelt werden konnte, in dem das Bestehen einer Keramikart sehr wahrscheinlich war. Eine absolute Sicherheit liegt auch hier nicht vor. Der Zeitraum kann aber je nach Befundsituation, Quellenlage und nicht zuletzt der umsichtigen Beobachtung und Interpretation des Ausgräbers / Gutachters enger eingegrenzt werden.

Von allen physikalischen und historischen Datierungsmethoden wäre die TL-Methode die einzige Methode gewesen, die die Keramik direkt datiert hätte, aber aus schon genannten Gründen nicht einsetzbar ist. Die anderen datieren nur indirekt absolut und enthalten damit immer eine gewisse Unsicherheit.

Tabelle 7, am Ende des Kap. IX, zeigt noch einmal im Überblick alle untersuchten Fundorte und ihre Datierungssicherheit.

Grabungsort	¹⁴C	Dendro	Münzen	Schriftquellen	Stratigraphie[1]
ADELEBSEN	---	Straßensubstruktion, Bohle 1237, Balken 1210/14	---	Straßenerwähnung 1270	Laufhorizont, Straßenpflaster, Subkonstruktion
BENGERODE	---	---	3 Münzen = 14. Jhdt., sekund. Lage	Schenkungsurkunden 1138 u. 1332, Gerichtsurteil 1306, Aktennotiz: nach 1589 wüst	---
BERNSHAUSEN	Ausdehnungsphasen See: 775-1015, 604-765, Torbereich ältere Anlage, Brandschicht (BS): 615-675, 690-980	---	---	Schenkungsurkunden 1013 u. 845 / 836	2 Bauphasen der "Fluchtburg" u. Grabenverfüllungen
BOFFZEN	---	---	---	---	---
BRAUNSCHWEIG	---	aus versch. Brunnen und Kloaken (17 Proben veröff.) 1178-1543	---	Stadtbrände: 1290, 1278, 1277, 1254, 1252. Weihenotiz St. Ulrich 1031, Abriß 1544	Stgr. 18(17): Palisade unter Kemenatenbau Stgr. 55(20): Brunnenschichten Stgr. 21: 5 Kirchenphasen über älterer Besiedlung Brandschuttschichten: Stgr. 7(1), 19(5), 23(1), 66(1)
COPPENGRAVE	---	---	---	1400 Erwähnung des Ortes "Dat Kobbengraf", 1470 Verpfändungsverordnung, 1550 Erwähnung "die alte Kapelle", 17.-19. Jhdt Töpfergildeakten.	---
DÜNA	6 Daten aus Bachbett: 1160-1260, 995-1255, 1005-1215, 690-975, 645-775, 70-390, TL-Proben kontaminiert	8 Eichen, 6 Buchen, 1 Esche aus Bachbett, z.Zt. nicht auswertbar	Bronzene Schmuckmünze in Brandschicht des ältesten Baus	Schenkungsurkunden: 1286, Lehnsurkunden: 1329, 1336, 1372, 1596	GS 1 = Bachbett, einschließlich Querschnitt des Herrensitzes
GÖTTINGEN	---	Groner Str.: 1180-1240 St. Johannis: 1174, 1179, vor 1165	St. Johannis:in Laufhorizont der Werkstatt nicht sicher beobachtet 1310/1337, Bolruz: in Brandschicht Hohlpfennig des 14. Jhdt.	allgemein für Stadt ab 14. Jhdt. Bolruz: 1180 + 1387 Zerstörungen	Groner Str.: Bebauung über zugefülltem Graben St. Johannis: Abfolge der Werkstattgebäude über Kloake Burg Bolruz: Verfüllter Wehrgraben
HARSTE	GH 2:BS= 135- 535 GH 3:BS= 645- 875 GH 4:BS=1160-1385 Grube 5:BS= 565-795 GH: Grubenhaus	---	---	Namensnennung: HERISTI im 10. / 11. Jhdt.	Hausüberschneidungen III / IV
HÖXTER	---	---	- Marktstr.: 3 M = 1247-77, um 1300, 1306-1336 - Weserstr.: Hohlpfennige 1250-70 - Uferstr.: 1070-1110 und typol. 11./12.Jhdt.	- Brandschatzung um 1271 ---	- Kellerfüllung mit Brand- und Lehmschichten - verfülltes Grubenhaus
KLUSBERG	2 Proben Holzkohle aus Graben: 1035-1255	---	---	Erwähnung: "Borch an dem Rodenstene" 1366	von Graben und der Wallanlage
KÖNIGSHAGEN	---	---	---	Schenkungsurkunde: 1158 Fehdebriefe: 1413/20	Kulturschicht unter Brandschicht und Humusdecke, in künstlichen Horizonten gegraben, Kulturschicht nicht weiter stratifizierbar.
SIEGBURG	---	---	---	Erwähnung "Dakaule" 1322 Töpferzunftbrief: 1516	bisher nichts veröffentlicht

---

[1] Erwähnt werden nur die Stratigraphien, in denen absolute Datierungsmethoden eingesetzt wurden.

Geschlossener Befund	Oberflächenfunde	Vergleichsdatierung	Keramikarten	Absolute Keramikdatierung gesichert?
Straßenpflaster: ja, Keramikfunde : nein	---	südniedersächsische Keramikchronologie	helle grautonige Irdenware (IW), Protosteinzeug, helle Siegburger Ware	NEIN, oberhalb des Straßenpflasters nur T.p.q., zwischen der Subkonstruktion unbestimmt, weil sie durchgerutscht sein könnte.
Grube 5 gilt als geschlossener Befund	---	Südniedersachsen, Hessen, NRW, Thüringen, NL, GB	blaugraue IW, geriefte IW, Frühsteinzeug	NEIN, historische Quellen zu ungenau, sonst nach Vergleichskeramik datiert
ältere BS im Torbereich gilt als g.B.	---	südniedersächsische Keramikchronologie	hand- und drehscheibengefertigte ziegelfarbene, weichtonige IW.	NEIN, 14C-Daten zu grob, Schriftquellen zu ungenau, vergleichsdatiert!
---	ja	Höxter, Coppengrave, Wildburg, Wüstungen Wesertal	Kugeltöpfe älterer Machart, Henkel- und Tüllenkannen der grautonigen IW	NEIN, vergleichsdatierte Oberflächenfunde!
ja, aber Kloakenfunde und Brandschuttschichten sind ausgeschlossen	---	Peine, Helmstedt, Coppengrave, Bengerode, Gifhorn, Magdeburg, Halberstadt, Braunschweig selbst und allgemein: Typen + Warenvergesellschaftung	Kugeltöpfe, Standbodengefäße der bleiglasierten IW, Tüllenkannen, Mündelkeramik, Schälchen + Grapen der jüngeren grauen IW	NEIN, historische Nennung zu ungenau dendrochronologische Befunde kaum auf Keramik übertragen (Ausnahme Stgr. 55(20) - dieses nur punktuell, nicht aussagekräftig). Insgesamt nur weitläufige T.a. / p.q.
nein	ja	Höxter (Weserstr.), Glener Burg, Hausfreden, Burg Everstein	grautonige unglasierte IW; gelb, rot und grau gefleckte IW; Proto-, Faststeinzeug und Steinzeug	NEIN, vergleichsdatierte Oberflächenfunde!
Bau- und Siedlungsschichten: ja Schwemmschichten: nein	---	Niedersachsen, Hessen, Thüringen, Sachsen-Anhalt	Schalen, Kümpfe, Standbodengefäße, Kugeltöpfe der grauen IW, frühes Steinzeug und Duinger Ware	NEIN, 14C-Daten zu grob (T.p.q.), TL-Proben kontaminiert, Dendro-Daten z.Zt. nicht auswertbar, Münzbestimmung unsicher, hist. Nachrichten punktuell, gute Stratigraphie, aber relat.-chronol., Keramik vergleichsdatiert.
Groner Str.: Bauhorizont der Ständerbauten über dem Graben St. Johannis: Überbauung des Kanals zwischen Werkstatt I und Kloake	---	südniedersächsische Keramikchronologie	graue und helltonige IW, helle IW, grautonige IW, Steinzeug, glasierte IW, Siegburger Steinzeug; gelbe, graue und rote IW, Kugeltöpfe, Grapen und Mündelkeramik	NEIN, historische Daten punktuell bzw. zu grob, Münzdaten unsicher, Dendrodaten nicht auf Keramik übertragbar, nur T.a./p.q.
bei Einebnung der Brandschichten nicht	---	Bernshausen, Mechelsmeshusen, Weserbergland allgem., Düna, Göttingen u. Göttinger Land	rauhwandige Drehscheibenkeramik, handgefertigte Kugeltöpfe und Kümpfe	NEIN, 14C-Daten zu ungenau, Keramik wurde vergleichsdatiert
- ja, im Sinne der "Kleinkatastrophe" - nein, Brandschuttschichten - unsicher	---	Bokel, Bremerhaven, Lübeck, Siegburg	grau- und gelbtonige IW, Proto-, Fast- und Steinzeug, bleiglasierte IW	NEIN, für Weser- und Uferstraße Münzdatierung zu unsicher, BS der Marktstraße wird von zwei Münzen datiert, für Keramik nur Kleinstausschnitt aus der Laufzeit, Gesamtlaufzeit und Produktionsdauer wurden damit nicht erfaßt
nein, Versturmschicht	---	in Absprache mit H.-G. Stephan (K. Grote 1985b, 206)	ältere grautonige IW	NEIN, 14C-Daten aus nicht geschlossenen Befund, Daten auch zu grob, Keramikscherbchen nicht aussagekräftig, vergleichsdatiert
nein, Kulturschicht war nicht zu differenzieren	---	Niedersachsen, NRW, Thüringen, Sachsen-Anhalt, Südlimburg, GB	schwarze, braune, rote und weiße IW (Kugeltöpfe), Kannen, Grapen u. Krüge der blaugrauen IW, Steinzeug	NEIN, kein Einsatz physikalischer Methoden, Schriftquellen datieren Bestehen des Ortes knapp 300 Jahre = zeigt zwar Warenbestand für diese Zeit, aber ohne nähere Differenzierung, ab wann genau die Warenarten auftraten bzw. ausgemustert wurden
bisher nichts veröffentlicht	---	ja, aber Vergleichsorte wurden in keinem Fall genannt	IW von Pingsdorfer und Paffrather Machart, Siegburger IW, Faststeinzeug, Siegburger Steinzeug	NEIN, willkürlich gesetzte Perioden, abgeglichen mit Vergleichsdatierungen, die ungenannt blieben und somit nicht nachprüfbar

VIII. AUSBLICK

Die Untersuchung sollte hinreichend dargelegt haben, daß

1. sich Keramik nur sehr schwer über physikalische und historische Datierungsmethoden absolut datieren läßt,
2. bei den wenigen 'idealen' Befundsituationen immer nur ein Zeitausschnitt aus der Laufzeit einer Keramikart gezeigt wird, und
3. aus diesem Grunde eine Vergleichsdatierung mit einer punktuell datierten Keramik aus methodischen Gründen nicht durchgeführt werden sollte.

Es fehlt zur Zeit noch an ausreichenden Befunden, die die gesamte Produktions- und Laufzeit einzelner Warenarten und Übergangstypen widerspiegeln, so daß an dieser Stelle keine Zusammenstellung der absolutdatierten Keramikbefunde für Südniedersachsen erfolgen kann. Es soll hier ausdrücklich betont werden, daß die veröffentlichten Grabungsbefunde speziell unter dem Gesichtspunkt ihrer absoluten Datierbarkeit untersucht wurden. Eine Überprüfung der typologischen Datierung war nicht das Ziel dieser Arbeit und wurde deshalb nur am Rande gestreift. Wenn dennoch Keramik vorgestellt und abgebildet wurde, soll das zeigen, daß diese Typen letztendlich noch nicht absolut datiert sind und für eine Vergleichsdatierung im o.g. Sinne ausscheiden.

Die chronologische Aussagekraft der Keramik zur Übertragung auf andere Befunde wird, unter dem Gesichtspunkt der Vergleichsdatierung, m.E. zu stark bewertet. Es ist nicht auszuschließen, daß bei einer Vielzahl absolut-gesicherter Ausgrabungsbefunde andere 'unsichere' Befunde vergleichsdatierend 'eingehängt' werden können. Es sollten dann aber keine Vergleichsketten entstehen, sondern lediglich Einzelvergleiche stattfinden, denn die Untersuchung hat ferner deutlich gemacht, wie unsicher und 'nebulös' lange Vergleichsketten werden.

IX. QUELLENVERZEICHNIS

Abkürzungen

LSAK	=	Lübecker Schriften zur Archäologie und Kulturkunde
NAuFN	=	Neue Ausgrabungen und Forschungen in Niedersachsen
N.F.	=	Neue Folge
NNU	=	Nachrichten aus Niedersachsens Urgeschichte
Norw. Arch. Rev.	=	Norwegian Archeological Review
RGZM	=	Römisch-Germanisches Zentralmuseum in Mainz
ZAM	=	Zeitschrift für Archäologie des Mittelalters
ZfA	=	Zeitschrift für Archäologie
Phys. Rev.	=	Physical Review

Aitken, M.J. 1970, Thermoluminescence dating of ancient pottery
in: R. Berger, Science methods in medieval archaeology, 271-279, Californien

Ambrosiani, B. 1977, Comments on units of archaeological stratification
in: Norw. Arch. Rev. 10, 1-2, 95-97

Andrae, R. 1973, Mosaikaugenperlen, Untersuchungen zur Verbreitung und Datierung karolingischer Millefioriperlen in Europa
in: Acta Praehistorica et Archaeologica 4

Bahrfeldt, E. 1890, Der Münzfund von Aschersleben
in: Berliner Münzblätter von 1889 (Sonderdruck)

Baillie, M./Pilcher, J. 1973, A simple cross dating program for treering research
in: Tree-Ring-Bulletin 33, 7-14

Barker, P. 1982, The interpretation of evidence
in: Techniques of archaeological excavations, 198/199, 189-202, London

Beckmann, B. 1963, Der Scherbenhügel in der Siegburger Aulgasse
in: Bonner Jahrbücher 163, 469-478

Beckmann, B. 1964, Der Scherbenhügel in Siegburg - 2. Bericht
in: Bonner Jahrbücher 164, 327-332

Beckmann, B. 1968, Siegburg, ein Zentrum rheinischen Töpferhandwerks
in: Volkskunst im Rheinland, Führer und Schriften des rhein. Freilichtmuseums in Kommern, 17-21

Beckmann, B. 1974, The main types of the first four production periods of Siegburg pottery
in: Medieval Pottery from Excavations (ed. V. Evison, H. Hodges, J.G. Hurst), London

Beckmann, B. 1975, Der Scherbenhügel in der Siegburger Aulgasse
in: Rheinische Ausgrabungen 16, I

Berger, F.	1988,	Eine Schmuckmünze aus Düna. Westfalia Numismatica
	in:	Schriftenreihe der Münzfreunde 13, 20-22, Minden
Berghaus, P.	1974,	Westfälische Münzgeschichte des Mittelalters, überarbeitet von P. Ilisch 1985², Münster
Bibby, D.	1987,	Die stratigraphische Methode bei der Grabung Fischmarkt (Konstanz) und deren Aufarbeitung
	in:	Arbeitsblätter Grabungstechnik H. 2, 157-172
Both, F.	1993,	Die Keramik von Düna, Dissertation Münster
Brandt, A.v.	1989[12],	Werkzeug des Historikers, Urban-Taschenbücher Bd. 33, Stuttgart
Bridger, C.	1991,	Die stratigraphische Methode
	in:	Archäologisches Korrespondenzblatt 21, 133-136
Bruijn, A.V.	1962-63,	Die mittelalterliche keramische Industrie in Südlimburg
	in:	Berichten van de rijksdienst voor het oudheidkundig bodemonderzoek 12-13, 357-459
Busch, R.	1985,	Altstadtgrabungen in Braunschweig 1948-1975
	in:	Stadtarchäologie in Braunschweig, 169-175
Büscher, A.	1992,	Die Keramik der Altstadtgrabungen in Hannover, Dissertation Hamburg
Dannenberg, H.	1886-1905,	Die deutschen Münzen der sächsischen und fränkischen Kaiserzeit Bd. 1-4, Berlin
Dinklage, K.	1985,	Die Emailscheibenfibel vom Kohlmarkt in Braunschweig, ihre Zeitstellung und Verbreitung
	in:	Stadtarchäologie in Braunschweig, 271-273
Douglass, A.E.	1921,	Dating our prehistoric ruins
	in:	Natural History 21, 27-30
Dumitrache, M.	1990,	Zur Fortsetzung der archäologischen Ausgrabung auf der Marktstätte in Konstanz
	in:	Archäologische Ausgrabungen in Baden-Württemberg 236-240
Dürre, H.	1861,	Geschichte der Stadt Braunschweig im Mittelalter
		Beiträge zur Geschichte, Landes- und Volkskunde von Niedersachsen und Bremen, Serie A: Nachdrucke (Reprints) 8, Hannover 1974
Eckstein, D.	1969,	Entwicklung und Anwendung der Dendrochronologie zur Altersbestimmung der Siedlung Haithabu, Dissertation Hamburg
Eckstein, D.	1984,	Dendrochronological Dating
	in:	ESF Handbooks for Archaeologists 2, Straßburg
Eckstein,D./Bauch, J.	1969,	Beitrag zur Rationalisierung eines dendrochronologischen Verfahrens zur Analyse seiner Aussagesicherheit
	in:	Forstwissenschaftliches Centralblatt 88. Jg, H4, 230-250
Eckstein,D./Wrobel,S.	1988,	Der Kalender in Holz: Altersbestimmung mit Hilfe der Dendrochronologie
	in:	LSAK 17, 213-215

Eggers, H.-J.	1974²,	Einführung in die Vorgeschichte, München
Erdmann, W.	1988,	Zur archäologischen Arbeitsweise in natürlichen Schichten in: LSAK 17, 196-198
Fehring, G.P.	1987,	Einführung in die Archäologie des Mittelalters, Darmstadt
Frerichs, K.	1989,	Ein Platz im Brennpunkt der Geschichte - Burg, Stift, Kapellen und Kloster zu Harsefeld, Stade
Fritts, H.C.	1965,	Dendrochronology in: The Quaternary of the United States / H.E. Wright and D.G. Frey, Princeton
Gaettens, R.	1954,	Mittelalterliche Münzen als Quelle der Geschichte in: Welt der Geschichte 14, 91-108
Gerotzke, C.	1990,	Befunde und Datierungssicherheit der Mittelalter-Keramik-Chronologie für Hamburg nach R. Schindler und ihre Folgewirkungen, Magisterarbeit Hamburg
Gersbach, E.	1989,	Ausgrabung heute: Methode und Technik, Darmstadt
Geyh, M.A.	1980,	Einführung in die Methoden der physikalischen und chemischen Altersbestimmung, Darmstadt
Geyh, M.A.	1991,	Die ^{14}C-Methode - Altersbestimmung mit Problemen in: Berichte zur Denkmalpflege in Niedersachsen, H 4/91, 135-138
Grimm, P.	1933,	Zur Entwicklung der mittelalterlichen Keramik in den Harzlandschaften in: Zeitschrift des Harzvereins für Geschichte und Altertumskunde 66, 1-38
Grote, K.	1976,	Ein spätmittelalterlicher Töpfereiort bei Fredelsloh im südlichen Niedersachsen in: NNU 45, 245-304
Grote, K.	1985a,	Siedlungs- und burgenarchäologische Befunde des Früh- und Hochmittelalters bei Bernshausen am Seeburger See, Krs. Göttingen - Curtis und Burg in: NNU 54, 77-118
Grote, K.	1985b,	Die Befestigung auf dem Klusberg im Leinetal bei Volksen, Ldkrs. Northeim in: NNU 54, 199-206
Grote, K.	1986a,	Bernshausen im Mittelalter. Zur Besiedlungs- und Burgengeschichte eines Zentrums in der Goldenen Mark, Duderstadt
Grote, K.	1986b,	Grabungen und größere Geländearbeiten der archäologischen Denkmalpflege im Ld.krs. Göttingen im Jahre 1985 in: Göttinger Jahrbuch 34, 222-228
Grote, K.	1988a,	Archäologie eines frühmittelalterlichen Zentralortes: Bernshausen im Untereichsfeld in: Führer zu archäologischen Denkmälern in Deutschland 17, 62-84
Grote, K.	1988b,	Fundberichte: Klein Schneen 7 / Wüstung Mechelmeshusen in: Göttinger Jahrbuch 36, 285-287

Grote, K.	1991,	Frühmittelalterliche Befunde zur Siedlungs- und Wirtschaftsgeschichte in Harste, Kreis Göttingen
		in: NAuFN 19, 173-228
Grote,K./Schröder,E.	1989,	Adelebsen 3 / mittelalterliches Straßenpflaster und Wasserleitungssystem
		in: Göttinger Jahrbuch 37, 205-206
Hänggi, R.	1988,	Augst, Insula 23: Ergänzungen zur Innenbebauung. Grabungsergebnisse 1987
		in: Befunde, Jahresbericht Augst und Kaiseraugst 9
Hävernick, W.	1941,	Zur thüringischen Altertumskunde
		in: Zeitschrift des Vereins für thüringische Geschichte und Altertumskunde N.F. 35, 249-252
Harris, E.C.	1975,	The stratigraphic sequence: A question of time
		in: World Archaeology Volume 7, 1, 109-121
Harris, E.C.	1977,	Units of archaeological stratification
		in: Norw. Arch. Rev. 10, N. 1-2, 85-106
Harris, E.C.	1979,	Principles of archaeological stratigraphy, London, New York, Toronto, Sidney, San Franzisco
Hartmann, P.	1976,	Mittelalterliche Keramik aus dem Untergrund des Heiligen-Geist-Hospitals
		in: W. Neugebauer u.a., Reichsfreiheit und Frühe Stadt, 174-176
Hatz, G.	1979/81,	Besprechung des Aufsatzes von H-G. Stephan, 1981 (NauFN 14)
		in: Hamburger Beiträge zur Numismatik 33 / 35, 444-445
Heege, A.	1992,	Rheinische Keramik des Mittelalters, Stand der Forschung unter Berücksichtigung der Funde von Hambach 500, Dissertation Göttingen
Heine, H.-W.	1988,	Grabungen am Klusberg bei Volksen (Einbeck, Ldkrs. Northeim) zur Erschließung einer früh- bis hochmittelalterlichen Befestigung
		in: Archäologisches Korrespondenzblatt 18, 397-405
Herrnbrodt, A.	1958,	Der Husterknupp, eine niederrheinische Burganlage des frühen Mittelalters
		in: Beihefte der Bonner JB 6, Köln
Herzog, I.	1991,	Ein neues PC-Programm zur Erstellung der Harris-Matrix
		in: Archäologisches Korrespondenzblatt 21, 136-144
Higham, R.	1982,	Dating in medieval archaeology: Problems and possibilities
		in: Problems and case studies in archaeological possibilities, etd. Bryony Orme, 83-107, London
Hollstein, E.	1980,	Mitteleuropäische Eichenchronologie
		in: Trierer Grabungen + Forschungen XI, Mainz
Huber, B.	1941,	Aufbau einer mitteleuropäischen Jahrring-Chronologie
		in: Mitteilungen Akademie Deutscher Forstwissenschaft 1, 10-125
Huppertz, H.	1992,	Thermolumineszenzdaten aus Drochtersen-Ritsch
		in: H. Ziegert, Drochtersen - Ritsch, zur frühgeschichtlichen Besiedlung in Kehdingen, 193-194, Stade

Huppertz, H.	1993,	Thermolumineszenz - Eine methodologische Analyse aufgrund stratigraphisch gesicherter Funde, Dissertation Hamburg
Janssen, W.	1966,	Zur Chronologie und Typologie mittelalterlicher Keramik aus Südniedersachsen
	in:	Göttinger Schriften zur Ur- und Frühgeschichte, 7, Neumünster
Janssen, W.	1970,	Die Wüstung Königshagen
	in:	Führer zu vor- und frühgeschichtlichen Denkmälern 17, 98-114
Joukowsky, M.	1980,	A complete manual of field archaeology, New Jersey
Kablitz, K.	1987,	Zur archivalischen und archäologischen Quellenlage auf dem Grundstück Ass. 635 an der Tunierstraße / Ecke Petersilienstraße
	in:	NNU 56, 215-228
Kellner, Chr.	1987,	Zu den Siedlungsbefunden auf dem Grundstück Ass. 630 an der Tunierstraße / Ecke Heydenstraße
	in:	NNU 56, 229-245
Klappauf, L.	1983a,	Archäologische Voruntersuchungen in der Wüstung Düna bei Osterode
	in:	Archäologisches Korrespondenzblatt 13, 261-268
Klappauf, L.	1983b,	Prospektion, Befunde und Funde in Düna / Osterode
	in:	Berichte zur Denkmalpflege in Niedersachsen 4, 133-136
Klappauf, L.	1985,	Ausgrabungen des frühmittelalterlichen Herrensitzes von Düna / Osterode
	in:	Berichte zur Denkmalpflege in Niedersachsen, Ausgrabungen 1979-84, 222-230, Stuttgart
Klappauf, L.	1986,	Düna / Osterode - ein Herrensitz des frühen Mittelalters
	in:	Arbeitshefte zur Denkmalpflege in Niedersachsen 6, Hildesheim
Klappauf,L./Linke,F.	1990,	Düna I. Das Bachbett vor der Errichtung des repräsentativen Steinbaus
	in:	Materialhefte zur Ur- und Frühgeschichte Niedersachsens 22, Hildesheim
Klein,P./Eckstein, D.	1988,	Die Dendrochronologie und ihre Anwendung
	in:	Spektrum der Wissenschaft, 56-68
Kluge, B.	1991,	Deutsche Münzgeschichte von der späten Karolingerzeit bis zum Ende der Salier (ca. 900 bis 1125), Monographienreihe des RGZM 29, Sigmaringen
Koerfer, St.	1990,	Sedimentpetrographische Untersuchungen an Ablagerungen aus dem Bereich der Grabung Düna / Osterode
	in:	L. Klappauf / F. Linke 1990, 113-135
Kühlhorn, E.	1972,	Untersuchungen und Betrachtungen zur mittelalterlichen Keramik in Südniedersachsen
	in:	Göttinger Jahrbuch 20, 51-71
Last, M.	1985,	Niedersächsische Städte bis zum frühen Mittelalter
	in:	Stadt im Wandel, Kunst und Kultur des Bürgertums in Norddeutschland 1150-1650, Bd. 3, Hg. C. Meckseper, Stuttgart / Bad Canstadt

Leuschner, H.-H.	1988,	Dendrochronologie
	in:	Mitteilungsblatt für den Tag der Niedersächsischen Denkmalpflege in Göttingen 16. / 17.9.1988
Leuschner, H.-H.	1990,	Dendrochronologisches Gutachten
	in:	L. Klappauf / F. Linke 1990, 57-58
Leuschner, H.-H. / Th. Riemer	1989,	Verfeinerte Regional- und Standortchronologien durch Clusteranalyse
	in:	NNU 58, 281-290
Liebgott, N.-K.	1978,	Danske fund af møntdateret keramik ca. 950-1450.
	in:	Arkæologisk-historisk rekke XVIII, Kopenhagen
Linke, F.	1986,	Angewandte Grabungstechnik
	in:	L. Klappauf 1986, 60-66
Lunch, F.	1977,	Comments on units of archaeological stratification
	in:	Norw. Arch. Rev. 10, 1-2
Meier, O.	1932,	Der Brakteatenfund von Bokel bei Bevern, Krs. Bremervörde, Hannover
Meyer, H.	1982,	Forschungsstand und Anwendungsbereiche radiometrischer Datierungsverfahren in der Archäologie, Magisterarbeit Hamburg
Miglus, P.A.	1984,	Die Stadtburg Bolruz, Funde und Befunde
	in:	5 Jahre Stadtarchäologie, 17-19, Göttingen
Mommsen, H.	1986,	Archäometrie — neuere naturwissenschaftliche Methoden und Erfolge in der Archäologie, Stuttgart
Peine, H.-W.	1989,	Untersuchungen zur mittelalterlichen Keramik Mindens. Auswertung der Stadtkerngrabung in der Bäckerstraße und Hellingstraße
	in:	Denkmalpflege und Forschung in Westfalen 17, Dissertation Marburg
Plath, H.	1958,	Mittelalterliche Keramik vom 12.- bis zum 15. Jahrhundert in Hannover
	in:	Hannoversche Geschichtsblätter N.F. 12, 3-39
Potin, V.M.	1976,	Systematisierung der Münzfunde und ihre Bedeutung für die numismatische Forschung
	in:	Actes du 8ième Congrès international de Numismatic Sept. 1973, 13-23
Rauert, W.	1978,	Die Kohlenstoff-14-Datierungsmethode
	in:	Methoden der Archäologie (Hg. B. Hrouda), 111-124, München
Reineking-v.-Bock, G.	1970,	Steinzeugkatalog des Kunstgewerbemuseums Köln 4
Reineking-v.-Bock, G.	1980,	Verbreitung von rheinischem Steinzeug
	in:	LSAK 4, 115-119
Renken, F.	1990,	Die Grundlagen der Terra-Sigillata-Datierung im westmediterranen Raum, Dissertation Hamburg
Riederer, J.	1987,	Archäologie und Chemie - Einblicke in die Vergangenheit, Ausstellungskatalog des Rathgen-Forschungslabors SMPK, Berlin
Ring, E.	1990,	Die Königspfalz Werla - die mittelalterliche Keramik, Dissertation Kiel 1986

Röber, R.	1989,	Die Bedeutung von Münzfunden für die Datierung mittelalterlicher Keramik
	in:	Festschrift für P. Berghaus, 107-113, Münster
Römer, Chr.	1985,	Die St. Ulrichs-Kirche zu Braunschweig nach den Schriftquellen
	in:	H. Rötting 1985, 225-234
Rötting, H.	1981,	Archäologische Befunde zu prästädtischen Siedlungsformen Braunschweigs vor Heinrich dem Löwen
	in:	Brunswiek 1031 - Braunschweig 1981 Festschrift zur Ausstellung, Hg. G. Spies, Braunschweig
Rötting, H.	1985,	Stadtarchäologie in Braunschweig
	in:	Forschungen der Bodendenkmalpflege in Niedersachsen 3, Hameln
Rötting, H.	1990,	Zur hochmittelalterlichen Gebäude- und Parzellenstruktur des Marktortes und der frühen Stadt von Braunschweig im Weichbild "Altewiek"
	in:	LSAK 20, 139-148
Rottländer, R.	1978,	Thermolumineszenz
	in:	Archäologische Information 4, 120-130
Sarfatij, H.	1979,	Münzschatzgefäße in den Niederlanden I. Die Periode 1190-1566
	in:	Berichte van de Rijksdienst voor het Oudheidkundig Bodemonderzoek 29, 491-526
Sauermilch, C.	1942,	Der Scherbenfund von Boffzen an der Weser
	in:	Die Kunde 10, 16-22
Schirmer, E.	1939,	Die deutsche Irdenware des 11.- 15. Jahrhunderts im engeren Mitteldeutschland
	in:	IRMIN I, Jena
Scholkmann, B.	1988,	Kloster Bebenhausen Stadt Tübingen, Grabung 1988 - Ergebnisse und neue Fragestellungen
	in:	Archäologische Ausgrabungen in Baden-Württemberg, 257-261
Schröder, E.	1985,	Ein mittelalterliches Straßenpflaster in Adelebsen
	in:	Göttinger Jahrbuch 33, 61-70
Schultz, H.-A.	1956,	Die Magnikirche im Blickfeld weiterer Untersuchungen
	in:	Braunschweigische Heimat 42, 97-100
Schultz, H.-A.	1959,	Die Magnikirche im Blickfeld weiterer Untersuchungen
	in:	Braunschweigische Heimat 45, 92-93
Schütte, S.	1978,	Funde und Befunde des Mittelalters und der frühen Neuzeit, Markt 4 in Göttingen
	in:	NAuFN 12, 195-233
Schütte, S.	1984,	Das neue Bild des alten Göttingen
	in:	5 Jahre Stadtarchäologie, Göttingen
Schütte, S.	1986,	Brunnen und Kloaken auf innerstädtischen Grundstücken im ausgehenden Hoch- und Spätmittelalter
	in:	ZAM, Beiheft 4, 237-255

Schütte, S.	1987,	Zur frühesten Stadtbefestigung Göttinges und zur mittelalterlichen Geschichte der Groner Straße. in: NNU 56, 279-310
Schütte, S.	1988,	Frühgeschichte der Stadt Göttingen. in: Führer zu archäologischen Denkmälern in Deutschland, Stadt und Landkreis Göttingen 17, 95-147
Schütte, S.	1989a,	Aspekte zur Frühgeschichte der Stadt Göttingen in: Göttinger Jahrbuch 37, 19-34
Schütte, S.	1989b,	Handwerk in kirchlicher Abhängigkeit um 1300, Dissertation Hamburg
Schütte, S.	1990,	Die Entwicklung der Gebäude- und Parzellenstruktur im hoch- und spätmittelalterlichen Göttingen in: LSAK 20, 119-138
Schweingruber, F.H.	1983,	Jahrringforschung in der Isotopenphysik: die Radiokarbonmethode in: Der Jahrring, 210-213, Bern / Stuttgart
Seidenspinner, W.	1986/87,	Mittelalterarchäologie und Volkskunde. Ein Beitrag zur Öffnung und zur Theorienbildung archäologischer Mittelalterforschung in: ZfA 14/15, 9-48
Spiong, S.	1991,	Archäologische Auswertung der Ausgrabung der Wüstung Mechelsmeshusen bei Klein Schneen im Landkreis Göttingen, Magisterarbeit Freiburg i.Br.
Steininger, H.	1964,	Münzdatierte Keramik des Mittelalters und der frühen Neuzeit in Österreich, Dissertation Wien
Steininger, H.	1985,	Die münzdatierte Keramik in Österreich des 12. - 18. Jahrhunderts / Fundkatalog, Wien
Stephan, H.-G.	1973,	Archäologische Beiträge zur Frühgeschichte der Stadt Höxter, Magisterarbeit Münster in: Münsterische Beiträge zur Vor- und Frühgeschichte 7, Hildesheim
Stephan, H.-G.	1978,	Archäologische Studien zur Wüstungsforschung im südlichen Weserbergland, Dissertation Münster in: Münsterische Beiträge zur Vor- und Frühgeschichte 10, Hildesheim
Stephan, H.-G.	1979,	Höxteraner Keramik im 13. Jahrhundert in: Denkmalpflege und Forschung in Westfalen 2, 179-218, Bonn
Stephan, H.-G.	1981a,	Coppengrave, Studien zur Töpferei des 13.- 19. Jahrhunderts in Nordwestdeutschland. in: Materialhefte zur Ur- und Frühgeschichte Niedersachsens 17, Hildesheim
Stephan, H.-G.	1981b,	Zur Typologie und Chronologie spätmittelalterlicher Keramik der Zeit um 1300 im ostwestfälisch-südniedersächsischen Bergland in: NAuFN 14, 239-263
Stephan, H.-G.	1983,	Die hochmittelalterliche Töpferei von Boffzen (Weserbergland) in: Archäologisches Korrespondenzblatt 13, 395-408

Stephan, H.-G.	1984,	Gedanken und Befunde zur Problematik der archäologischen Datierung von hochmittelalterlichen Stadtgründungen am Beispiel von Göttingen
	in:	Göttinger Jahrbuch 32, 41-55
Stephan, H.-G.	1985,	Archäologische Stadtforschung in Niedersachsen, Ostwestfalen, Hamburg und Bremen
	in:	Stadt im Wandel, Kunst und Kultur des Bürgertums in Norddeutschland 1150-1650, Bd. 3, Hg. C. Meckseper, Stuttgart / Bad Canstadt
Stephan, H.-G.	1991,	Zur mittelalterlichen Töpferei im Weser- und Leinebergland (800-1500)
	in:	Töpferei- und Keramikforschung 2, 219-248, Bonn
Sterly, M.	1989,	Zur stadtgeschichtlichen Bedeutung der Parzelle Ass. 636 in Braunschweig-Altstadt nach den archivalischen Quellen
	in:	NNU 58, 251-261
Stoll, H.-J.	1961,	Die mittelalterlichen Töpfereifunde von Sondershausen / Stockhausen und Weimar / Wagnergasse
	in:	Alt-Thüringen 5, 280-377
Stoll, H.-J.	1985,	Die Münzgefäße auf dem Gebiet der DDR von den Anfängen bis zum Jahre 1700
	in:	Weimarer Monographien zur Ur- und Frühgeschichte 12, Weimar
Streif, H.	1970,	Limnologische Untersuchungen des Seeburger Sees (Untereichsfeld)
	in:	Beiheft zum Geologischen Jahrbuch 83, Hannover
Suhle, A.	1964,	Deutsche Münz- und Geldgeschichte von den Anfängen bis zum 15. Jahrhundert, Berlin
Thieme, W.	1985,	Ein spätsächsischer Friedhof in Wulfsen, Ldkr. Harburg
	in:	NNU 54, 247-254
Tite, M.S.	1991,	Archaeological Science - Past achievements and future prospects
	in:	Archaeometry 33, 2, 139-151
Tode, A.	1958,	St. Nicolai am Damm - ein vergessenes Kirchlein
	in:	Kirchliche Mitteilungen für Stadt und Land Braunschweig
Weiner, K.L.	1978,	Thermolumineszenz
	in:	Methoden der Archäologie (Hg. B.Hrouda), 156-161, München
Weingärtner, J.	1882/90,	Die Gold- und Silbermünzen des Bistums Paderborn, Münster
Weingärnter, J.	1883,	Die Gold- und Silbermünzen der Abtei Corvey nebst historischer Nachrichten, Münster
Willkomm, H.	1989,	Altersbestimmung mit der Radiokohlenstoffmethode
	in:	K. Frerichs 1989, 188-194, Stade
Winkler, H.	1988,	Die Datierung der mittelalterlichen Keramik in Oldenburg und dem Ammerland durch Merkmalsvergleich und durch nicht vergleichende Methoden: eine Gegendarstellung, Magisterarbeit Hamburg

Wulf, F.	1988,	Die mittelalterliche Wüstung Gardelshausen bei Hedemünden, Krs. Göttingen
		in: NAuFN 18, 315-403
Ziegert, H.	1988,	Archäologische Methoden der Chronologie
		in: Anthropologie, Handbuch der vergleichenden Biologie des Menschen 655-669 (Hg. R. Knußmann) Bd. I, Stuttgart - New York
Ziegert, H.	1991,	Keramik und Zeit - Zur Sicherheit chronologischer Aussagen aufgrund des Vergleichs der Keramik aus archäologischen Befunden
		in: W. Jürris (Hg.), Beiträge zur Archäologie und Geschichte Nordost-Niedersachsens. (Festschrift für B. Wachter), 37-49, Lüchow
Ziegert, H.	1992,	Drochtersen - Ritsch, zur frühgeschichtlichen Besiedlung in Kehdingen, Stade

ARBEITEN ZUR URGESCHICHTE DES MENSCHEN

Band 1 Klaus-Joachim Lorenzen-Schmidt: Sozialverhalten früher Menschengruppen nach den Befunden und in ethologischer und philosophischer Sicht. 1975.

Band 2 Wolf-Dietrich Langbein: Die Brenztalkultur. Geologisches Alter und archäologische Bedeutung. 1976.

Band 3 Ingrid Ghoneim-Graf: Möglichkeiten und Grenzen archäologischer Interpretation. Eine aktual-archäologische Untersuchung an afrikanischen Gruppen. 1978.

Band 4 Helmut Wegner: Zur Topographie jungsteinzeitlicher Siedlungen im südlichen Mitteleuropa. Untersuchungen im bayerisch-schwäbischen Donauraum. 1980.

Band 5 Klaus Frerichs: Begriffsbildung und Begriffsanwendung in der Vor- und Frühgeschichte. Zur logischen Analyse archäologischer Aussagen. 1981.

Band 6 Angela Nestler: Reduktion und Rekonstruktion archäologischer Befunde. 1982.

Band 7 Monika Tesch: Antikengesetze zwischen Denkmalschutz und Forschung. Eine vergleichende Untersuchung. 1984.

Band 8 Gerhard Dotzler: Ornament als Zeichen. Methodologische Probleme der archäologischen Interpretation. 1984.

Band 9 Hermann Behrens: Die Ur- und Frühgeschichtswissenschaft in der DDR von 1945-1980. Miterlebte und mitverantwortete Forschungsgeschichte. 1984.

Band 10 Renate Bäsemann: Umweltabhängige Strukturveränderungen an Steinartefakten. 1987.

Band 11 U. Kampffmeyer: Untersuchungen zur rechnergestützten Klassifikation der Form von Keramik. 1988.

Band 12 Ulrich Zimmermann: Nordeuropa während der älteren Bronzezeit. Untersuchungen zur Chronologie und Gruppengliederung. 1988.

Band 13 Agnes Teresa Mollenhauer: Die Mapuche-Huilliche. Eine archäologische und ethnohistorische Untersuchung zur Besiedlung Südchiles. 1989.

Band 14 Diether Ziermann: Baustoffe und Konstruktionsformen neolithisch/frühbronzezeitlicher Grabarchitektur Westeuropas. 1991.

Band 15 Fritz Renken: Grundlagen der Terra-Sigillata-Datierung im westmediterranen Bereich. Eine verfahrens- und quellenkritische Analyse. 1992.

Band 16 Hermann Behrens: Urgeschichte - Ethologie - Ideologie. Ausgewählte Beiträge aus vierzigjähriger Schaffenszeit 1950 - 1990. 1993.

Band 17 Sebastian J. Heiss: Homo Erectus, Neandertaler und Cromagnon. Kulturgeschichtliche Untersuchungen zu Theorien der Entwicklung des modernen Menschen. 1994.

Band 18 Christina Linger: Die Chronologie mittelalterlicher Keramik in Südniedersachsen aufgrund nichtkomparativer Methoden. 1995.

Band 19 Marlies Wendowski: Archäologische Kultur und Ethnische Einheit. Möglichkeiten und Grenzen der Identifikation. 1995.